明代周藩王陵调查与研究

孙　凯　编著

中州古籍出版社

图书在版编目(CIP)数据

明代周藩王陵调查与研究／孙凯编著．—郑州：中州古籍出版社，2014.1
ISBN 978-7-5348-4138-5

Ⅰ．①明… Ⅱ．①孙… Ⅲ．①陵墓-调查研究-河南省-明代 Ⅳ．①K878.8

中国版本图书馆CIP数据核字(2013)第013758号

责任编辑：梁　郁
责任校对：李　博
出　版　社：中州古籍出版社
　　　　　　（地址：郑州市经五路66号　邮政编码：450002）
发行单位：新华书店
承印单位：安阳市泰亨印刷有限责任公司
开　　本：787mm×1092mm　1/16　　印张：16.25
字　　数：240千字　　　　　　　　　　印数：1—1500册
版　　次：2014年1月第1版　　　　　　印次：2014年1月第1次印刷

定价：120.00元
本书如有印装质量问题，由承印厂负责调换。

序

崇祯十五年（1642年）九月，久攻开封不下的李自成军队决黄河灌城，明朝末代周王朱恭枵从王府后山登上城楼，率宫妃及诸郡王露栖雨中数日，始被驰援官军救免，先避居彰德（今河南安阳），后于崇祯十七年（1644年）三月死于逃难途中的淮安。周王家族自洪武十四年（1381年）起在开封260余年的显贵生活至此结束，周藩王府和为数众多的亲、郡王陵墓也渐次遭到破坏，从此没入荆榛。

20世纪20年代以来，中国考古学从技术到方法、从实践到理论都在不断进步，各领域的研究深度和广度日益拓展，相关成果举世瞩目，学术空白不断被填补，文明记录不断被刷新。但遗憾的是，作为中国考古学的末端，明代墓葬等研究却一直未能得到足够的重视。明朝实行分封制，诸皇子封亲王，到外省重要地方开府驻藩；亲王众子封郡王，随亲王居住。亲、郡王爵皆由子孙世袭，诸王死后即在藩府附近选择吉地埋葬。这些王墓是研究明代历史，特别是物质文明史、贵族生活史的重要资料。

明朝藩王墓的分布规则有两种情况，有些是历代亲王墓葬集中于一个自然地理区域范围内，如湖北武汉江夏的楚王墓葬区、宁夏同心韦州的庆王墓葬区等；有些则是分散于相近的不同区域，如山西太原等地的晋王陵墓等，周藩王墓也属于这一类。周藩始封王朱橚，为明太祖第五子、成祖同母弟，初封吴王，洪武十一年（1378年）改封周王，十四年（1381年）就藩开封。周府亲王位号传11世，合追封前后共有13位亲王。历代周王位下先后分封郡王70余府，合计追封郡王共有270余位。王以下还有将军、中尉以及女性王族成员，多至以千万计数。周藩这些王墓和王族墓分布在今河南禹州、荥阳、郑州、开封等地，除原建筑规模较大的王墓外，绝大部分已经无踪迹可觅。

孙凯在郑州大学求学期间，对明代周王家族墓葬产生了浓厚的兴趣，他不惮劳苦、倾注心力，耗费数年时间，对周王及周藩王族墓葬遗存进行了深入细致的全面调查，将所得资料分析归纳，整理为《明代周藩王陵调查与研究》；即将梨枣之际，嘱我作序。或许是因为研究兴趣点相同的缘故，我对孙凯的调查工作和相关研究一直予以关注，也深知其间的种种不容易，这个《序》想来是不应该推脱的。

《明代周藩王陵调查与研究》以各王墓和王族墓为纲，具体内容包括以下几个方面：一是著录明代以来的有关文献记载和一些调查中得到的口述史料；二是记录各墓葬的地表石刻等遗存和墓室形制，部分采集地表的砖瓦等遗物；三是著录和周王家族墓葬有关的各种碑刻，包括墓志、神道碑、御赐祭文碑、买地券等，和祭祀、守护相关的其他碑记资料等也一并收录；四是在调查基础上的分析考证和综合研究。

这部著作具有如下几个特点：第一，原真性：书中著录的是第一手实地调查资料，而这些调查对象并不为以往的研究者所重视，其核心价值是基础性的研究资料汇集。第二，全面性：以墓主而言，自亲王、郡王以至将军、中尉，不同等级身份者人员齐全，为周王家族墓葬中同等级的前后变化、不同等级之间的级差研究提供了重要依据；同时，对于石刻资料、口述史料等尽可能全面搜集，为周王家族陵墓的深入研究奠定了基础。第三，作者在调查基础上的研究工作，有不少是对于以往文献记载的肯定性认识，也有一些是以比较充分的证据推翻了旧说，避免了今后继续以讹传讹。

我曾经做过一些关于明代王墓的调查和研究工作，对于实地探寻明王墓遗迹的种种困难记忆犹新。由此，也更能体会孙凯调查周藩王墓的艰辛和诸多不便。尽管希望通过调查而对于周王及其家族成员墓葬进行全面复原已经不可能、本书也还存在着一些缺陷，但《明代周藩王陵调查与研究》一书的确为以藩府为单位研究明代帝王陵墓开了一个好头。因此，我们应该对孙凯以往的工作表示敬意、并祝贺他圆满完成，同时预祝他学业日益精进，找到新的出发点；也期盼着今后的明代王墓调查和研究能够出现更多更好的成果。

刘　毅

2013年端午节于天津

前　言

　　明代承袭历代封建王朝的旧制，出于巩固皇权的需要，在进一步加强中央集权、完善官僚系统的同时，对皇族则实行分封制。明太祖建国之初即分封宗室，使众子据守名藩，掌控要害。让他们共同"夹辅皇室"，以求国祚永昌。

　　有明一代，宗室男女皆有封爵。男爵凡八等：皇子被封为亲王，授金册金宝，岁禄万石，府置官属，冕服车旗邸第下天子一等。亲王嫡长子年及十岁即立为王世子，授金册金宝；长孙立为世孙，冠服视一品；其余诸子年十岁则封为郡王，授涂金银册银宝；郡王嫡长子被封为郡王世子，嫡长孙则授长孙，冠服视二品；其余诸子授镇国将军，孙授辅国将军，曾孙授奉国将军，四世孙授镇国中尉，五世孙授辅国中尉，六世以降皆授奉国中尉①。宗室女爵禄有六等：皇女授封公主，亲王女授封郡主，郡王女授封县主，郡王孙女授封郡君，曾孙女授封县君，玄孙女授封乡君②。宗室人员一旦降生即向朝廷请名，名字由宗人府拟定并载入《玉牒》。年及十岁（后改为十五岁）即可请封，稍后请婚、赐给冠服并配发禄廪，死后的丧葬费用也由国家承担。面对如此优厚的宗藩制度，明人陈建曾感慨道："我朝亲亲之恩，可谓无所不用，其厚远过前代矣。"③

　　明太祖封建诸藩之时，在赋予藩王一定权力的同时，也采取一系列措施以提防藩王割据而威胁中央集权。如藩王之国后，不得干预地方政务、不准擅离封地。到了明代中后期，即使出城省墓也要向朝廷申请，得到允许后方可成行。同时严令宗室不得预四民之业、不农不仕，其生养死葬等一切费用均由朝廷供应。正所谓："分封而不锡土，列爵而不临民，食禄而不治事。徒拥虚名，坐靡厚禄，贤才不克自见，智勇无所

---

　　① 清·张廷玉等：《明史》卷一百十六，《列传第四·诸王一》，标点本，第12册，第3557页，中华书局，1974年。
　　② 明·申时行等：《大明会典》卷五十五，《礼部·王国礼一》，影印明万历十五年刊本，第2册，第947、948页，江苏广陵古籍刻印社，1989年。
　　③ 明·张萱：《西园闻见录》卷四十六，《礼部五·宗藩前》，《续修四库全书》，影印上海图书馆藏民国29年哈佛燕京学社印本，第1169册，第245页，上海古籍出版社，1995年。

设施。"①

太祖诸子得封者有二十四人，周藩始封王朱橚系太祖第五子，洪武三年（1370年）封吴王，国于杭州。后来太祖以"钱塘财富地"之由于洪武十一年（1378年）将朱橚改封周王，洪武十四年（1381年）之国开封，成为河南首藩。周藩被封在北宋旧京，太祖在建国之初也曾有意都于此地，足可见其地位显赫。《今言》载："国朝定鼎金陵，本兴王之地。然江南形势，终不能控制西北。故高皇帝时已有都汴、都关中之意。观洪武元年（1368年）诏曰：'江左开基，立四海永清之本；中原图治，广一视同仁之心。其以金陵、大梁为南、北京。'"② 正是由于开封有着特殊的政治地位，加之朱橚自己的一些不法举动，致使周王朱橚不断引起皇帝的猜疑。建文帝即位之初，以周王与"燕、齐、湘、代、岷五府通谋"③之由，废其为庶人并迁之云南，不久后诏还，禁锢于京师。成祖即位之后周王复爵，永乐元年（1403年）诏归旧封。朱橚于洪熙元年（1425年）薨逝，享寿65岁，谥曰定。

周藩自洪武十一年（1378年）始封至崇祯十五年（1642年）开封城为水所没、末代王朱恭枵弃国南逃为止，亲王共传袭十一世十三王，郡王开府七十有余，其存在的时间与明朝历史相始终。由于宗人众多，加之优越的生活条件，周藩是明朝历史中繁衍最快、人丁最盛的藩府。《弇山堂别集》载："隆庆、万历之际，周王府有亲王一位，永宁等郡王四十六位，镇、辅、奉国将军一千三百四十九位，中尉二千五百五十九位，郡县主君一千二百六十五位，庶人一十五名。"④ 到了万历二十年（1592年）左右，周藩"自王以下，凡三万二千八百九十七宗"⑤。由于明政府财政不支，明代末期对宗禄拖欠、折钞的问题日益严重。周藩部分宗人竟"无产可鬻，无人可依，数日之中，会不一食。有年逾三十不能婚者，有暴露十余年不能葬者，有行乞市井、佣作民间、流移它乡、饿死道路者"⑥。

同其他藩府一样，周藩亲、郡王及其他宗室成员卒后葬于封地附近。通过考察文献和实地调查可知，这些王宗葬于禹州、开封、尉氏、郑州、荥阳等地，形成规模巨大的陵墓群。但和帝陵相比，这些宗室墓葬等级相对较低，入清之后，各墓祭扫无主，缺乏保护，盗掘严重，同时不断被百姓农田侵蚀，渐次湮没无闻；20世纪五六十年代，

---

① 清·张廷玉等：《明史》卷一百二十，《列传第八·诸王五》，标点本，第12册，第3659页，中华书局，1974年。
② 明·郑晓：《今言》卷四，二百七十四条，点校本，第158页，中华书局，2007年。
③ 明·陈建：《皇明通纪》卷一，《革除靖难纪》，"戊寅·洪武三十一年"条，点校本，第311页，中华书局，2008年。
④ 明·王世贞：《弇山堂别集》卷一，《皇明盛事述一·宗室之盛》，点校本，第6页，中华书局，2006年。
⑤ 明·何乔远：《名山藏》卷三十六，《分藩记一》，影印明崇祯刊本，第3册，第2016、2017页，北京大学出版社，1993年。
⑥ 同⑤。

受土地平整等人为因素影响，使得这些王陵寝园原貌尽失；另兼文献记载不详，这些王陵的相关资料逐渐遗失。特别是开封地区在历史上屡遭水患，地表已基本无遗迹可寻。虽然多年来针对周藩诸王陵墓的考古调查及局部发掘提供了一些资料，但由于缺乏系统性，学术界并没有对其进行深入研究。明代藩王墓葬制度是研究帝王陵墓制度的重要参考资料，但是目前国内对明代藩王墓葬的专题性调查研究尚为数不多，特别是对单个藩府墓葬以实地调查资料为基础的报告或论著尚未见到。为了更好地宣传、保护和研究这些藩王墓葬，对散处各地的王陵进行实地考察，全面系统地记录现存遗迹遗物是很有必要的。鉴于此，笔者在甄别相关历史文献和方志资料之后，遍访周藩各王陵所在地，搜集相关资料，不揣浅陋，缀辑成册，仓促而成此拙作。

本书正文共分六章，另有附录3个。第一、二、三章分别介绍周藩亲王、郡王、将军、中尉等墓葬的保存现状及残存遗物，并配以遗物线图、拓片和照片，同时为了保证资料的完整性，我们特将以往已经公布和文献记载的相关墓志和神道碑文一并辑录；第四章对王陵周围有据可查的守坟户进行调查，并辑录相关的碑刻、谱牒资料，以资同好者考证；第五章对周藩王陵周围的相关寺庵道观进行考察，现存碑刻凡是内容涉及周府王宗的宗教信仰、护陵官员及守坟户的也按统一格式全部录文，以飨于读者；第六章则依据现有资料对周藩亲、郡王陵的几个问题，诸如墓区制度，神道石像生制度，埋葬制度，玄宫结构的演变规律，亲、郡王墓寝园建筑的用瓦等级，影响王陵选址的原因等几个方面略陈管见；3个附录首先是补正之后的周藩亲、郡王世系表，其次是周藩王陵建筑琉璃的成分分析及对相关问题的探讨，最后是根据正统十三年（1448年）明政府的相关规定对周藩亲王寝园建筑所作的复原图。

需要说明的是，本书以调查材料为主，重点对亲、郡王陵地表现有遗存进行介绍。另外，承蒙郑州市文物考古研究院、荥阳市文物保护管理所、禹州市文物管理处、上蔡县文物保护管理所、开封县文物保护管理所等文物管理和研究单位惠允，我们将上述单位往年调查或发掘的部分材料也收录其中，尽可能多地展示现有资料，以供读者研究之用。最后需要指出的是，本书的墓志、碑刻录文中有以下四种符号，分别代表不同的含义，其中"／"表示另行，"□"表示文字不可辨识，"……"表示文字残缺不存，"△"表示未镌刻文字。

由于水平有限，错误之处在所难免，在此恳请诸位专家、学者及读者不吝赐教。

孙 凯

2012 年 10 月 27 日

目　录

序 i
前　言 iii
第一章　亲王墓葬 1
　第一节　周定王墓 1
　　一、寝园遗址 2
　　二、墓葬形制 3
　　三、遗物 8
　第二节　周宪王墓 18
　第三节　周简王墓 20
　　一、寝园遗址 20
　　二、墓葬形制 21
　　三、遗物 23
　第四节　周靖王墓 27
　第五节　周懿王墓 29
　第六节　周惠王墓 30
　　一、寝园遗址 30
　　二、墓葬形制 30
　　三、遗物 31
　第七节　周悼王墓 35
　　一、寝园遗址 35
　　二、墓葬形制 37
　　三、遗物 37
　第八节　周恭王墓 42
　　一、寝园遗址 42
　　二、遗物 44

第九节　周康王墓 46
　　一、寝园遗址 46
　　二、遗物 46
第十节　周庄王墓 52
　　一、寝园遗址 53
　　二、墓葬形制 53
　　三、遗物 54
第十一节　周敬王墓 58
　　一、寝园遗址 58
　　二、遗物 59
第十二节　周端王墓 65
　　一、寝园遗址 66
　　二、遗物 66

第二章　郡王墓葬 70
　第一节　郑州、荥阳地区 70
　　一、遂平王墓 70
　　二、原武王墓 76
　　三、鄢陵王墓 87
　　四、沈丘王墓 91
　　五、南陵王墓 95
　　六、其他郡王墓 113
　第二节　开封地区 114
　　一、永宁王墓 114
　　二、镇平王墓 117
　　三、封丘王墓 118
　　四、罗山王墓 120
　　五、胙城王墓 122
　　六、博平王墓 124
　　七、浦江王墓 125
　第三节　其他地区 129
　　一、墓葬形制 129
　　二、遗物 133

第三章	其他周王家族墓葬	135
	一、将军墓葬	135
	二、中尉墓葬	140
	三、县主墓葬	143
第四章	关于守坟户的调查	146
	一、周定王墓守坟户	146
	二、周简王墓守坟户	147
	三、周悼王墓守坟户	149
	四、周庄王墓守坟户	151
第五章	陵区内寺庙的调查	153
	一、洞林大觉禅寺	153
	二、兴国寺	162
	三、祖始庙	165
	四、谷山祖师庙	167
	五、槐林村关帝庙	170
第六章	相关问题研究	173
	一、墓区制度	173
	二、神道石像生制度	176
	三、埋葬制度	177
	四、亲、郡王墓玄宫结构的演变规律	179
	五、亲、郡王墓寝园建筑的用瓦等级	180
	六、关于周定王墓、周简王墓的一些问题	181
	七、影响王陵选址的原因	183
	八、墓志的分期研究	188
附录一	周藩亲、郡王世系表补正	190
附录二	明代周藩王陵建筑琉璃的成分分析及相关问题	219
附录三	明代亲王墓葬寝园建筑复原图	230
Abstract		235
后记		239

插图目录

图一　周定王墓寝园道路及护坡 ……………………………………… 2
图二　周定王墓建筑基址 ……………………………………………… 3
图三　周定王墓平面图 ………………………………………………… 4
图四　周定王墓墓道未修缮前的状况 ………………………………… 5
图五　周定王墓甬道 …………………………………………………… 5
图六　周定王墓前室 …………………………………………………… 5
图七　周定王墓耳室 …………………………………………………… 6
图八　周定王墓后室 …………………………………………………… 6
图九　周定王墓后室隔墙方孔 ………………………………………… 6
图一〇　周定王祔葬墓平面图 ………………………………………… 7
图一一　祔葬墓环形甬道 ……………………………………………… 8
图一二　祔葬墓内碑形石碣、琉璃椁及仿刻墓志 …………………… 8
图一三　故妃陈氏墓志盖拓本 ………………………………………… 9
图一四　故妃陈氏墓志拓本 ………………………………………… 10
图一五　倪妃墓志盖拓本 …………………………………………… 12
图一六　祔葬墓内碑形石碣拓本 …………………………………… 13
图一七　永宁王题刻拓本 …………………………………………… 14
图一八　周定王墓采集遗物（一） ………………………………… 15
图一九　周定王墓采集遗物（二） ………………………………… 16
图二〇　周定王墓滴水瓦 …………………………………………… 17
图二一　周简王墓柱础及石狮 ……………………………………… 21
图二二　周简王墓平面图 …………………………………………… 22
图二三　徐妃墓志盖拓本 …………………………………………… 23
图二四　徐妃墓志拓本 ……………………………………………… 24
图二五　周简王墓采集遗物 ………………………………………… 25

图二六	周简王墓采集遗物及柱础	26
图二七	周简王墓采集瓷盘	27
图二八	周悼王墓残存石碑拓本（局部）	28
图二九	敕修周靖王茔碑拓本（局部）	28
图三〇	周惠王墓平面示意图	31
图三一	周惠王墓志盖拓本	32
图三二	周惠王墓志拓本	32
图三三	周惠王妃谭氏墓志盖拓本	33
图三四	周惠王妃谭氏墓志拓本	34
图三五	周惠王墓出土玉壶春瓶	34
图三六	周悼王墓神道石刻	35
图三七	周悼王墓神道石马	36
图三八	周悼王墓石刻	36
图三九	周悼王墓志盖拓本	37
图四〇	周悼王墓残碑拓本（一）	38
图四一	周悼王墓残碑拓本（二）	39
图四二	周悼王墓神道石马鞍鞯纹饰拓本	40
图四三	周悼王墓神道武将革带纹饰拓本	40
图四四	周悼王墓遗物	41
图四五	周恭王墓背后的老龙山	43
图四六	周恭王墓碑额	43
图四七	周恭王墓柱础	44
图四八	周恭王墓采集遗物	45
图四九	周康王神道碑拓本	48
图五〇	追封周康王次妃陆氏敕诰文拓本	49
图五一	周康王次妃陆氏墓表拓本（局部）	50
图五二	周康王墓柱础	51
图五三	周康王墓采集遗物	52
图五四	周庄王墓雕花石座	54
图五五	周庄王墓雕花石座	55
图五六	周庄王墓石兽	55
图五七	周庄王墓石兽	56
图五八	周庄王墓守门狮	56

图五九	周庄王墓雕花石刻	57
图六〇	周庄王墓柱础	57
图六一	周庄王墓采集遗物	58
图六二	周敬王墓神道武将	59
图六三	周敬王墓神道望柱	60
图六四	周敬王墓神道武将	61
图六五	周敬王墓神道望柱	61
图六六	周敬王墓石坊柱	62
图六七	周敬王墓柱础	62
图六八	周敬王墓采集遗物（一）	63
图六九	周敬王墓采集遗物（二）	64
图七〇	周端王墓志拓本	67
图七一	周端王墓采集遗物	68
图七二	遂平恭安王夫人李氏墓志拓本	71
图七三	遂平王妃游氏墓志盖拓本	72
图七四	遂平王妃游氏墓志铭拓本	73
图七五	遂平康穆王南极妃游氏合葬墓志盖拓本	74
图七六	遂平康穆王南极妃游氏合葬墓志拓本	75
图七七	遂平王宫人马氏墓志盖拓本	76
图七八	原武王府、鄢陵王府墓区示意图	77
图七九	原武温穆王墓现状	78
图八〇	原武温穆王墓平面图	78
图八一	释迦牟尼佛像	79
图八二	迦陵频伽	79
图八三	共命鸟	79
图八四	东壁画面（局部）	80
图八五	墓顶画面（局部）	81
图八六	原武温穆王墓志盖拓本	82
图八七	原武温穆王妃张氏合葬墓志盖拓本	84
图八八	原武某郡王墓神道石刻	84
图八九	原武某郡王墓石雕	85
图九〇	原武某郡王墓采集遗物	86
图九一	鄢陵端僖王墓志拓本	88

图九二	鄢陵端僖王妃李氏合葬墓志拓本	89
图九三	鄢陵恭昭王长子暨配夫人麻氏合葬圹志	91
图九四	沈丘荣戾王墓钻探现场	92
图九五	沈丘荣戾王夫人宋氏墓志盖拓本	93
图九六	沈丘荣戾王夫人宋氏墓志拓本	93
图九七	沈丘荣戾王墓神道石刻	95
图九八	南陵庄裕王墓石碑	96
图九九	南陵庄裕王墓室全景	97
图一〇〇	南陵庄裕王墓平剖面图	98
图一〇一	南陵庄裕王墓石椁	99
图一〇二	南陵庄裕王墓西侧墓室	99
图一〇三	南陵庄裕王墓神道碑碑阳拓本	101
图一〇四	南陵庄裕王墓神道碑碑阴拓本	102
图一〇五	钦赐祭文拓本	103
图一〇六	东宫赐祭文拓本	104
图一〇七	南陵王夫祭文拓本	104
图一〇八	南陵王继妃樊氏墓志盖拓本	105
图一〇九	南陵王继妃樊氏墓志拓本	106
图一一〇	南陵庄裕王墓志盖拓本	107
图一一一	南陵庄裕王墓志拓本	107
图一一二	南陵庄裕王墓神道石刻	108
图一一三	南陵庄裕王墓神道石马	109
图一一四	南陵庄裕王墓神道文官	110
图一一五	南陵庄裕王墓神道青石武将	111
图一一六	南陵庄裕王墓神道白石武将	112
图一一七	庙王村东明墓封土	113
图一一八	阎家庄村东明墓封土	114
图一一九	永宁王故妃墓志拓本	116
图一二〇	封丘温和王墓志	118
图一二一	罗山悼惠王墓发掘现场	121
图一二二	罗山悼惠王墓出土琉璃瓦纹饰摹本	122
图一二三	胙城端惠王为妃梁氏所立买地券拓本	123
图一二四	浦江王妃葛氏墓志盖拓本	125

图一二五	浦江王妃葛氏墓志拓本	126
图一二六	浦江安简王配妃葛氏合葬墓志盖拓本	127
图一二七	浦江安简王配妃葛氏合葬墓志拓本	128
图一二八	顺阳怀庄王墓平剖面图	130
图一二九	顺阳怀庄王墓现状	131
图一三〇	顺阳怀庄王墓耳室	131
图一三一	顺阳怀庄王墓出土金器	132
图一三二	顺阳怀庄王墓志盖拓本	133
图一三三	顺阳怀庄王墓志拓本	133
图一三四	顺阳怀庄王墓采集遗物	134
图一三五	封丘康懿王二镇国将军墓志	136
图一三六	胙城府四镇国将军墓志	136
图一三七	鲁阳王府常熟县主墓志盖拓本	144
图一三八	鲁阳王府常熟县主墓志拓本	145
图一三九	王氏先茔碑文拓本（局部）	148
图一四〇	臧氏祠堂碑记拓本（局部）	149
图一四一	臧氏谱牒石记拓本（局部）	151
图一四二	洞林大觉禅寺远景	153
图一四三	南无日光菩萨造像	154
图一四四	洞林寺天王殿及四大碑	154
图一四五	洞林大觉禅寺历代序碑碑阳拓本	156
图一四六	周王旨谕碑碑阳拓本	157
图一四七	周王旨谕碑碑阴拓本（局部）	158
图一四八	兴国寺远景	163
图一四九	兴国寺大雄宝殿	163
图一五〇	"周府图书"印文拓本	164
图一五一	"周王旨"残碑	165
图一五二	"周王旨"碑篆额拓本	166
图一五三	"周王旨"碑拓本（局部）	166
图一五四	祖始庙陈进残碑拓本	167
图一五五	槐林村关帝庙现状	170
图一五六	重修武安王庙记拓本	171
图一五七	周藩亲、郡王墓葬分布示意图	174

图一五八　禹州墓区周围环境示意图 …………………………………… 184

图一五九　禹州墓区地貌三维影像图 …………………………………… 185

图一六〇　荥阳墓区周围环境示意图 …………………………………… 186

图一六一　周藩亲王、郡王等墓葬出土墓志（志盖）分期图 …………… 189

第一章 亲王墓葬

据《明史》记载，周藩亲王共传袭十一世十三王，其世系如下：

周定王→周宪王

　　周简王→周靖王

　　　　周懿王→周惠王→周悼王→周恭王→周康王→周庄王→周敬王→周端王→末代王（恭枵）

其中悼王、康王为追封王，未曾享国；末代王朱恭枵在遁走南方的途中病逝于淮安湖嘴舟中①。以上诸王，除末代王不知其葬处以外，其他十二王的葬地皆有文献可依。其中定王、恭王、端王葬禹州，宪王葬开封，简王、靖王、懿王、惠王、悼王、康王、庄王、敬王葬荥阳。本章内容主要以文献记载和调查资料为基础，对周藩亲王墓葬做一系统的介绍，为行文方便起见，兹按世系叙述如下。

第一节　周定王墓

周定王名橚，周藩始封王，太祖第五子②，成祖胞弟，母后马氏③。洪武三年

---

① 清·计六奇：《明季南略》卷一，甲申四月五月事，"赧皇帝"条，点校本，第1页，中华书局，2011年。

② 一说第七子（明·李绅：《明周藩浦江安简王配妃葛氏合葬志铭》。见中国文物研究所、河南省文物考古研究所编：《新中国出土墓志·河南（二）》下册，第91、92页，文物出版社，2002年），志载："我太祖高皇帝平定海宇，奄有天下，大锡同姓。择河南省城名地，分封第七子为周定王，生简王，简生懿王，懿生惠王，惠生第二十二子始请册封为浦江怀隐王……"

③ 一说高皇后无子（清·谈迁：《枣林杂俎》，《义集·彤管》，"孝慈高皇后无子"条，点校本，第268页，中华书局，2006年；清·查继佐：《罪惟录》，《列传》卷之四，"周定王橚"条，第1210页，浙江古籍出版社，1986年）。有人认为成祖朱棣和周王朱橚当为硕妃所生。明人李清《三垣笔记》载："予阅《南太常寺志》，载懿文皇太子及秦、晋二王均李妃生，成祖则硕妃生，讶之。时钱宗伯谦益有博物称，亦不能决。后以弘光元旦谒孝陵，予语谦益曰：'此事与《实录》、《玉牒》左，何征？但本《志》所载，东侧列妃嫔二十余，而西侧止硕妃，然否？曷不启寝殿验之？'及入视，果然。乃知硕、李之言有以也。"（明·李清：《三垣笔记》，附志二条，点校本，第249页，中华书局，1982年）。《南京太常寺志》载有："右一位硕妃生成祖文皇帝"之语。（清·徐乾学：《读礼通考》卷九三，"太祖孝陵"条引文，影印文渊阁《四库全书》本，第114册，第240页，台湾商务印书馆，1983年）。关于此事，吴晗先生亦有专文考证，认为高皇后马氏无子，成祖和周定王朱橚乃系硕妃所生，成祖为高后所养，故冒称嫡子（吴晗：《明成祖生母考》，载《吴晗史学论著选集》第一卷，第556页，人民出版社，1984年）。

(1370年)封吴王,后来,太祖以"钱塘财富地"之由,于十一年(1378年)改封周王,十四年(1381年)就藩开封,洪熙元年(1425年)薨。周定王在文学和科技方面颇有成就,《明史》载:橚好学,能词赋,作《元宫词》百章。又以国土夷旷,考核可佐饥馑植物四百余种,著有《救荒本草》一书①。周定王薨逝之后葬于禹州北之明山,民国《禹县志》载:"周定王墓,乾隆《邵志》曰:'州北五十里明山下,紫金里十甲后茔。'"② 明山即太白山,在观山东五里③。具体位置在今禹州市无梁镇老官山东麓王家村,当地俗称"朱王坟"。

一、寝园遗址

周定王墓寝园遗址位于定王墓右前方,坐西朝东,劈山而成,当地村民传有"大殿、二殿、三殿"之说。按明代帝王陵墓寝园建制,传说当指寝园门、中门、享殿之属,惜已无存。实地调查得知,寝园遗址尚有道路、护坡、建筑基址等遗迹。

道路位于周定王墓前方的断崖处,迂回向上,整体呈曲尺状,宽约3米,路面土石参半。道路一侧有石砌护坡,系用原山石材摆砌而成,并用灰浆灌缝,保存尚佳(图一)。

图一　周定王墓寝园道路及护坡

---

① 清·张廷玉等:《明史》卷一百十六,《列传第四·诸王一》,标点本,第12册,第3566页,中华书局,1974年。
② 民国·王棽林等撰修:《禹县志》卷十三,《陵墓志》,《中国方志丛书》(华北地方·459),影印民国20年刊本,第1033页,台北成文出版社有限公司,1976年。
③ 民国·王棽林等撰修:《禹县志》卷三,《山志》,《中国方志丛书》(华北地方·459),影印民国20年刊本,第319、320页,台北成文出版社有限公司,1976年。

通过道路向上，越过一级台地有一处横阔约44米，宽约31米的平台，地表残存大量绿釉琉璃建筑瓦件及青砖。由其位置推测，当是享殿所在（图二）。由其后部及一侧的遗迹来看，该基址当是劈山凿石而成，南侧紧邻山间冲沟，北侧有一坡道可达周定王墓室。

图二　周定王墓建筑基址

二、墓葬形制

周定王墓坐西朝东，凿山起券，砖石砌就。由墓道、甬道、前室、中室、后室及前室左右的四个耳室组成[①]（图三），墓道方向133°。整个墓室墙体磨砖对缝，格外考究。

斜坡墓道位于墓室东端，凿石而就。平面长26米，宽6~6.2米，最深处距地表约8米。墓道尽端为拱券墓门一座，原由青砖封堵，后被拆毁。墓门高4.42米，宽4.5米，进深1.62米。墓门上部建有三间琉璃仿木门楼，一主楼两次楼。由其残存遗迹可看出主楼为单檐庑殿顶，主楼两侧有砖雕垂花柱，雀替、斗拱俱全，檐部下方有保存尚佳的砖雕花形门簪四朵。墓门上方有砖砌挡土墙一道，其上部与回填封土齐平（图四）。

甬道平面略呈方形，南北起券，东西长6.55米，南北宽6.44米；甬道尽端为方形墓门一座，内装石门两扇，石质门框和门枕石均保存较好。砖砌墓门高3.53米，宽

---

① 国家文物局主编：《中国文物地图集·河南分册》，《明周定王墓》，第321页，中国地图出版社，1991年；杨焕成：《河南文物名胜史迹》，《明周定王墓》，第614~616页，中原农民出版社，1994年；河南省文物普查办公室：《河南省文物普查大观》，《中原文物》1986年第3期；调查资料。

3.36 米；石门高 3.2 米，宽 1.6 米，厚 0.19 米。石门上部亦建有单檐庑殿式琉璃仿木门楼一座，形制与墓门处同类建筑相似（图五）。

前室拱券纵向跨南北而起，东西长 12.33 米，南北宽 9.58 米，高 7 米（图六）。

耳室对称于前室南北两侧，左右各二，形制相同，均东西起券，各室有石门与前室相隔，两侧耳室石门上部均建有庑殿式琉璃通脊仿木门楼（图七）。耳室南北长 10.25 米，东西宽 3.7 米，高 4.23 米。四座砖砌墓门均高 3.34 米，宽 3.12 米；石门高 2.9 米，宽 1.44 米，厚 0.19 米。

中室地面较前室高 1.4 米，并以 7 级台阶相连，二室之间以石门相隔，石门上部同样建有庑殿式琉璃仿木门楼。中室横向东西起券，南北长 25.7 米，东西宽 9.57 米，高 15 米。前室与中室之间的砖砌墓门高 3.73 米，宽 3.39 米；石门高 3.16 米，宽 1.55 米，厚 0.2 米。

中室后壁辟有四个后室，均南北起券，各有石门，石门上部亦设有琉璃仿木门楼，中间两个墓室较两侧墓室向前部凸出 0.97 米，墓门上方设有通脊仿木门楼，而两侧墓室则各自单独设置（图八）。四个后室均高 4.7 米；居中两个墓室东西长 12.7 米，南北宽 4.26 米；砖砌墓门高 3.68 米，宽 3.27 米；石门高 3.15 米，宽 1.59 米，厚 0.2 米。两侧墓室东西长 11.62 米，宽 4 米；砖砌墓门高 3.54 米，宽 3.14 米；石门高 3.1 米，宽 1.48 米，厚 0.19 米。四个墓室隔墙中部距地表 2.2 米处均设有一个边长 0.25 米的方形孔洞，可通相邻墓室（图九）。

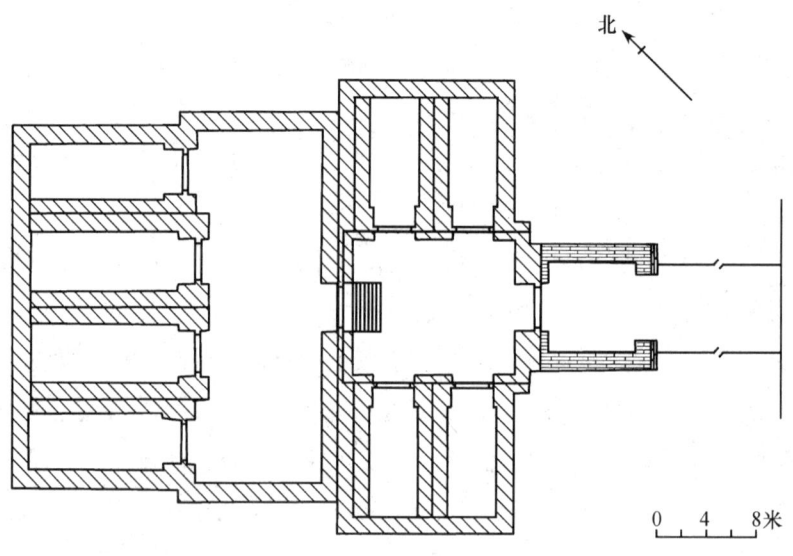

图三　周定王墓平面图
（据周定王墓景区宣传资料摹绘）

图四　周定王墓墓道未修缮前的状况
（禹州市文物管理处供图）

图五　周定王墓甬道

图六　周定王墓前室

图七　周定王墓耳室

图八　周定王墓后室

图九　周定王墓后室隔墙方孔

周定王墓右前方400米处有一座祔葬墓，亦坐西朝东，青砖砌就，整体呈环形，采用圆轮辐射同穴分室的形制，双曲拱券营造。由墓道、墓门、甬道和十七个墓室组成（图一〇），墓道方向110°。整个墓室亦是磨砖对缝，细料方砖铺地，异常坚固。

斜坡墓道位于墓室东端，因未发掘，其形制不详。

拱券墓门高2.7米，宽2.4米，上部建有砖雕仿木门楼，形制同周定王墓门楼，同样是一主楼两次楼，主楼两侧有砖雕垂花柱，檐部下方有四朵砖雕花形门簪。

进入墓门向前为长3.6米、宽2.86米、高3米的长方形甬道，纵向南北起券。

墓室中心为直径11.4米的圆柱，向外又开辟宽4.4米的券顶环形甬道（图一一）。沿甬道外围辟17个大小相等的长方形墓室，各室与环形甬道间以高1.74米、宽1.6米的券门，墓室均长2.86米，宽2.4米，高2.32米，墓室内部地面铺以细料方砖，地面中部设有长约1.2米、宽约0.4米的"金井"，内部填有黄土。

由其残存遗迹来看，17个墓室券门均以青砖封堵，并且每个墓室内均有绿釉琉璃椁一套，惜已损坏，形制不详（图一二）。

该墓出土有数方墓志和数通碑形石碣，根据其内容可知墓内葬有王妃陈氏、倪氏、田氏、宫人李氏、钱氏及名曰"旧王妃"者等①。但由于破坏严重，以上墓主的埋葬位置已不得而知。

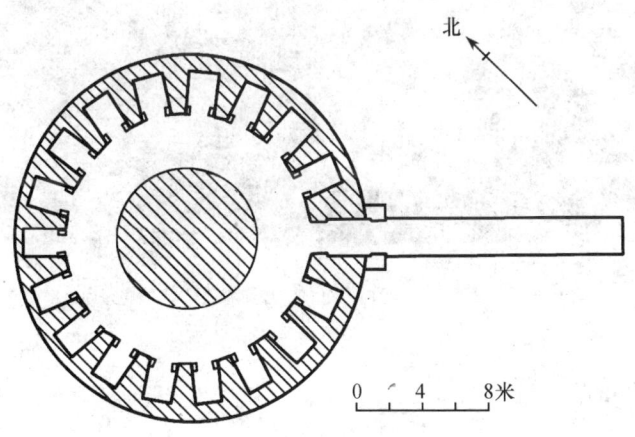

图一〇　周定王祔葬墓平面图
（据周定王墓景区宣传资料摹绘）

---

① 周定王祔葬墓可能还葬有夫人胡氏。《明英宗实录》载："周王庶母胡氏卒，赠周定王夫人。命其子祥符王有爝、宜阳王有烌、封丘王有熅亲诣定王园择地安葬，遣中官致祭。"（《明英宗实录》卷十一，宣德十年十一月甲申，校印本《明实录》第13册，第0209页）。

图一一　祔葬墓环形甬道

图一二　祔葬墓内碑形石碣、琉璃椁及仿刻墓志

三、遗　物

（一）墓志碑刻及摩崖题刻

1. 祭文碑

位于建筑基址前方，碑身佚，仅存赑屃碑趺，现存祭文碑系当地文物部门据早年抄录碑文重新刊刻而成。录文如下：

> 维嘉靖元年岁次壬午三月戊申朔，越十六日癸亥，皇帝遣大理寺右寺丞刘源清致祭于七世叔祖周定王曰：惟子嗣统之初，茂惇九族，缅怀厚德，实切于衷。

谨遣廷臣奉将香币敬伸祭告，伏冀鉴知，尚飨！

2. 大明周府故次妃穆氏圹志

出土于周定王墓，青石。志文20行，满行19字，正书。录文如下：

大明周府故次妃穆氏圹志

妃法名妙福，其先世居浙江之宁波府，父□，/母孙氏，皆有贤名，见称于时，况宁波为浙江/名郡，山川秀丽，人品清淑，而妃又清淑中之/贤名者。/太祖高皇帝选以为/周王殿下次妃，妃事/上有孝敬之礼，待下多扶存之恩。同列和睦，颇/能赞助宫壸，故为/正妃所爱。妃生于/本朝洪武元年闰七月十九日，终于洪熙元年闰/七月二十日。盖由/王以疾薨，而妃伤悼不已，哭泣过哀，遂与其同/列谋自尽以从于/王。因妃之谋，一时同尽者凡六位，皆同于闰七/月二十日。妃享年五十八岁，无子。呜呼！妃之/忠烈非惟独善其名，又且能及于同列，是可/敬也。今其葬有日矣，宜有志，故为之，述其事，/以刻诸石。

洪熙元年十月初八日志

3. 故妃陈氏圹志铭

出土于周定王墓，青石。盖底均高63厘米，宽48厘米，厚9.5厘米。盖文单行，7字，双钩正书（图一三）；志文19行，满行26字，字内填有黄金，正书（图一四）。录文如下：

志盖：故妃陈氏圹志铭

志文：大明周府妃陈氏圹志铭

妃陈氏，讳妙宝，祖居凤阳寿州人也。父讳让，前任四川成都左/卫指挥使。母李氏，世为令族。父有功于时，历居显官。以忠孝传/家，以阴德遗裔。于是妃生于洪武八年乙卯七月二十八日。

图一三　故妃陈氏墓志盖拓本

（采自《新中国出土墓志》，文物出版社，1994年）

天/赋性姿纯淑，长自聪慧。有温恭之德，著婉娩之容。孝行无间，善/誉日彰。早年膺容德之选，居于宫壸。事/上之心，恭敬勤慎。处同列以睦为贵，待媪御以诚为本。暇时持斋/奉佛，修积善功。须臾不忘于心，顷刻不怠于怀。累德益深，天施/其报。于是生育贵子，受/封王爵于汝阳郡。富贵荣显，世无可比，所以同享太平，已有年矣。奈/何禀于天者，寿命有期。一旦

图一四　故妃陈氏墓志拓本

（采自《新中国出土墓志》，文物出版社，1994 年）

遇疾遽然，医药弗遂。其为人子者/仰天叩地，救莫可得。于是薨于永乐十八年庚子二月二十二/日，享年四十有六。凡其葬祭之仪，悉皆丰备。兹以△△△△年/△△月△△日葬于明山之原。先期奉/旨，谨述其志，以垂永久。敬为铭曰：

惟妃性行，实天所锡；婉娩之姿，温恭之德；事/上勤诚，礼仪匪忒；内治之修，晨夕辅翊；有子尊荣，同享/邦国；天年有期，薨于遽疾；玄宫已成，惟善惟吉。百千万年，子孙茂/益。

4. 故宫人李氏圹志

出土于祔葬墓，青石，高31.5厘米，宽31.5厘米。志文17行，满行16字，正书。录文如下：

故宫人李氏圹志

李氏讳某，其先京兆人，生于令族。天/禀纯厚而庄重婉淑，自童幼入/府，既能小心谨慎，孝敬和睦，居宫壸三十/余年，鲜有过举。尝/侍从云南之行，亲执盥馈于旅邸，举措有/方，服勤无怠。及还，益以此见重，历事/既久，又益修仪度，贤声斯著矣。方兹/荣享富贵，以怡愉晚景，岂竟一疾竟/□不起。生于至正癸卯某月某日，春/秋五十。女三，皆不育。卒于永乐/□辰九月二十二日。卜以其年十月/十八日葬钧州明山之原，将葬，奉/敕墨录其生平懿行之大略，俾书之以示/永久。谨书实如右，而不敢为溢美之/辞，礼也，是为志。

5. 故宫人钱氏圹志

出土于祔葬墓，青石，高48厘米，宽48厘米。志文23行，满行26字，正书。录文如下：

故宫人钱氏圹志

宫人姓钱氏，讳妙广，其先京口之令族。父觉得，母周氏。世以积/善树德，钟庆厥后，阴骘之报，是生宫人。自幼即知礼让，服教训，/不事嬉剧，惟习剪制织纴以充奁具。孝奉父母无违悖之色，惇/睦兄弟有和顺之道。天禀超异，迥出伦辈。及笄之岁，茂膺/周府宫闱之选。既得其归，益修仪度，恭敬以事上，谦和以睦众，冲厚以/待下，盖孝顺之推，无所不可也。虽/王家礼法之严，楷范之懿，侍从使令之多周全奉承，处之若素，所服/习未尝少有差忒，自获居嫔御华鱼轩服褕狄凡若干年，不以/履贵而骄，不以居宠而惰。勤于执事不惮劳。尝谓饮食为养/生之本，矧服事/主人非精洁不足为尽敬，非甘时不足以适口，凡进膳饈，必躬亲治，/具爨和盐梅，品尝醯酱务在滋味，得所幸加食，始释已意，惴惴焉唯恐不及也。无忮忌之行，无跣慢之失。大小事务罔不尽心，/故得礼敬于上下，而尤沐/恩眷荣，乃于父母兄弟可谓贤孝矣。有此懿德，是宜永膺福寿，长享/富贵，而理不可究，竟爽其膺婴疾以来，凡祷于神祇，疗于药石，/技穷医巫而不能祛二竖之厄，竭尽人事而不能延所禀之命。/竟终于永乐六年四月十一日，系乎造物也。宫人生于洪武/丁巳三月二十一日，享年三十有二，以永乐八年十二月二十八日/葬于钧州明山之侧堋。期既卜，/殿下以宫人淑行之梗概俞旨词臣，俾次第其实，勒诸坚珉，纳于圹而为志。

6. 大明周府妃倪氏圹志铭

出土于祔葬墓，青石。盖文单行，6字，双钩正书（图一五）。志文18行，满行18字，正书。录文如下：

大明周府妃倪氏圹志铭

妃倪氏，讳妙定，湖广茶陵县人，父讳安，母/任氏，乃盛族之家也。生于元庚子年正月/二十九日，长时，性姿纯粹，聪慧异人。父母/爱其善，抚教内治之仪，雍容宽裕，孝敬慈/祥，于是早年膺荣德之选，居于宫壸，小心/勤慎，事/上能尽其礼，和同列侍媪御，咸得其道。生有/一女，受/封为南阳郡主，选张义为仪宾，由是荣享有年。/何期禀于天者有命，一旦遇疾，医治弗痊，/遂薨于永乐十八年庚子正月十一日，享/年六旬有一。以□□年十一月二十日葬/于钧州明山之原。谨述其行，以镌于石，敬为铭/曰：

图一五　倪妃墓志盖拓本
（禹州市文物管理处供图）

惟/妃德性，天赋之姿；选居宫壸，恪循内仪；事/上尽礼，抚下仁慈；曷期一疾，遽然逝之；玄宫/已备，安葬有期；谨述志铭，永置于斯。

7. 田氏墓志铭

出土于祔葬墓，青石，仅存志盖，略残。残高51厘米，宽52厘米，厚9厘米。盖文单行，残存"田氏之墓"四字，双钩正书，字内填有朱砂。

8. 碑形石碣

4件，出土于祔葬墓室，原位不详。均青石质，方趺圆额，双钩正书。刻有"旧王妃"、"田妃"、"倪妃"及"陆姐"。

"旧王妃"碣：通高42厘米，碣身高30厘米，宽15厘米，厚10厘米，趺高11厘米，厚10厘米（图一六，1）。

"田妃"碣：通高42厘米，碣身高32厘米，宽15.5厘米，厚10厘米，趺高10厘米，厚10厘米（图一六，2）。

"倪妃"碣：通高40厘米，碣身高30厘米，宽15厘米，厚10厘米，趺高10厘米，厚10厘米（图一六，3）。

"陆姐"碣：通高40.5厘米，碣身高31厘米，宽15.5厘米，厚7.8厘米，趺高9.5厘米，厚10.5厘米。

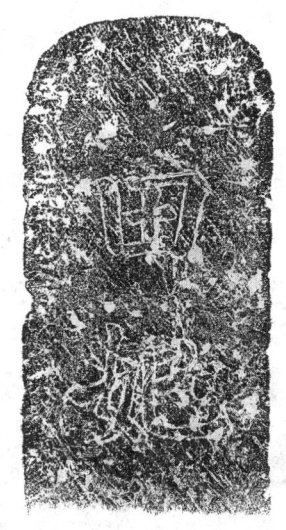

图一六　祔葬墓内碑形石碣拓本

（禹州市文物管理处供图）

1."旧王妃"碣　2."田妃"碣　3."倪妃"碣

9. 摩崖题刻

共 7 处，位于周定王墓所在老官山之"金子石"上，字体拙劣，其中有一处题刻位置较高，字迹不易辨识，其余六处镌刻时代明确者仅有两处：一处为嘉靖八年（1529 年）周府六代永宁王题刻（图一七），一处为嘉靖十五年（1536 年）周府汤溪王题刻。现将 6 处题刻内容录文如下：

其一：皇明第四代孙/周藩永宁王登此明山/皇明第六代孙永宁王拜手谨题/予承爵之四年钦遵/皇上允奏谒/祖周定王金陵端拜有感□赓/一□昭孝思以识岁月云尔/先王启之今皇宠之祗□□正/若其□之愿保万年□惠□时/子子孙孙勿替引之/嘉靖八年十月吉日题

其二：周府汤溪王/周定祖六代玄孙叨承/□荫享有爵□奏请/朝廷令拜扫上报/祖宗之恩下开人子之诚□□□□特有是遗□/大明嘉靖丙申岁仲冬吉日谨书/开封府……指挥付禄/……典服武进/……典仪……

其三：钦拨周府□名山巡视奉御官王卿□□

其四：差总□/白□驻王□/著写人白□/石匠冯强

其五：石乌狗

其六：遣差□□奉御□□学

（二）采集遗物

建筑基址地表残存大量琉璃瓦件，有板瓦、筒瓦、滴水瓦、瓦当、羊蹄勾头、博

图一七　永宁王题刻拓本

脊瓦、脊瓦、群色条、直檐砖、斗拱、套兽等。所有瓦件均为白坩土胎，器表施绿釉，无釉部分均呈黄白色。

板瓦　2件。定采：1，仰面施半釉，瓦翼抹角。残长21.2厘米，瓦口残宽13.6厘米，厚2.6~2.8厘米（图一八，1）；定采：2，仰面施釉，瓦首齐平。残长5.8厘米，瓦口残宽14.4厘米，厚2.6厘米（图一八，7）。

羊蹄勾头　1件。定采：5，拱面施釉，瓦首榫槽素胎无釉。残长15厘米，瓦口残宽9厘米，厚2.2~3厘米（图一八，2）。

筒瓦　2件。定采：3，拱面施釉。残长8.4厘米，瓦口残宽7.6厘米，厚1.8厘米（图一八，4）；定采：4，仅存瓦唇，素胎无釉。残长6.6厘米，残宽8.8厘米，厚0.8厘米（图一八，3）。

群色条　1件。定采：7，弧面施釉，剖面呈扇形。残长8.2厘米，宽16.8厘米，厚12.2厘米（图一八，5）。

脊瓦　1件。定采：8，外部拱面施半釉，内腔呈拐尺状，素胎无釉。残长13.8厘米，残宽14.8厘米，厚3.2~4厘米（图一八，6）。

直檐砖　1件。定采：9，外沿施釉，剖面呈梯形。残长16厘米，宽8.6厘米，厚2.6~3.4厘米（图一八，8）。

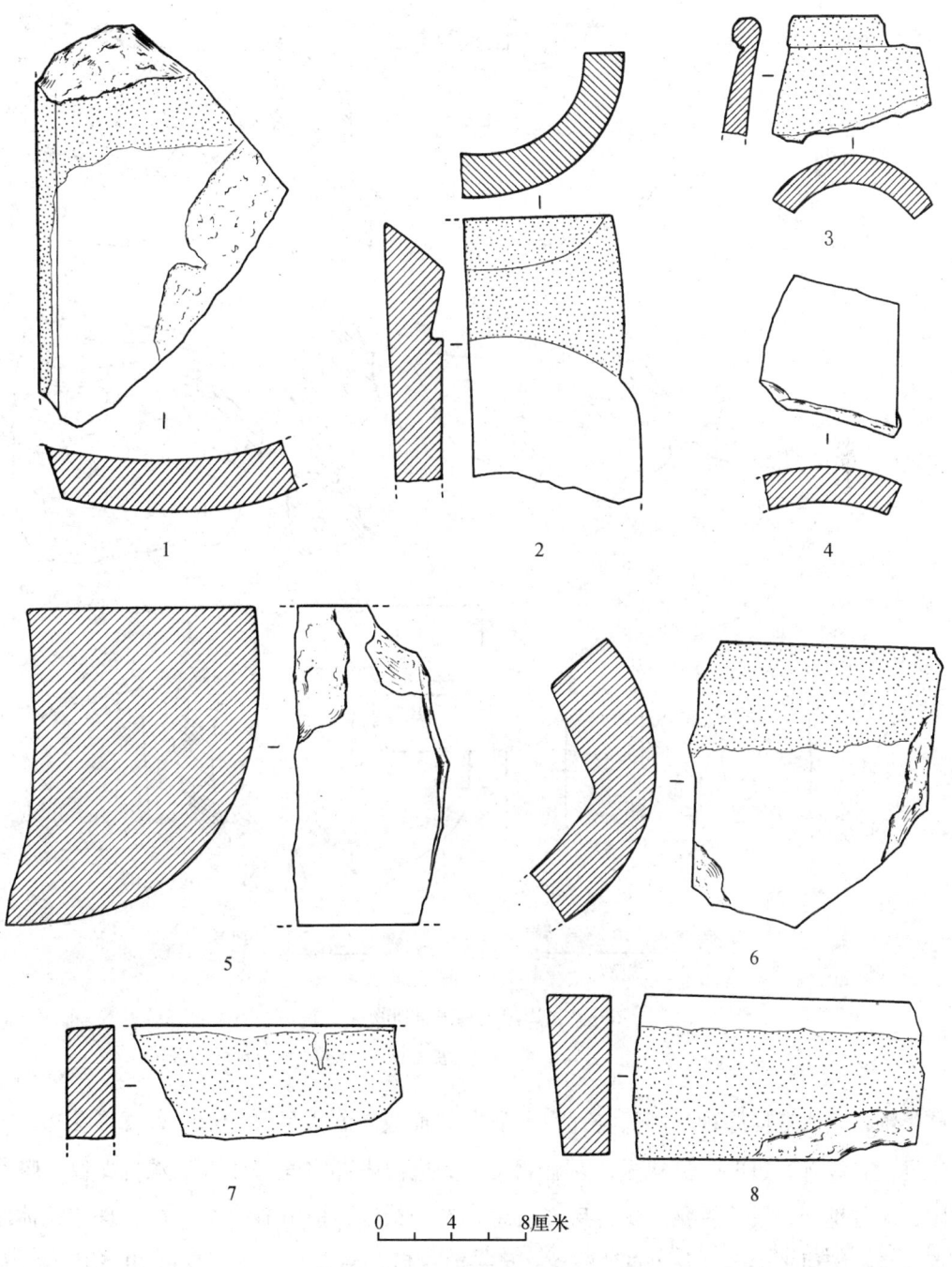

图一八 周定王墓采集遗物（一）

1、7. 板瓦 2. 羊蹄勾头 3、4. 筒瓦 5. 群色条 6. 脊瓦 8. 直檐砖

滴水瓦 3件。定采：10，如意形花边，窄边框，有廓，模印五爪龙纹，身披鳞甲。滴头残高6.3厘米，残宽9厘米，厚1.8厘米，边宽1.5厘米，边厚2.2厘米（图一九，1）；定采：11，仅存滴头一角。滴头残高5.2厘米，残宽7.4厘米，厚3厘米，边宽1.3厘米（图一九，3）。定采：16，保存完整，瓦身呈拐尺状，瓦翼抹角，仰面

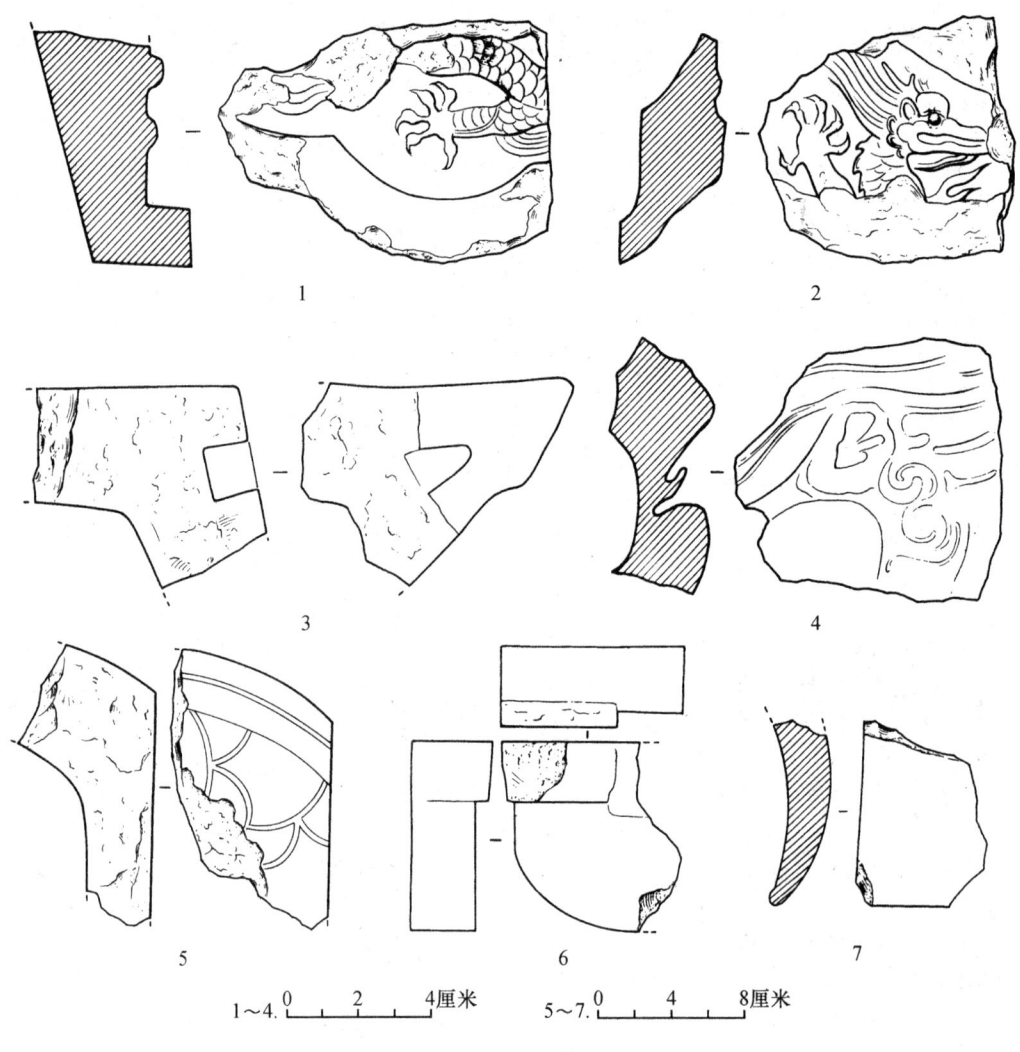

图一九 周定王墓采集遗物（二）
1、3. 滴水瓦 2. 瓦当 4. 兽耳 5. 套兽 6. 斗拱 7. 博脊瓦

施半釉，滴头通体施釉，滴头与瓦身分制黏结而成。滴头呈月牙形，如意形花边，窄边框，有浅廓，边框一侧缺失，系有意为之。边框内部空间模印五爪顾首龙纹，嘴紧闭，昂首垂须，鬃毛后飘，龙首后方及尾端有云朵纹，前方有一个三焰火珠，龙体圆浑，身披鳞甲，尖尾。龙体自然波动，足一前一后，呈奔跑状。瓦身长39.5厘米，瓦口宽30厘米，瓦身厚2.8~3厘米；滴头高12.8厘米，厚2.5~3厘米，边宽2厘米，边厚1.7厘米（图二〇；彩版二，1）。

瓦当 1件。定采：12，模印五爪顾首龙纹，嘴微张，昂首垂须，鬃毛后飘，身披鳞甲。残高6.5厘米，残宽7厘米，厚约2.2厘米（图一九，2）。

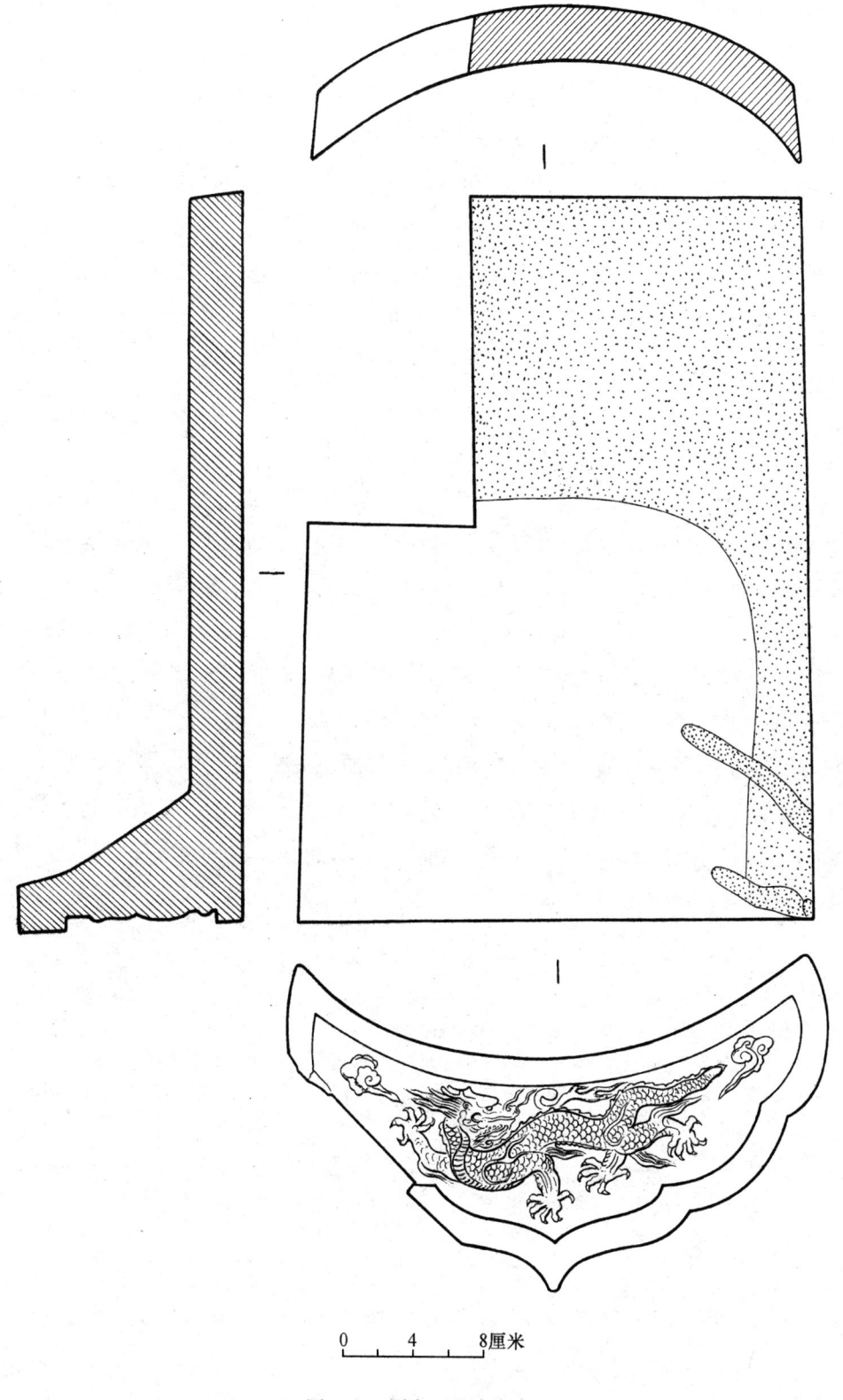

图二〇 周定王墓滴水瓦

兽耳　1件。定采：13，釉面剥离严重，模制，耳周围饰卷云纹。残高6.9厘米，残宽7.3厘米，厚0.5~2.7厘米（图一九，4）。

套兽　1件。定采：14，仅存套兽下颌部分，外部模印鱼鳞纹，内腔中空无釉。残高14.4厘米，残宽8.8厘米，厚3.6~6厘米（图一九，5）。

斗拱　1件。定采：15，残高10厘米，拱部残高6.8厘米，宽3.5厘米；斗面长6.3厘米，宽4.4厘米，高3.2厘米（图一九，6）。

博脊瓦　1件。定采：6，拱面施釉，内壁素胎无釉。残长7厘米，残宽9.6厘米，厚2.4厘米（图一九，7）。

第二节　周宪王墓

周宪王名有燉，定王嫡一子，字诚斋，号全阳子、全阳道人、全阳翁、兰雪轩、老狂生、锦窠道人、梁园客等①。周宪王好文辞，兼工书画，著《诚斋录》、《乐府传奇》若干卷，又集古名迹十卷，手自摹临勒石，名《东书堂集古法帖》。洪熙元年（1425年）袭封②，正统四年（1439年）薨。《大明一统志》载："周宪王墓在府城南四十五里朱仙镇。"③ 万历本《开封府志》藩封条记载："周宪王，正统四年薨，葬祥府城南之枣林庄。"陵墓条也云："宪王墓在府城西南枣林庄。"④ 具体位置可能在今开封市杏花营镇枣林村，由于自然破坏等原因，地表无任何遗物，亦不见其相关遗迹。根据史料记载，周宪王死后"妃巩氏以死殉，夫人施氏、欧氏、陈氏、张氏、韩氏、

---

① 赵晓红：《朱有燉生平正误》，《文学遗产》2005第一期。
② 关于周宪王的袭封时间，《明史》载为正统元年（清·张廷玉等：《明史》卷一百，《表第一·诸王世表一》，标点本，第9册，第2546页，中华书局，1974年），《明宣宗实录》载有燉于洪熙元年十月嗣封周王（《明宣宗实录》卷十，洪熙元年冬十月庚寅，校印本《明实录》第10册，第0288页）。《明英宗实录》载其薨于正统四年五月（《明英宗实录》卷五十五，正统四年五月甲戌，校印本《明实录》第14册，第1062页）。又，《弇山堂别集》载："（定王）子宪王有燉以宣德元年嗣。少有孝行，善为诗词，工书法。在位十四年，以正统四年薨，寿五十一，无子。"（明·王世贞：《弇山堂别集》卷三十二，《周定王橚》，点校本，第2册，第567页，中华书局，2006年），《明山藏》亦载周宪王在位十四年（明·何乔远：《名山藏》卷三十六，《分藩纪一》，影印明崇祯刊本，第3册，第1997页，北京大学出版社，1993年）。由其卒年推之，宪王袭封时间应在"洪熙元年"，《明史》记载有误，今改。
③ 明·李贤等纂：《大明一统志》卷二十六，影印文渊阁《四库全书》本，第472册，第638页，台湾商务印书馆，1984年。
④ 宋伯华修，朱睦㮮、曹金纂：《开封府志》，明万历十三年刊本。按，周宪王尚为世子之时，其妃吕氏于永乐四年薨，未详其葬地。（《明太宗实录》卷五三，永乐四年夏四月辛巳，校印本《明实录》第7册，第0796页）。

李氏皆殉死。诏谥妃贞烈，六夫人贞顺"①，并"祔葬宪园"②。此外，周宪王所著《诚斋录》载有《故宫人夏氏墓志铭》，志主夏氏于永乐十六年（1418年）六月卒，以其年八月十三日葬于开封府祥符县枣林庄③。

附《故宫人夏氏墓志铭》，录文如下：

宫人夏氏云英之亡也，女使致其语于余曰：宫人属纩之顷遗言令启于殿下曰：妾自幼入宫，得奉巾栉于今十二年矣。不幸造物者各有定数，今妾将危，是有生之常理，愿殿下勿致忧恸以慰二亲之怀。然妾平生侍于殿下，掌职图史，钟爱逾人，倘殿下哀矜，愿赐一言于墓首以垂不朽，是妾生死皆荣，幸莫大矣。余不可辞，因叙以铭之曰：宫人讳云英，青州府莒州人。祖任，济南卫千户，世为令族。父亨，任通州卫指挥佥事，娶杨氏，生宫人。宫人生而聪慧，异于寻常，五岁即能记诵《孝经》，七岁学佛典《金刚》、《莲华》等经，《楞严》、《尊胜》等咒，皆能背诵。至于女工、剪制、结簇无所不精。博弈音律，一经目睹耳聆便皆造妙，父母兄弟咸敬爱之。年十三以才德选入周府为周世子宫人，既归，孝敬雍睦，小心谦顺，众皆称之。父母眷爱，恩同己出。初司香药，观医书颇明其理，后掌图史，终日读书，手不释卷，故德业日进，强记博闻。尝观古之列女，有善者皆录之，其恶者掩卷不睹。余谓之曰：恶可为戒，尔何不观？宫人曰：妾心不然，恶者人之所共怒，观之无益，但当行善又何戒焉。复好诗文，余尝令咏鹃诗，宫人乃以箴进戒余勿伤生，乞令纵之以全令德。其言甚忠厚也，故余每有难决之事问之皆条对明白，识见高远有古智士之才。昔自妃吕氏薨后，余不更娶，但以家室付之宫人，宫人治家严整一遵妃之仪范，故内外安之，家道清吉。年二十二偶感疾，医未瘥，遂欲闲静，肯求为尼以了生死，因受菩萨戒习《金刚》、《密乘》，授法名悟莲。自是留心内典求其所谓佛性者，不二载而明其理，遂悟玄宗得于心者，往往发于吟咏，临终有偈示众，作吉祥卧而逝，其证佛果何疑焉？宫人生于大明洪武二十八年五月八日，卒于永乐十六年六月十九日，享年二十四岁，以是季八月十三日葬于开封府祥符县枣林庄之原，礼也。於戏古称贤妇惟德为先，才则次之，色又次之，若宫人可谓全此美矣。宫人平日情性端正，德行温良。雅好文章，不乐华靡。才高智广，处事明敏。又好直言，规余过失。聪明过人，姿色

---

① 清·张廷玉等：《明史》卷一百十六，《列传第四·诸王一》，标点本，第12册，第3567页，中华书局，1974年。关于殉葬夫人，一说为"妃巩氏暨牛、戴、韩、欧、陈、李六夫人同日自经以殉"（明·焦竑：《国朝献征录》卷一，《周宪王有燉》，《续修四库全书》，第525册，第22页，上海古籍出版社，1995年。）

② 明·焦竑：《国朝献征录》卷一，《周宪王有燉》，《续修四库全书》，第525册，第22页，上海古籍出版社，1995年。

③ 明·朱有燉：《诚斋录》卷四，《故宫人夏氏墓志铭》，《续修四库全书》，据北京图书馆藏明嘉靖十二年周藩刻本影印，第1328册，第436~442页，上海古籍出版社，1995年。

绝伦。淡妆素服，虽仙姝不足多也。且居宠能畏无骄慢志，至于方外玄文琴棋余事缫织之工音律小艺无所不精。病后学佛即悟真性，尝取女诫端操清静之义，以名其居曰端清阁，有《端清阁诗》一卷，著《女诫衍义》一部，作《法华经赞》七篇。尝求余作端清阁玉砚铭，余未及铭而竟铭其墓上之石。悲夫，以宫人谦恭淑茂之德宜享于厚福，聪明英特之才宜居于贵位，端庄积善之心宜得于永寿。此三者皆虚其应彼造物者，其可问耶？虽然夏氏家世忠厚，宫人贤明，余固知其世间荣贵虽虚其应而圆融空寂之乐，大雄氏所谓不住相布施其福德不可思量者焉，是其善应不在此而在彼也。因为铭曰：

魂兮以清，魄兮以宁；宁以永久清以昇，得大坚固如长生；不生之生谁能成，不死之死谁可名；良时吉日安尔形，卜此令宅如闉城；书尔贞德为你铭，亿万斯年安兹茔。

第三节 周简王墓

周简王名有爝，定王庶四子，初封祥符郡王，正统四年（1439年）进封周王，景泰三年（1452年）薨。《大明一统志》载："周简王墓在荥阳县东南四十五里。"① 荥阳洞林寺内现存嘉靖二十七年（1548年）《敕赐洞林大觉禅寺历代序》碑称："简祖葬于寺后。"又有崇祯十五年（1642年）碑载有"我简圣葬于其后"之语。可见简王墓当在洞林寺之北。20世纪70年代，荥阳小寨村村民在村西南挖井时发现简王故妃徐氏墓，出土墓志一盒，志载："协贞选于王家，遂归祥符府为妃……葬郑州荥阳县槐东保之原。"② 简王死后当与徐妃合葬，墓址具体位置在荥阳贾峪镇小寨村西南、邢村东南，现已被严重盗扰。

一、寝园遗址

周简王墓寝园遗址所在地被当地村民称为"五龙顶"，地势由北向南倾斜。简王寝园背依岗阜，南临沟壑，越沟而过为隐起土岭，即所谓"驼车咀"者。寝园遗址现在被平整为三级台地，原貌尽失。地表残存少量琉璃瓦件和灰陶砖瓦等。

---

① 明·李贤等纂：《大明一统志》卷二十六，影印文渊阁《四库全书》，第472册，第638页，台湾商务印书馆，1984年。
② 明·佚名：《故妃徐氏墓志铭》。见中国文物研究所、河南省文物考古研究所编：《新中国出土墓志·河南（二）》下册，第5、6页，文物出版社，2002年。

据当地村民介绍，寝园遗址原存守门石狮一件和青石柱础三件，碍于耕地，村民将其移至村内"七星庙"前保存（图二一）。

图二一　周简王墓柱础及石狮

二、墓葬形制

周简王墓坐北朝南，南北通长40米。由斜坡墓道、两座并列主室、横向甬道及祔葬墓室组成（图二二），墓道方向180°。

斜坡墓道位于墓圹南端偏东，平面长20.8米，南端宽2.5米，北端宽4米。

墓圹呈不规则长方形，东、南两壁较为规整，西壁、北壁平面呈拐尺状分别向西部和北部外扩。墓圹南北长19.2米，南端宽10.2米，北端宽13.4米。

两座并列主室位于墓圹中北部，青砖砌就，大小相当，墓室地面以方砖铺地，两个墓室南部均设有拱券墓门，墓门上部建有庑殿式琉璃通脊仿木门楼。封门墙系用青砖干摆而成，不用灰浆垒砌并向南部弧凸。

东侧墓室为单间，东西起券，当是简王葬处，墓室内部南北长约10米，东西宽约3米。券顶西北角有盗洞一处，墓室地表中北部置有木质棺椁一套，外髹红漆，尚未散乱，盖板被掀翻在地，棺内存有人骨，仰身直肢，头北脚南，其他遗物已被盗掘一空。

西室葬简王妃徐氏，长宽与东室相当，亦东西起券，分前后两室。前室略呈方形，中部置有高约90厘米的瓷缸一口，油脂尚存，即所谓的"长明灯"，东西两壁近底处各有壁龛一个，其中东侧壁龛已被盗墓者打透，可与东侧墓室相通。前后室间以方形墓门，门上建有砖雕仿木门楼一座，雀替、斗拱等俱用彩绘，瓦垄系用青砖雕成。过

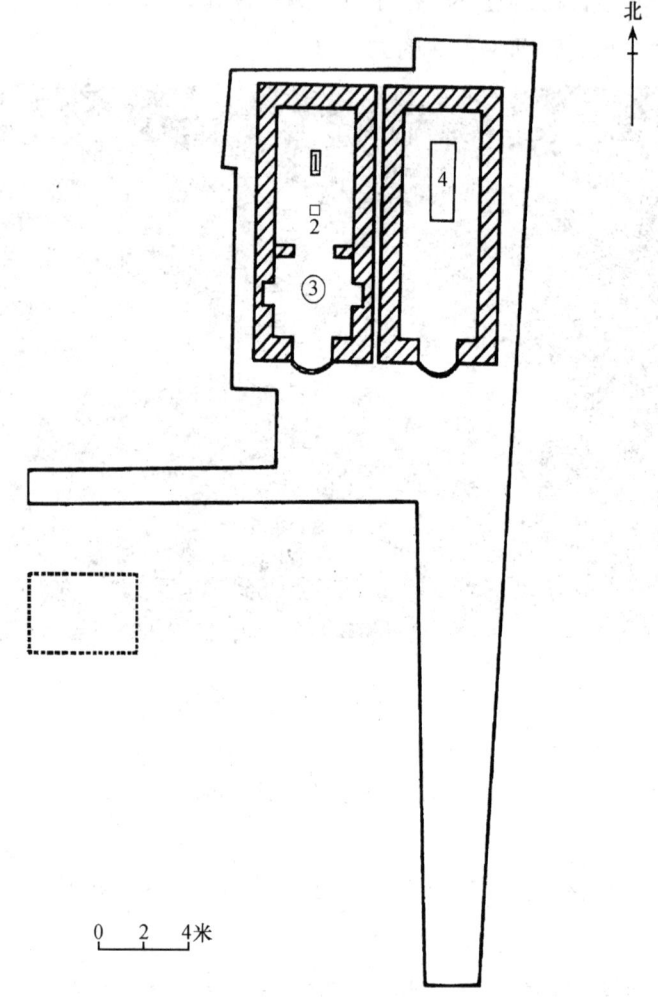

图二二　周简王墓平面图
（荥阳市文物保护管理所供图）
1. 金井　2. 墓志　3. 瓷缸　4. 简王棺椁

方形墓门即为后室，后室平面呈长方形，地表置有徐妃墓志一盒，墓志北部地面有长方形"金井"一处，内填黄土。周围散存棺椁碎片，腐朽严重。另外，后室四周依墙放置高约50厘米的各式木俑仪仗，均已朽蚀①。

祔葬墓室位于墓圹西南部，以长10.8米、宽1.6米的横向甬道与土圹相连。祔葬墓室地表有长方形塌坑一处，塌坑东西长4.7米，南北宽3.4米，与甬道平行，二者相距3米。荥阳市文物保护管理所曾对此墓进行钻探，发现祔葬墓室上部为生土，系在下部直接掏挖而成，限于钻探条件，内部结构不祥。

---

① 周简王墓内部情况由当地知情者李宗卷先生告知。

三、遗 物

(一) 墓志

青石，盖高47.5厘米，宽48厘米，厚8厘米；志高48厘米，宽47.5厘米，厚8厘米。盖文单行，7字，双钩正书（图二三）；志文20行，满行22字，正书（图二四）。录文如下：

志盖：故妃徐氏墓志铭

志文：故妃徐氏墓志铭

妃姓徐氏，其先扬州人。父谏，以军功累官至怀远将军，/高邮卫指挥同知。母刘氏。世为令族，家法□□，善之所/积，钟庆于后。故生贤妃，禀性温淑，贞柔慈善，□居惟姆/训是从，容止修饬，女工恪勤，□□端静。父母知其必贵，/尤爱重之。年甫及笄，协贞选于王家，遂归/祥符府为妃。既主内政，益知谨畏，动□□□，□□弗违，景/仰古贤哲之行，未尝少懈。事上尽□□之□；□下有宽/柔之惠。是以宫闱之内，咸爱□之，姻戚□□讴誉□此/贤德。是宜永绥福庆，而天不□庆，竟以

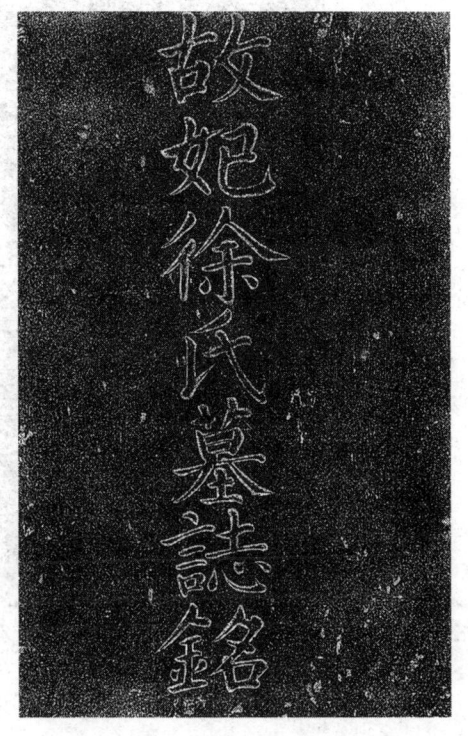

图二三 徐妃墓志盖拓本
（采自《新中国出土墓志》，
文物出版社，2002年）

疾薨于永乐十/一年癸巳六月二十九日，卜以其年九月初七日葬郑/州荥阳县槐东保之原。生于洪武二十九年丙子正月/七日，享年一十有八。既营葬事，有/教旨，状妃素行之梗概，俾为铭□，叙述如右。呜呼！寿考人/之所欲得，而富贵又人之所难得也。如妃者，有居室之/贤，有嫔王之贵，揭德著行，光显于世，得其所难得者，人/所罕比，奚暇论修短为哉！铭曰：

淑德懿行天所赋，姆训夙循闲礼度。及笄之年归郡府，/敬戒无违号贤妇。褕狄华轩享贵富，天卑人修两无负。/命之修短奚足顾，其存者长堪敬慕。镌□谨辞永终古。

图二四　徐妃墓志拓本

（采自《新中国出土墓志》，文物出版社，2002年）

（二）石雕

柱础　3件。大小相当，青石，方趺，古镜面。镜面直径43.5厘米，方趺边长50厘米，通高32厘米，镜面高8厘米，趺高24厘米（图二六，3）。

石狮　1件。青石，仅存上半部，面部残损，卷鬃，细尾，颈部悬挂铃铛，背部刻有绳结，残高60厘米。

（三）采集遗物

均发现于寝园遗址，有建筑砖瓦和日用瓷器两类。

1. 瓦类

1.1　琉璃瓦

白坩土胎。

滴水瓦　1件。简采：1，通体施绿釉，滴头与瓦身分制黏结而成。滴头呈月牙形，如意形花边，窄边框，有浅廓，模印五爪顾首龙纹，嘴紧闭，昂首垂须，鬃毛后飘，龙首后方有云朵纹，前方有一个三焰火珠，龙体圆浑，身披鳞甲，尖尾。龙体呈自然波动状，足一前一后，呈奔跑状。瓦身残长16厘米，瓦口残宽25.4厘米，瓦身厚3.2厘米；滴头高13厘米，厚3厘米，边宽2.6厘米，边厚2.4厘米（图二五，1；彩版二，2）。

筒瓦　1件。简采：2，仅存瓦唇，素胎无釉。残长6厘米，残宽9厘米，厚1厘米（图二五，2）。

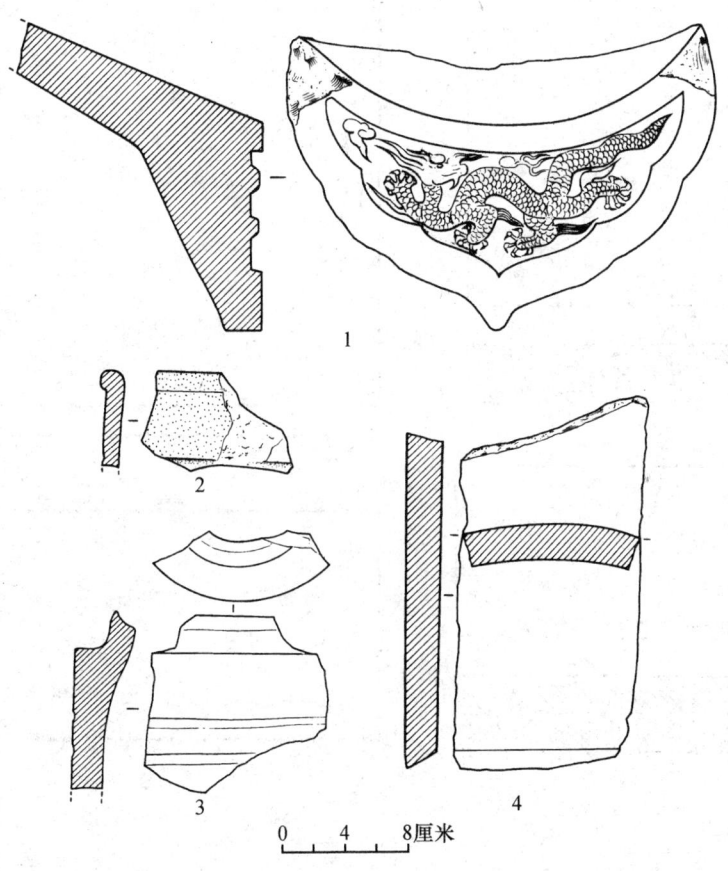

图二五　周简王墓采集遗物

1. 琉璃滴水瓦　2. 琉璃筒瓦　3. 灰陶筒瓦　4. 灰陶板瓦

1.2　泥质瓦

泥质灰陶，内壁有布纹。

筒瓦　1件。简采：3，瓦唇残，残长10.8厘米，瓦口残宽11.6厘米，厚2厘米（图二五，3）。

板瓦　1件。简采：4，拱形，瓦首抹角。残长22.8厘米，瓦口残宽11.6厘米，厚2厘米（图二五，4）。

2. 砖类

方砖 1件。简采：6，保存完整，方形，边长36厘米，厚6厘米（图二六，1）。

长条砖 1件。简采：7，略残，长40厘米，宽18厘米，厚8厘米（图二六，2）。

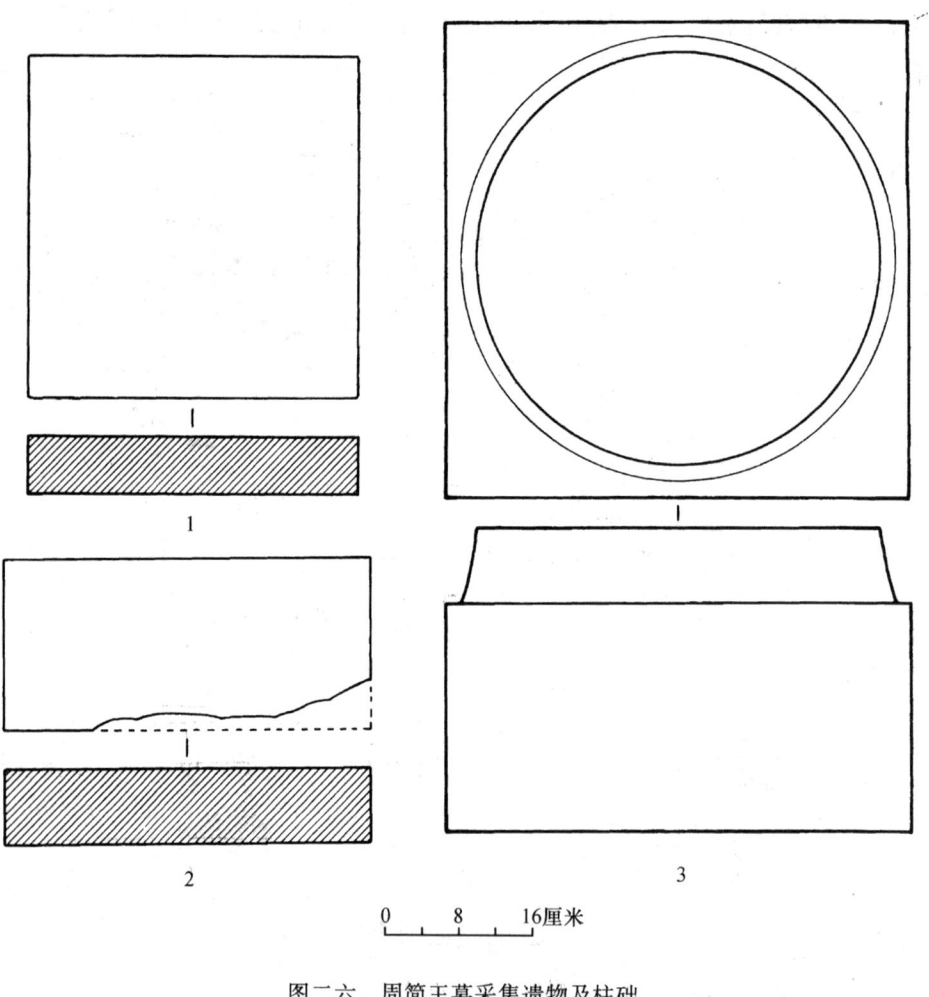

图二六 周简王墓采集遗物及柱础

1. 方砖 2. 长条砖 3. 柱础

3. 瓷器

瓷盘 1件。简采：5，青釉，白胎，葵口，圆唇，斜弧腹，矮圈足微内敛，采用垫圈支烧，盘外底一圈无釉，露胎处施红褐色护胎釉。器身釉色厚重莹润，玻璃质感较强，内壁刻有花瓣纹。器高5.9厘米，口径26.7厘米，底径14.5厘米（图二七；彩版一）。

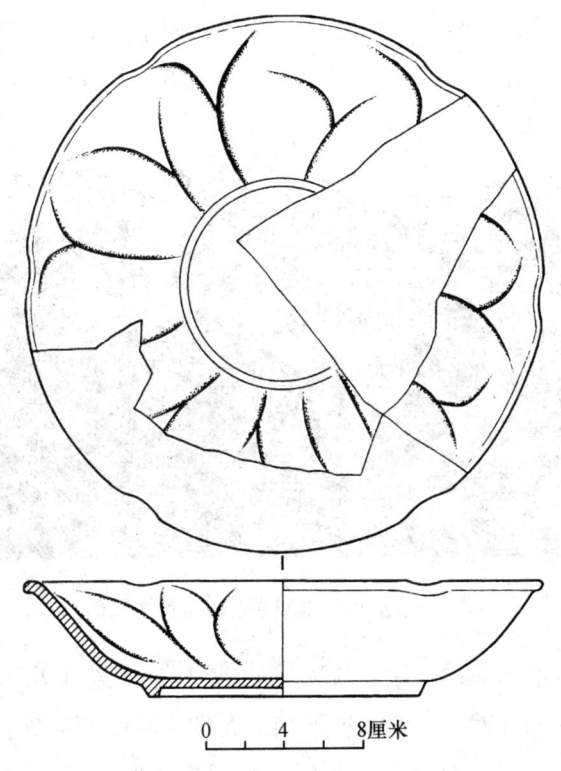

图二七　周简王墓采集瓷盘

第四节　周靖王墓

周靖王名子垕，简王庶一子，景泰六年（1455年）袭封，七年（1456年）薨。乾隆《荥阳县志》载，周靖王墓坐落于龙坡凹（今荥阳市贾峪镇龙卧洼村），距荥阳县城四十五里[①]。当地村民称，近年该地进行基建时曾在村西发现石狮、石马等石雕，笔者曾据此推测这里是周靖王墓。但就目前资料来看，周靖王墓当在贾峪镇斜坟村，原定周靖王墓在龙卧洼村的论断应该是错误的。

今郑州市二七区马寨镇坟上村有周悼王墓残碑一通，碑文载有"……里名山……里枣林庄……四十里西邢村……四十里楚村……四十里白狮子……四十里楚村……十里东邢村……"诸字（图二八）。由碑文不难看出，这与周藩始封王至悼王七位周王的葬地一一对应。如"名山"指今禹州周定王墓，"枣林庄"指周宪王葬地，"西邢村"即今荥阳市贾峪镇邢村，周简王墓即在该村东南方向，"楚村"指今荥阳贾峪镇楚村，

---

① 清·李煦撰修：《荥阳县志》卷二，《地理·陵墓》，点校本，第37页，荥阳县志编纂委员会总编室，1989年。

该村葬有周惠王，与第六行碑文对应，"东邢村"即指今周悼王墓所在地——坟上村。由周王的世系来看，第四、五行碑文所指之地当是周靖王和周懿王墓。从新近调查的结果来看，周靖王墓当在楚村东之斜坟村。

图二八　周悼王墓残存石碑拓本（局部）

斜坟村东北部现存青石碑一通，圆额，高146厘米，宽70厘米，厚18厘米。碑之阴阳皆有字，额部刻双龙戏珠，两侧边框刻云龙纹。阴阳两面碑文皆被凿毁，无年月日期，仅存碑额题字。正面刻"皇明敕修周靖王茔"（图二九），背面刻"大明祭文"。从碑额内容来看，这通石碑显然是周靖王墓遗物。另据当地村民介绍，该碑原立于村东"王坟"封土西南角，20世纪50年代被运回村中，同时平毁封土。综合上述材料，斜坟村东所谓的"王坟"无疑是周靖王墓。

图二九　敕修周靖王茔碑拓本（局部）

据实地调查得知，周靖王墓位于斜坟村东，坐东朝西，东依岗阜，西望周惠王墓，地表残存少量灰陶布纹板瓦和筒瓦，不见琉璃瓦件。墓冢西部曾发现石马一件，后被就地深埋。周靖王墓早年已被盗掘，本世纪初再次被盗。经知情者介绍，该墓墓室为青砖砌就，坐东朝西，南北起券，东西长约10米，南北宽约5米，其他情况不详。

第五节 周懿王墓

周懿王名子埅，简王庶二子，初封通许郡王，天顺元年（1457年）进封周王，成化二十一年（1485年）薨。乾隆《荥阳县志》载，周懿王墓坐落于槐蔺（今荥阳市贾峪镇槐林村），距荥阳县城四十里①。当地学者过去则多认为周懿王墓在槐林村附近的双楼郭村，双楼郭村西北方向确实有一座墓葬被称为"王坟"，并且地表残存有望柱、持剑武将等神道石刻和大量琉璃瓦件。但就现有资料来看，双楼郭村西北墓葬应该墓是周敬王墓而非周懿王墓。兹举三例为证：

其一，按周悼王墓残碑所载，周懿王墓在"白狮子"。笔者走访周藩王陵所在的相关村庄，并查阅寺庙道观碑刻及谱牒家乘资料，目前尚未发现村名抑或地名有称"白狮子"者，双楼郭村亦然。民国《续荥阳县志》载有周敬王寝园坊，位于双楼郭西里许②。该村南街现存石坊柱一根，访知该坊原位于村西北"王坟"正南，四柱三间，20世纪50年代被拆毁，石坊所处位置与《志》载相符。

其二，通过对所谓周懿王墓地表采集的琉璃瓦件进行成分分析，发现该墓地表的琉璃瓦件和周庄王墓、周端王墓同类瓦件的成分极为相似，并且聚合程度也相当紧密，较其他王陵建筑琉璃有所不同。这就说明以上三处王陵琉璃瓦件产自同窑的可能性是比较大的，其烧造时间抑或比较接近，从侧面反映出这些王陵的寝园建筑在营造时间上也应该较为接近。史载：周懿王薨于成化二十一年（1485年）；周庄王薨于嘉靖三十年（1551年）；周敬王薨于万历十一年（1583年）；周端王虽薨于崇祯八年（1635年），但其妃李氏先于端王薨逝于万历二十三年（1595年），李妃薨后葬于禹州并营建寝园。周庄王、周敬王、周端王妃李氏的薨逝时间较为接近，其相应的寝园建筑在营建时间上也相差无几，也就是说以上三处王陵寝园建筑琉璃瓦件的烧成时间也应该是比较接近的，这样的分析结果有力地证明了双楼郭村西北所谓的"王坟"应该是周敬王墓③。

其三，荥阳境内营建时间较早的周藩亲王墓葬有周简王墓、周靖王墓、周惠王墓

---

① 清·李煦撰修：《荥阳县志》卷二，《地理·陵墓》，点校本，第37页，荥阳县志编纂委员会总编室，1989年。
② 民国·卢以治撰修：《续荥阳县志》卷三，《建制·坊表》，点校本，第796页，荥阳县志编纂委员会总编室，1989年。
③ 《明代周藩王陵建筑琉璃瓦件的成分分析及相关问题》，见本书附录二。

以及周悼王墓，这四座墓葬所处的位置多在大周山之原，地势起伏跌宕，"风水"形势独立，其距离也相对较远，而周康王墓、周庄王墓以及双楼郭村西北"王坟"三座墓葬的位置相对集中，地势较为平坦，"风水"形势远不及上述几座营建时间较早的墓葬，大体来看，产生这样的原因应该和明代晚期荥阳境内吉穴日少的情况有关。周懿王于成化二十一年（1485年）薨逝，这个时候完全有可能在大周山原卜选墓址，也就是说双楼郭村西北"王坟"墓主为周懿王的可能性是比较小的。

那么，通过对以上资料的审视，我们认为双楼郭村西北墓葬当是周敬王墓，而非周懿王墓，现予以纠正。至于周懿王墓址位于何地，根据现有资料及其地望推测，不排除是在龙卧洼村的可能。

第六节　周惠王墓

周惠王名同镳，懿王庶一子，生于正统十三年（1448年），初封睢阳郡王，成化二十三年（1487年）袭封，弘治十一年（1498年）薨。墓址位于荥阳市贾峪镇楚村东，该墓是周惠王与妃谭氏及夫人张氏、宋氏的合葬墓[①]。1958年大雨后露出墓室，河南省文物部门派人进行了清理发掘，出土一批墓志和瓷器。

一、寝园遗址

周惠王墓坐北朝南，墓前原为由北向南缓斜的坡地，现已被平整为建筑用地，寝园建筑遗物也荡然无存，遗址现在被民房占压，原有地势地貌已面目全非。不过从现今的地形亦能管窥当时惠王寝园的"风水"形势，惠王墓东侧有一条由南向北流水的河沟，即所谓"饮马坑"者，沟东为隐起丘陵，即周靖王墓所在地，西侧地势与东侧相似，南部则为东西向横卧的土岭一道，四势颇佳。另外，据当地村民介绍，墓冢南侧原有神道石像生和碑刻，现均已无存。

二、墓葬形制

1958年周惠王墓已被发掘，之后数年，该墓被当地村民掘毁，20世纪80年代复被民房占压至今。据村内年长者回忆，周惠王墓室坐北朝南，青砖砌就，东西并列三

---

① 郑州市文物考古研究所：《二十世纪郑州考古》，第247页，香港国际出版社，2004年。

室玄宫,中室稍大,两侧略小,三个墓室南部均有拱券墓门,墓门上部建造有琉璃通脊仿木门楼,封门墙系用青砖干摆而成,不用灰浆垒砌并向南部弧凸(图三〇)。墓室内部具体情况不详。

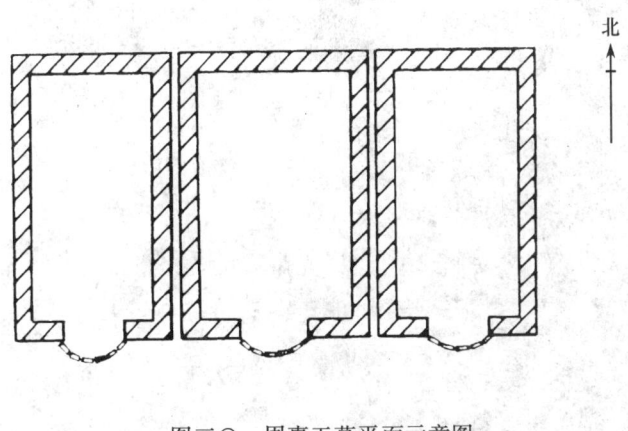

图三〇　周惠王墓平面示意图

三、遗　物

（一）墓志

1. 周惠王墓志

青石,盖高 45 厘米,宽 48 厘米,厚 8.5 厘米;志高 45 厘米,宽 48.5 厘米,厚 8 厘米。盖文 2 行,满行 3 字,篆书(图三一);志文 24 行,满行 25 字,正书(图三二)。录文如下:

志盖:皇明周惠王墓

志文:皇明周惠王圹志

王讳𫘝,周懿王庶长子也。嫡母妃王氏,母夫人张氏。正统十三/年十二月十六日生。天顺三年七月二十一日册封为睢阳/王。成化十二年九月二十七日进封为周世子,成化二十三/年七月十五日袭封为周王。弘治十一年十一月初七日以/疾薨,享年五十有一。妃谭氏,东城副兵马指挥通次女。次妃/高氏。子十九人,庶二子曰安潢,为周世子;四子曰安溇,为乂/宁王;五子曰安泛,为平乐王;六子曰安浯,为崇善王;七子/曰安溄,为海阳王;十子曰安洲,为定安王,先逝;十一子曰安潢,/为曲江王;十三子曰安渻,为博平王;十五子曰安濇,为聊城/王,先逝;十六子曰安漕,为汾西王;十七子曰安漯,为鲁山王;/十八子曰安㴍,为信陵王;十九子曰安㵎,为邵陵王;二十子曰安㴆,为莱阳王;二十一子曰安潟,

图三一　周惠王墓志盖拓本

（采自《新中国出土墓志》，文物出版社，1994年）

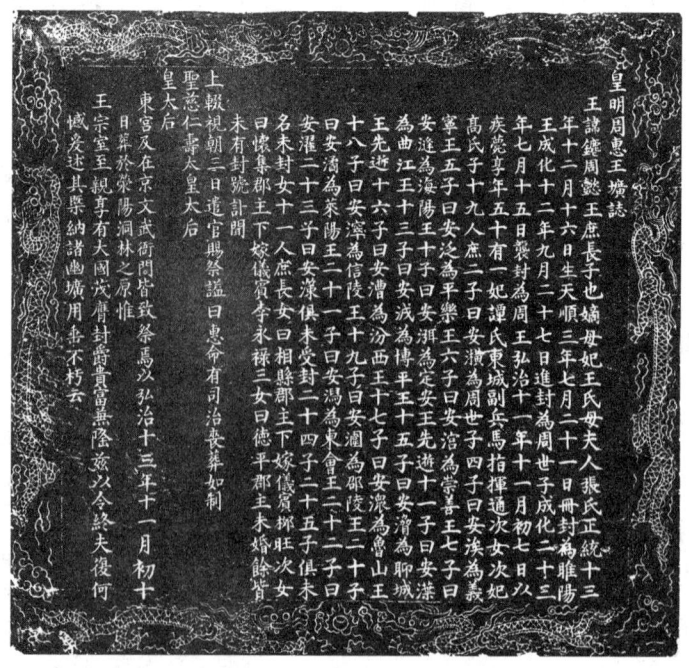

图三二　周惠王墓志拓本

（采自《新中国出土墓志》，文物出版社，1994年）

为东会王;二十二子曰安㵎,二十三子安溁,俱未受封。二十四子、二十五子俱未/名,未封。女十一人,庶长女曰相县郡主,下嫁仪宾柳旺。次女/曰怀集郡主,下嫁仪宾李永禄。三女曰德平郡主,未婚。余皆/未有封号。讣闻,/上辍视朝三日,遣官赐祭,谥曰惠。命有司治丧葬如制。/圣慈仁寿太皇太后、皇太后、/东宫及在京文武衙门,皆致祭焉。以弘治十三年十一月初十/日葬于荥阳洞林之原。惟/王宗室至亲,享有大国,茂膺封爵,贵富兼隆,兹以令终,夫复何/憾。爰述其概,纳诸幽圹,用垂不朽云。

2. 故妃谭氏圹志

白石,字内填有朱砂。志、盖均高 54 厘米,宽 54.5 厘米,厚 6 厘米。盖文 2 行,满行 3 字,双钩正书(图三三);志文 13 行,满行 18 字,正书(图三四)。录文如下:

志盖:故妃谭氏圹志

志文:妃谭氏,东城兵马副指挥通之女。天顺五/年五月十九日册为/王妃。成化二年正月二十四日以疾薨,享/年十九。讣/闻,遣官赐祭。/慈懿皇太后、/皇太后、/中宫、亲王皆遣祭。生荣死哀,夫何憾焉。以薨之/年七月二十七日葬

图三三 周惠王妃谭氏墓志盖拓本

(采自《新中国出土墓志》,文物出版社,1994 年)

于荥阳大山之原。呜/呼！妃以淑德配宗室之贵，宜臻高寿，以迓/景福。命止于此，盖修短之数一定而不可/移故也。爰述其概，纳诸幽圹云。

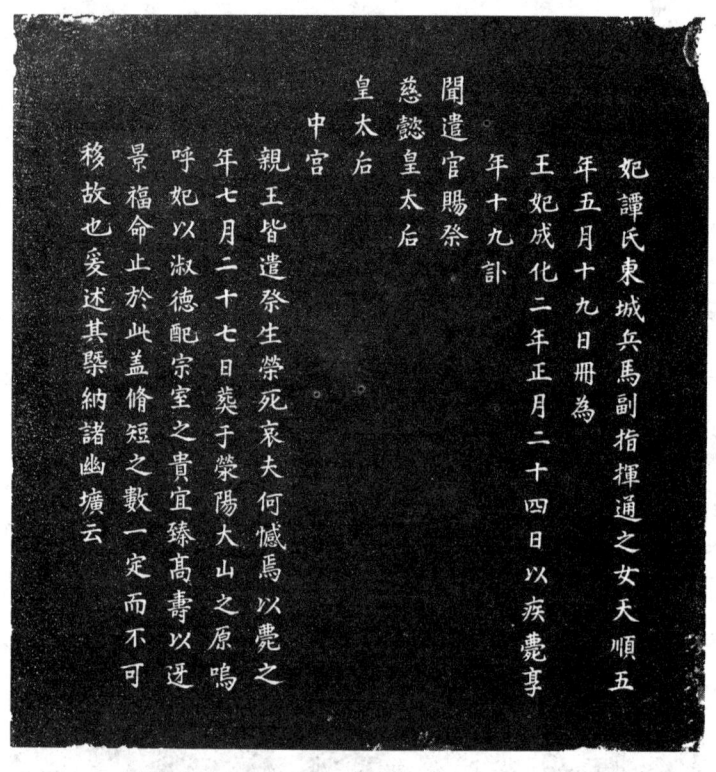

图三四　周惠王妃谭氏墓志拓本

（采自《新中国出土墓志》，文物出版社，1994年）

（二）瓷器

1958年出土，现存河南博物院。器形为玉壶春瓶，侈口、细颈、垂腹、矮圈足，白釉，釉色泛青，颈至足部绘云龙纹，龙首昂起，龙体缠绕器体，有穿云布雨之势。高39.4厘米，口径9.3厘米，底径12.5厘米（图三五）。

图三五　周惠王墓出土玉壶春瓶

（采自《荥阳文物志》，中州古籍出版社，2011年）

第七节 周悼王墓

周悼王名安瀳，惠王庶二子，生于成化二年（1466年），成化二十三年（1487年）封世子，弘治十二年（1499年）未袭封而薨①，初谥"荣悼"，弘治十五年（1502年）追封为周王，谥曰"悼"。墓址位于郑州市二七区马寨镇坟上村北百米余。

一、寝园遗址

周悼王墓寝园遗址位于坟上村北，坐北朝南，现存遗址为三级台地，部分被民房占压。据当地村民介绍，周悼王墓寝园所在位置原为由北向南倾斜的坡地，墓冢南侧有神道，最南部以三间石坊为前导，石坊北部东西两侧有神道石像生数件，现多已损毁。近封土处东西两侧有石碑四通，东西各二，亦于早年被毁。另外，据民国《续荥阳县志》记载，周悼王墓原有嘉靖十二年（1533年）立石的周悼王夫人周氏墓碑和嘉

图三六 周悼王墓神道石刻

---

① 《明史》载：周悼王薨于弘治二年（清·张廷玉等：《明史》卷一百，《表第一·诸王世表一》，标点本，第9册，第2548页，中华书局，1974年），《明孝宗实录》弘治十二年二月己酉条云："周世子安瀳薨，世子，惠王庶第二子，母妃杨氏，成化五年生，先封世孙，二十三年进封世子，至是薨，年三十一。讣闻，辍朝一日，赐祭葬如制，谥曰荣悼，弘治十五年追封为周王，谥曰悼。"（《明孝宗实录》卷一四七，校印本《明实录》第31册，第2588页）。又，弘治十二年四月壬辰条载："命周府镇国将军睦樬暂理府事，先是周王薨，世子安瀳、安泛讦奏未结，安瀳亦卒。母宫人阎氏奏乞命其孙睦樬继掌国玺，摄府事……宜姑令睦樬暂理府事举行丧礼，从之。"（《明孝宗实录》卷一四九，校印本《明实录》第31册，第2619、2620页）。从《明实录》记载来看，周悼王当薨于弘治十二年，非二年，《明史》脱"十"字，今改。关于周悼王生年，本书暂依《明史》，姑俟待考。

靖十六年（1537年）立石的南陵王撰书碑①，现仅存南陵王撰书残碑。

周悼王墓寝园遗址地表残存有大量的绿釉琉璃瓦残片及石刻10件（图三六；图三七；图三八）。其中残碑1通，守门石狮1件，石羊2件，石马2件，文官2件，武将2件。另据当地居民称，早年还存有石虎2件，今已无存。

图三七　周悼王墓神道石马

图三八　周悼王墓石刻

---

① 民国·卢以洽撰修：《续荥阳县志》卷十一，《金石·明》，点校本，第1042页，荥阳县志编纂委员会总编室，1989年。按，《志》载周悼王夫人周氏墓碑系南阳卫珩正书，监察御史汝南李盘篆额；南陵王睦楧撰书碑，系南陵王自叙世系，并正书。《志》载为南陵王墓碑，误，南陵王墓在郑州旧城西北，有出土资料为证，不在此。

二、墓葬形制

周悼王墓早年被盗，20世纪50年代复被当地村民掘毁。据介绍，该墓坐北朝南，青砖砌就，单室玄宫，东西起券，具体尺寸不详。东西两壁近墓门处各有一个拱券壁龛，后壁底部淤土较厚，有无壁龛不详。墓门用青石条封堵，因未发掘，外部结构亦不详。

图三九　周悼王墓志盖拓本

三、遗　　物

（一）墓志碑刻

1. 周悼王墓志

仅存志盖。高43.5厘米，宽47.5厘米，厚8厘米。盖文3行，满行3字，篆书"皇明周荣悼世子之墓"9字（图三九）。

2. 南陵王撰书残碑

碑存坟上村村委会院内，青石，碑之阴阳皆有字（图四〇；图四一）。碑阳中部及一侧被凿毁，碑阴保存较好。残高103厘米，宽86厘米，厚22厘米，正书。录文如下：

图四〇　周悼王墓残碑拓本（一）

碑阳：

　　……开封府，十有四年之国。妃冯氏，宋国公胜之女也。定生我/……兄睦□，封镇国将/……九人不□□□焉，尝思……及生周岁而母亦/……□子街居焉，十九岁授礼，开封府□□□□□□□□其□请讲习，每自憾早失/……□生辰忌日，徒切悲恸/……应时祭扫，乃构楼于第侧，以像望云思亲之意，故号曰云楼然。终慕之意,自不能已/……年后,鲜有能周……传大概,与夫我生之遭历艰苦于……

碑阴:

……里名山/……里枣林庄/……四十里西邢村/……四十里楚村/……四十里白狮子/……四十里楚村/……十里东邢村,夫人周氏安葬于悼王墓右第一冢/……

图四一 周悼王墓残碑拓本(二)

（二）石雕

石羊　2件。昂首平视，两只羊角曲卷至耳下，体态匀称，神情温顺，头部损毁较为严重。其中一件高100厘米，长95厘米，宽40厘米，底座长85厘米，宽40厘米，厚8厘米。另一件高97厘米，长96厘米，宽36厘米，底座长90厘米，宽36厘米，厚10厘米。

石马　2件。一整一残。完整者垂头恭立，双目圆睁，两耳直竖，披鬃，带络头，口衔镳，颈系缨穗，背披马鞍，身置鞦鞯，四足伫立，长尾及地。鞍垫纹饰繁缛，雕工细腻，阴刻麒麟、走龙、海水惊涛和宝山纹（图四二）。高145厘米，身长175厘米，宽40厘米，底座长148厘米，宽40厘米，厚13厘米（图四四，6）。无首者残长155厘米，宽40厘米，下半部没入土中，高度不详。

文官　2件。残缺无首，着宽袖长袍，袖胡过膝，腰系玉带，衣纹简洁，双手捧笏，恭然肃立。存有底座者残高205厘米，宽83厘米，底座长83厘米，宽44厘米，厚19厘米。无底座者残高128厘米，宽80厘米。

武将　2件。残缺无首，外着战袍，内着铠甲，足蹬战靴，腰系革带（图四三），披膊，肩部有吞口，两手握剑，直抵于地。较为完整者残高195厘米，宽85厘米，底座长80厘米，宽45厘米，厚19厘米（图四四，7）；断裂者残高196厘米，宽82厘米，底座长78厘米，宽49厘米，厚21厘米。

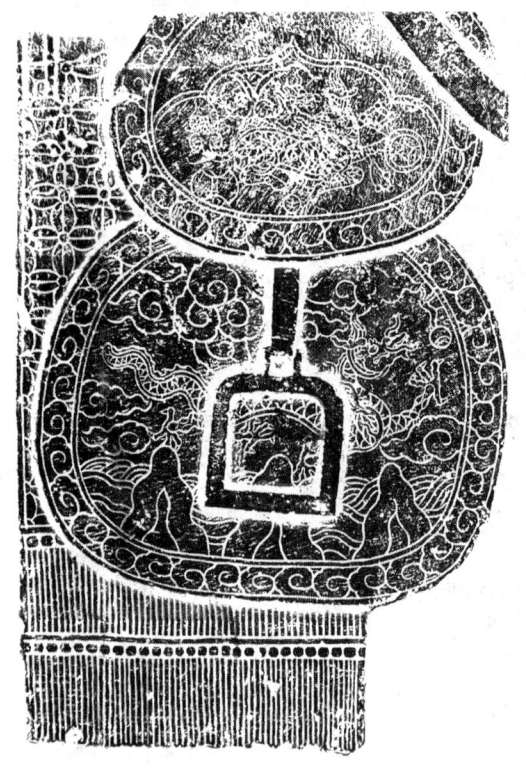

图四二　周悼王墓神道石马鞍鞯纹饰拓本

图四三　周悼王墓神道武将革带纹饰拓本

第一章 亲王墓葬

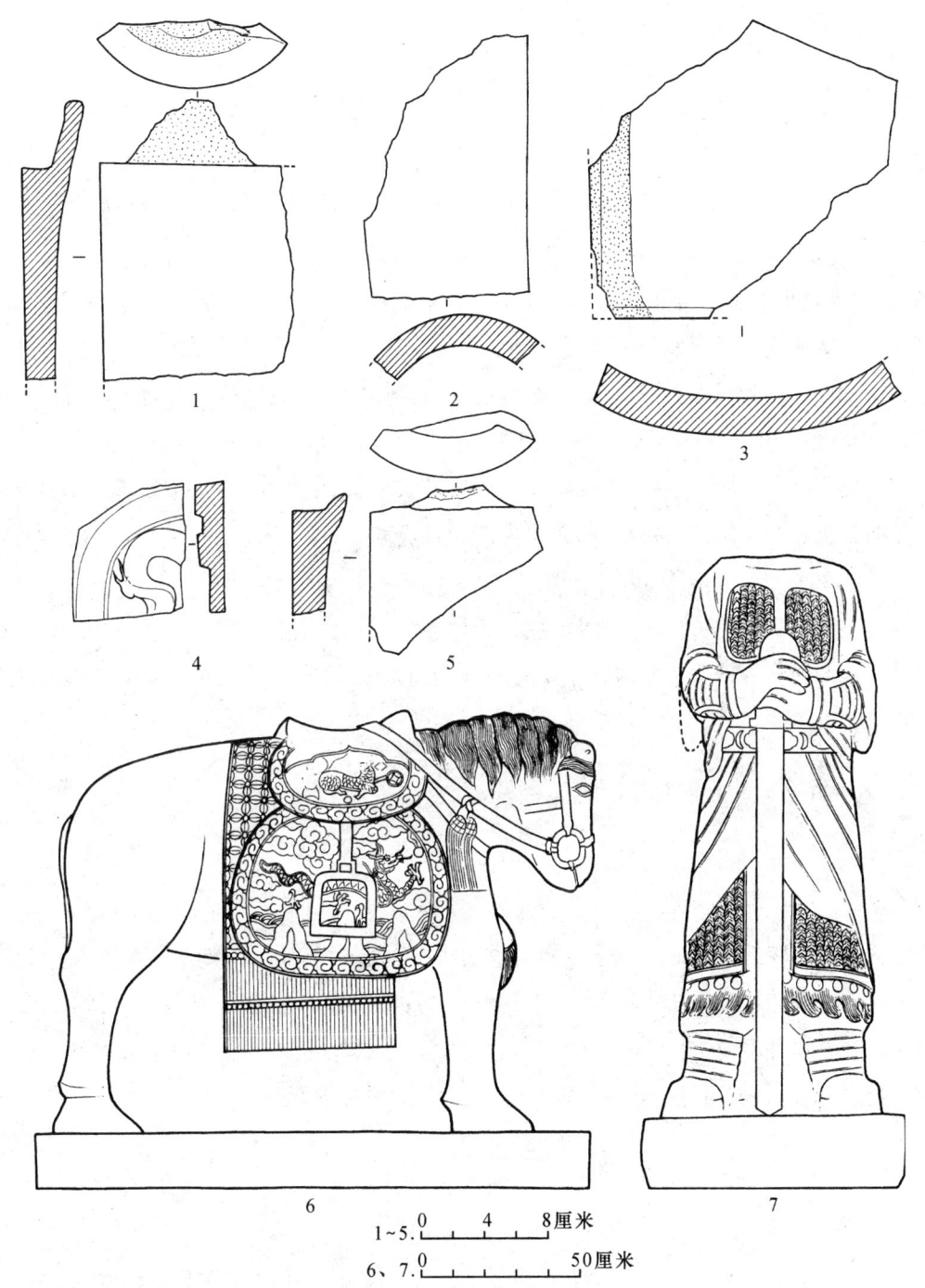

图四四 周悼王墓遗物
1、2、5.筒瓦 3.板瓦 4.瓦当 6.石马 7.石武将

门狮 1件。蹲姿，曲鬃卷发，张口，怒目圆睁，据其面向来看，应为东侧门狮。高170厘米，宽50厘米，底座长49厘米，宽46厘米，厚15厘米。

（三）采集遗物

周悼王墓寝园遗址残存大量琉璃瓦碎片，器形有板瓦、筒瓦、瓦当等，器表均施绿釉。

筒瓦　3件。悼采：1，浅红色坩土胎，内壁呈浅黄色，拱面施绿釉，瓦翼残存有白灰。残长17厘米，瓦口残宽12厘米，厚1.8厘米，瓦唇残长4厘米（图四四，1）；悼采：2，白坩土胎，内壁呈浅黄色，拱面施草绿釉。残长10.2厘米，瓦口残宽10.8厘米，厚2厘米，瓦唇残长1.4厘米（图四四，5）；悼采：3，胎体近内壁一半为黄白色，近釉面一半为浅红色，内壁呈浅黄色，拱面施绿釉，瓦首残存有白灰。残长16厘米，瓦口残宽10.2厘米，厚1.8厘米（图四四，2）。

板瓦　1件。悼采：4，浅红色坩土胎，背面素胎无釉，呈黄白色，仰面施半釉，绿釉微泛黄，瓦翼抹角。残长18.2厘米，瓦口残宽19.6厘米，厚2.4厘米（图四四，3）。

瓦当　1件。悼采：5，白坩土胎，当体施绿釉，大部分釉面已脱落，模印龙纹。当体残高8厘米，残宽7厘米，厚0.9~1.2厘米，边轮宽1.8厘米，厚1.8厘米（图四四，4）。

第八节　周恭王墓

周恭王名睦榕，悼王庶一子，初封镇国将军，弘治十四年（1501年）袭封，嘉靖十七年（1538年）薨。民国《禹县志》载："周恭王墓，乾隆《邵志》曰：'州北三十里，紫金里九甲前茔。'"[①] 其地曰"老龙山"[②]。具体位置在今禹州市无梁镇无梁村北，封土无存。残存碑额两件、柱础一件及大量绿釉琉璃瓦。

一、寝园遗址

周恭王墓坐北朝南，背倚老龙山（图四五），两侧"护砂"环抱，南部有圆形土丘作为"案砂"，再南为东西横向山岭一道，是为"朝砂"，"明堂"广阔，风水形势

[①]　民国·王棽林等撰修：《禹县志》卷十三，《陵墓志》，《中国方志丛书》（华北地方·459），影印民国20年刊本，第1033页，台北成文出版社有限公司，1976年。

[②]　民国·王棽林等撰修：《禹县志》卷三，《山志》，《中国方志丛书》（华北地方·459），影印民国20年刊本，第319页，台北成文出版社有限公司，1976年。

第一章　亲王墓葬　43

颇佳，周恭王墓即坐落其中。

寝园遗址南部现被一座炸药库占据，北部被开垦为耕地，呈多级阶梯状。地表残存有绿釉琉璃瓦件、青石柱础及碑额等遗物（图四六）。两个碑额均为青石，小半已没

图四五　周恭王墓背后的老龙山

图四六　周恭王墓碑额

入土中，均龙首圭额，二者相距11米，从其位置及地表残存遗物的情况来看，推测两通石碑当在享殿前方。另外，遗址地表存有青石雕花石刻一件，浮雕卷云龙纹，从其形状推测或许是望柱之属，惜被砌在炸药库围墙之上。此外，据当地老农介绍，周恭王墓前原有石羊、石虎、石马、文官、武将等神道石刻，现均已无存。

二、遗 物

（一）石雕

柱础 1件。青石，方趺，古镜面。镜面直径55厘米，地趺边长65厘米，通高29厘米，镜面高10厘米，地趺高19厘米（图四七）。

（二）采集遗物

周恭王墓寝园遗址地表残存少量琉璃瓦件，器形有板瓦、筒瓦、瓦当、群色条、正脊残块等。均为白坩土胎，器表施绿釉。

筒瓦 3件。恭采：1，内壁呈红褐色，残长20厘米，瓦口残宽18厘米，厚3.2厘米，瓦唇残长4厘米（图四八，1）；恭采：2，内壁呈浅红色，瓦唇残，残长10.2厘米，瓦口残宽11厘米，厚2~2.2厘米（图四八，2）；恭采：3，仅存瓦唇，呈红褐色，有流釉现象。残长7.8厘米，残宽13.8厘米，厚0.8厘米（图四八，3）。

板瓦 1件。恭采：4，拱面素胎无釉，仰面施半釉，素胎部分有布纹痕迹，瓦翼抹角。残长11.8厘米，瓦口残宽14.4厘米，厚2.4厘米（图四八，4）。

瓦当 1件。恭采：5，模制，全釉。当体残高3.6厘米，残宽8.4厘米，厚1.2厘米，边轮宽2厘米，厚2厘米（图四八，6）。

正脊残块 1件。恭采：7，半釉，内壁素胎无釉，呈红褐色，中空，有隔撑板，已残。残长19厘米，残高11.4厘米，厚3.4厘米（图四八，5）。

群色条 1件。恭采：6，弧面施半釉，

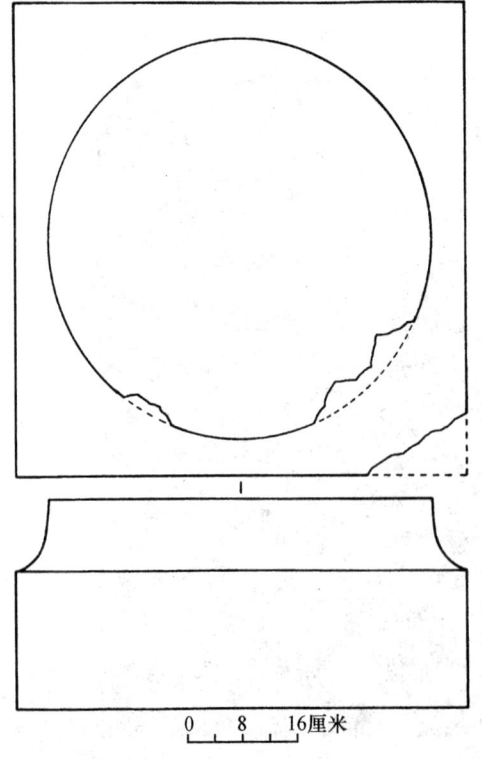

图四七　周恭王墓柱础

素胎部分呈浅黄色,剖面略呈扇形。残长 18 厘米,宽 8.4 厘米,厚 7 厘米(图四八,7)。

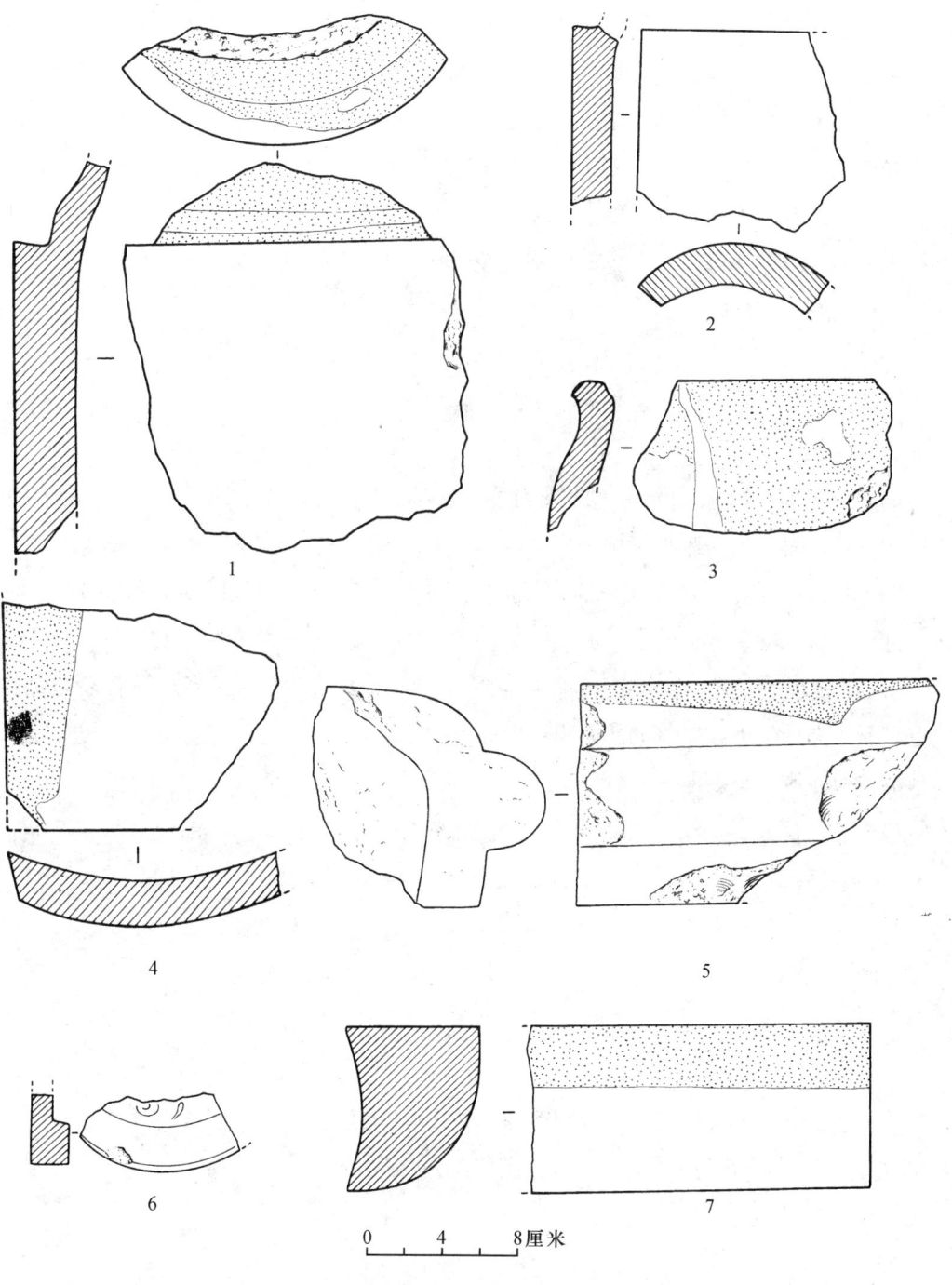

图四八　周恭王墓采集遗物

1~3.筒瓦　4.板瓦　5.正脊残块　6.瓦当　7.群色条

第九节 周康王墓

周康王名勤熄，恭王嫡一子，正德十一年（1516年）封世子，嘉靖九年（1530年）未袭封而薨。墓址在今荥阳贾峪镇双楼郭村西，墓冢无存，早年曾出土有明河南按察副使益都石茂华撰书的《周康王次妃冯氏碑铭》①。1999年曾在康王墓前发现《先考周康王神道碑》一通，并在此碑以南发现神道石刻。另外，周康王附近的吕庄村现存有康王次妃陆氏墓碑残石数块。

一、寝园遗址

周康王墓坐北朝南，位于横贯东西的一道土岭之上，地势由北向南倾斜，南部为古路沟一条，再南为向北倾斜的土岗，与康王墓所在的北侧土岭互呈"来去朝迎"之势。康王寝园遗址现为耕田，南部被一条东西向的生产路横穿而过，地表多现代坟茔，田埂之上偶见绿釉琉璃瓦件。

据当地部分村民称，该墓南部略偏西也曾存有土冢一座，荥阳当地学者多据此认为是周敬王墓，笔者在以往的研究论述中亦持此说。在重新考察所谓的周敬王墓之后，这座墓的墓主则需重新考虑。

二、遗 物

（一）碑刻

1. 周康王神道碑

青石，额佚。高267厘米，宽105厘米，厚31厘米。碑之阴阳皆有字，碑阳刊神道碑文，共22行，满行62字，正书（图四九）。碑阴为周府内官等题名，分上下两个部分。录文如下：

碑阳：

先考周康王神道碑

---

① 民国·卢以洽撰修：《续修荥阳县志》卷十一，《金石·明》，点校本，第1044页，荥阳县志编纂委员会总编室，1989年。

孝子周王朝埘撰文

弟京山王勤炫书丹

弟炀溪王勤烃篆额

嘉靖庚寅冬十二月廿有三日，我/先考周世子殿下薨。讣/闻，上遣官谕祭，赐谥曰悼康世子，命有司卜地于荥阳县槐东保之原，建茔如制。卜以辛卯冬十一月二日葬焉。后九年为己亥秋闰七月十有九日，我/先妣妃薨。讣闻，上谴中官谕祭，命有司给费，启先考窀而祔葬焉。盖庚子冬十月四日也。初戊戌冬十一月，我祖考周恭王薨，至庚子正月，予以嫡长/孙叨袭封爵，至是始为先考妣请赐追封。乃蒙谥先考曰康，而进先妣为周康王妃。窃惟予甫十岁，遽失怙恃，赖我祖君教成继爵。每念/先考妣生薨始末之概，业已载诸恩给圹志矣，犹恐先考平素履历不能表彰于今日以及后世之耳目也，于是自著厥实，勒之贞珉，树之墓道，庶几竭/所思以图不朽耳。先考讳勤熄，实我祖周恭王嫡长子。母太妃，先考同母兄弟姊妹郡王六人，郡主五人。先考生质外视和柔，而中实刚介聪敏。/平居沉静寡默，遇事谋虑深远。幼即颖异，既长，克知教敬，事我曾祖母两太妃及我祖考、祖母太妃，问安侍膳，定省之礼，岁笃为常。有疾则躬侍汤药，/忧形于色。□□方已，或祖有移怒于人，必婉词进谏，期于齐戚。处诸弟姊妹，率友爱一致。藩族有涉于法者，祖或痛绳之，则矜悯不置。故旧亲戚无远近，/皆推恩□，以及尝欲招致文儒宾客，以当禀命于祖，弗□□为。日惟批阅经史，考究古今人物贤否。每书有未见者，或僻在远者，必令人访而购之。时作词/曲自娱，有恐未善，故弗传于外，盖知谦耳。尤能默察侍从隐微疏其姓氏于屏，以别淑慝。其于财货声色犬马射猎之为，一无所好，是将志于有为者也。配即/先妣妃，西城兵马副指挥张公希义女也。子五，长即予朝埘也。次朝埴，陆出。三朝堵，冯出。四未名，吕出，早卒。五朝墀，予同母弟也，亦早卒。女一，陆出，未封。/先考距生以弘治乙丑夏四月一日，得年二十有六。以正德庚午奉御书赐名，以甲戌受封，丙子受册封为周世子。盖我先考为我/始祖周定王六世孙，定为我/太祖高皇帝第五子。其传位也，定传二世祖周宪王、周简王，简传三世祖周靖王、周懿王，懿传我高祖周惠王，惠传我曾祖周悼王，悼传我/祖周恭王也。噫嘻！先考以嫡长而弗享厥国，以储位而弗展所施，以睿明而弗昌于寿，是皆莫之为而为，莫之致而至者也夫？天高地厚，恩同罔极，自愧不/文，未足以形容报称于万一。□□之感□□天地而无□也。若夫名讳固所当讳而有不敢讳者，窃附临文之义，虽获讥于君子，固有所不避耳。呜呼痛哉！

嘉靖二十一年夏五月吉日立

图四九　周康王神道碑拓本
（荥阳市文物保护管理所供图）

碑阴：

第一部分：

承奉司承奉正：李进，副：陈阮，副：靳用；典宝所典宝正：王进卿，副：于保；典膳所典膳正：阎仲；督工典膳副：武进；督工内伴读：王卿；典服所典服正：柳昂，副：陈士辅；门官正：田朋，副：张万保；督工内官：李士强；守陵内官：许朝、王晢；长史司右史：李辅；左长史：刘元嗣。

第二部分：

内官：胡进、霍林、刘云、苗奉、杨用锐、左相、李士杰、刘魁、瞿升、靳朝、韩鸢、王顶、张文勳、刘保、李文芳、籍伦、尚昇、朱廷佐、宋奎、李还、赵智。

2. 周康王次妃陆氏墓表

青石，下部缺失，碑额佚，现存部分已劈裂成两块，均残高162厘米，宽37厘米，厚25厘米。碑文上部刊有敕谕文一封，下部刻墓表文。敕谕文共14行，满行8字，正书（图五〇）；残存墓表文共18行，正书（图五一）。录文如下：

图五〇　追封周康王次妃陆氏敕谕文拓本

敕谕文：

制曰：朕惟/太祖高皇帝之制，亲/王之妃封为妃，而/妃以下有子者□/封次妃，盖母以子/贵之义也。尔宫人/陆氏，乃周康王庶/第二子顺庆王朝/埻之生母也。蚤以/恭淑，选侍藩闱。子/已授封，宜从其贵。/今特封为周康王/次妃，灵其有知，服/兹休命。

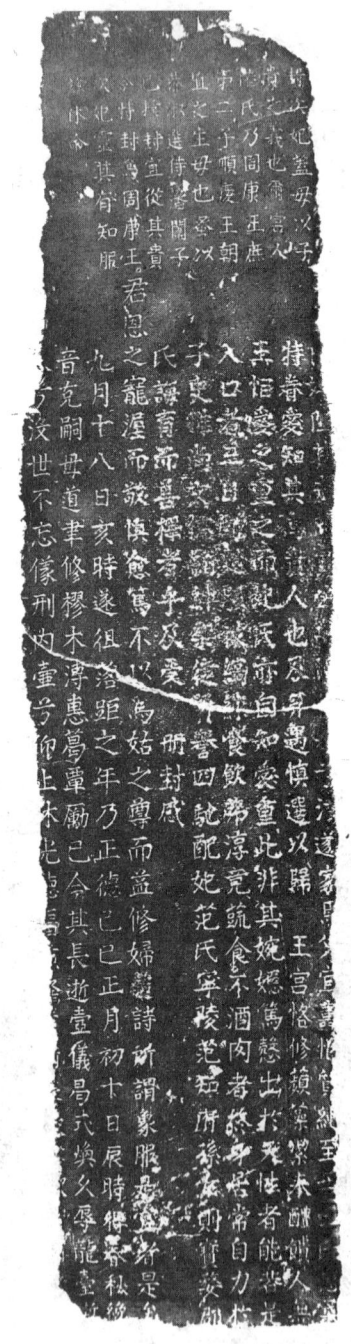

图五一 周康王次妃陆氏墓表拓本（局部）

墓表文：

大明周藩康王次妃陆氏墓表

赐进士出身通政大夫河南巡抚都御史转直隶督运都御史吴郎……

赐进士及第前翰林院检讨修国史直文渊阁兼管诰敕房国子监司……

赐进士出身中宪大夫前巡按河南道监察御史直隶安庆府知府……

此我/皇明周藩康王次妃陆氏之墓也，其地荥阳槐东之里……/嘉靖乙酉十二月十……/制祔葬，而大中丞东平王岱麓公志而铭之矣，至是又数载，其子顺庆王……/母陆氏，其先□□□□□□□于汴，遂家焉。父宜寿，惟质纯至，母王氏，慈柔……/特眷爱，知其为贵人也。及笄，遇慎选以归王宫，恪修蘋藻，洁奉醴馈，人无……/王惜爱之重之，而妃氏亦自知爱重，此非其婉嬺笃悫出于天性者能若是……/入口者三日□□服被缟□，食饮弗淳，竟蔬食不酒肉者终身。居常自立于……/子史，雅尚文儒，缙绅乐从，□誉四驰。配妃范氏，宁陵范知府孙女，则宝婺郡……/氏，诲育而善□者乎？及受册封，感/君恩之宠渥，而敬慎愈笃，不以为姑之尊而盖修妇道，《诗》所谓象服是灵者是矣……/九月十八日亥时遂徂落，距之年乃正德己巳正月初十日辰时，得春秋……/音克嗣母道，聿修樛木溥惠葛覃励已。今其长逝，壹仪曷式，焕久辱龙台……/□今没世不忘，仪刑（型）内壸分仰止休光，德福……

（二）石雕

柱础　1件。青石，方趺，古镜面。镜面直径50厘米，地趺边长75厘米，通高21厘米，镜面高6厘米，地趺高15厘米（图五二）。

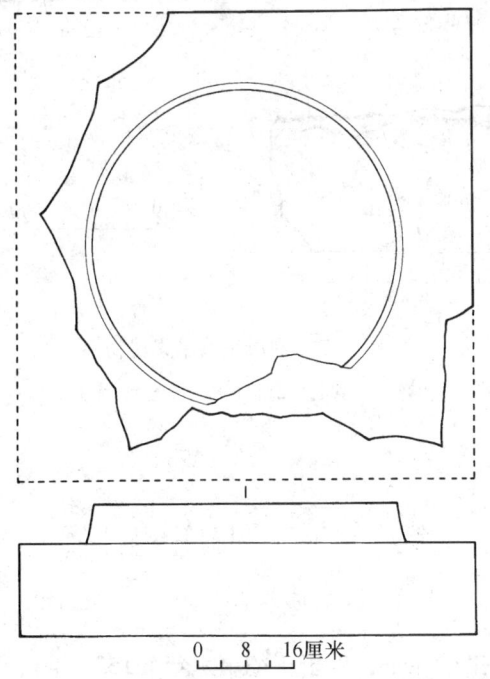

图五二　周康王墓柱础

(三) 采集遗物

周康王墓寝园遗址地表残存有极少量琉璃瓦，可辨器形有筒瓦、板瓦、压当条等。

筒瓦 1件。康采：1，浅红色坩土胎，拱面施深绿釉，内壁素胎无釉，呈浅红色，残长8.2厘米，瓦口残宽9.6厘米，厚1.8~2厘米（图五三，1）。

板瓦 1件。康采：2，白坩土胎，仰面施绿釉，拱面素胎无釉，呈浅黄色，瓦首齐平。残长7厘米，瓦口残宽13.8厘米，厚2~2.2厘米（图五三，2）。

压当条 1件。康采：3，浅红色坩土胎，器表残存有深绿釉，外沿残，内沿抹角。残长10.8厘米，残宽5.2厘米，厚2厘米（图五三，3）。

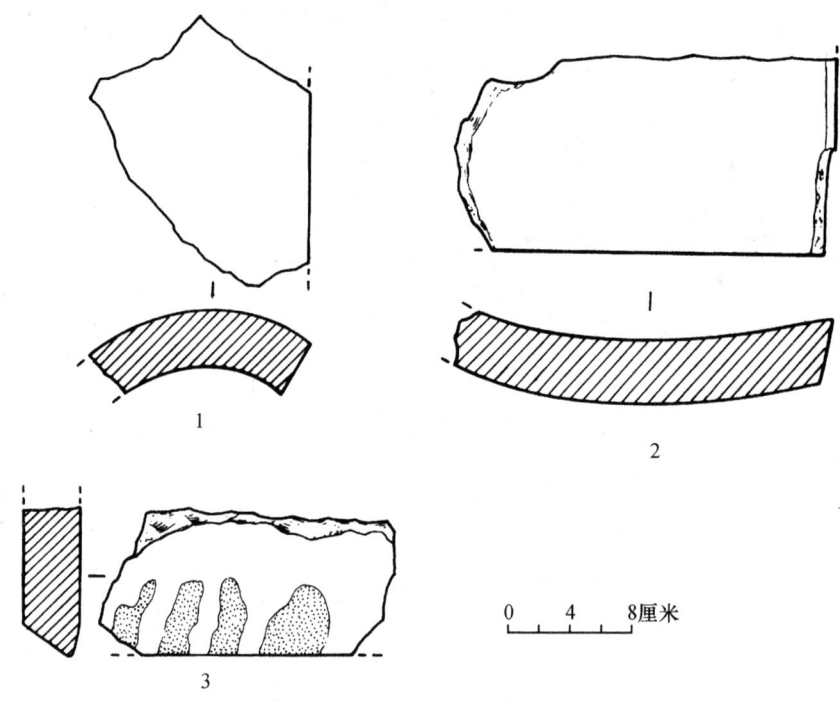

图五三 周康王墓采集遗物
1.筒瓦 2.板瓦 3.压当条

第十节 周庄王墓

周庄王名朝堈，康王嫡一子，生于正德十六年（1521年），嘉靖十九年（1540年）袭封，嘉靖三十年（1551年）薨。周庄王墓位于槐林村东、蒋庄村东北地、其父康王墓西。20世纪90年代周庄王墓被盗，圹志尚存墓中。民国《续荥阳县志》载，庄王墓前曾存有嘉靖三十年（1551年）八月十六日立石的《敕命诚意伯刘世延祭周庄王碑》和左长史牛洞正书并于嘉靖三十年（1551年）立石的周庄王世系碑①、嘉靖四十年（1561年）九月四日所立的周庄王寝园坊一座②，现在均已无存。

一、寝园遗址

周庄王墓坐北朝南，周围地势与周康王墓相似，坐落在与康王墓同一道土岭之上。据当地老农介绍，庄王墓南部有四柱三间石坊一座，南向，一主楼两次楼，东西阔约10米，高约7米，雕刻精细，瓦垄、斗拱俱全，惜在新中国成立初期被拆毁并移至荥阳县老城东关大桥作为桥墩使用。石坊北部为神道，东西对列，因年久日深，其原有种类及数目已无从考证。神道北部东西两侧各有守门石狮一件，置于须弥座之上。再北为寝园建筑，现已被开垦成耕地，地表残存少量绿釉琉璃瓦件。据当地村民介绍，近墓冢处东西两侧原有石碑数通，可能是祭文碑之类，今已无存。

周庄王寝园遗址原有遗物除了被用于基本建设之外，尚存部分石雕，如石兽、柱础、雕花石座等，因碍于耕地，村民将其从田间运至附近村中，保存状况不佳。

二、墓葬形制

经实地调查，庄王墓现位于蒋庄村东北地果园中，此处原为土岗，因烧砖取土破坏，墓冢无存。1991年周庄王墓被盗，槐林村赵邦彦先生为配合当地文物部门调查，曾进入墓室考察，并抄录周庄王圹志文。

据介绍，周庄王墓室坐北朝南，青砖砌就，单室玄宫，东西起券，墓室后壁偏东有一处盗洞，墓室南北长约5米，东西宽约4米。南壁正中有石门两扇，门楣已断裂，东西两壁近墓门处各有一个拱券壁龛，因墓室北部淤土较厚，后壁有无壁龛不详，由于盗掘严重，不见随葬品，仅存石质棺床和墓志两盒，墓志均位于棺床南端。东侧墓志属周庄王，西侧墓志已淤没土中，可能是庄王妃徐氏之志。

另外，据赵邦彦先生介绍，周庄王墓室内绘有壁画，依稀可见有海水惊涛，日月星辰和人物之类的画面，由于深埋地下，壁画的具体内容不详。

---

① 民国·卢以洽撰修：《续修荥阳县志》卷十一，《金石·明》，点校本，第1043页，荥阳县志编纂委员会总编室，1989年。
② 民国·卢以洽撰修：《续修荥阳县志》卷三，《建制·坊表》，点校本，第796页，荥阳县志编纂委员会总编室，1989年。

三、遗　　物

（一）墓志

周庄王墓志，青石，已断裂，具体尺寸不详。志文转录于后：

大明敕撰周庄王圹志

王讳朝堈，乃周康王之子，母妃张氏，生王于正德辛巳四月十六日，嘉靖庚子正月二日封为周王。妃徐氏，南城兵马指挥凤禄之女。生子四，嫡长在铤，封周世子。庶二子在銎，封仪封王。嫡三子、庶四子俱幼，未名封。女二，女长，封怀庆郡主，选配仪宾陈易；嫡次女幼未封。嘉靖辛亥四月初六日，王以疾薨逝，享年三十一岁。上闻讣，辍朝三日，遣官谕祭，议谥曰庄，特命有司治丧葬。在京文武衙门皆致祭焉。以嘉靖壬子正月初二日，葬于荥阳县须水之原。呜呼！王以宗室之亲，享有大国。令誉远播，藩屏有光。宜享富荣，溘焉长逝，岂非命耶？爰述其概，纳诸幽圹，用垂不朽云。

（二）石雕

散存于周庄王墓附近的蒋庄和吕庄村，均为青石，保存较差。

雕花石座　1件。残损严重，长方体，高浮雕，四角雕有垂花柱。正面刻游龙，右面刻双凤，背面刻斗牛，左面刻麒麟。长83厘米，宽55厘米，高45厘米（图五四；图五五）。

图五四　周庄王墓雕花石座

第一章 亲王墓葬　　55

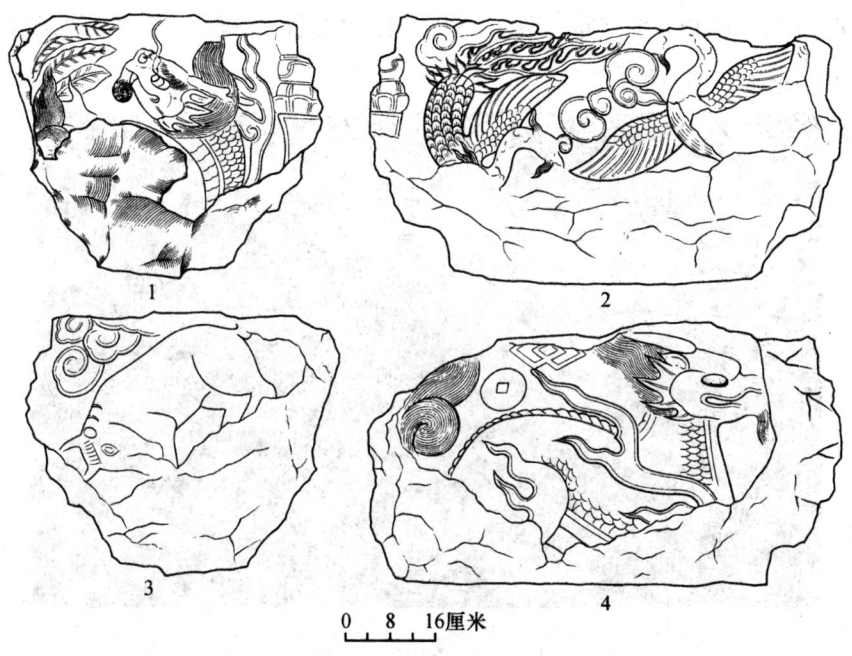

图五五　周庄王墓雕花石座
1. 正视图　2. 右侧视图　3. 背视图　4. 左侧视图

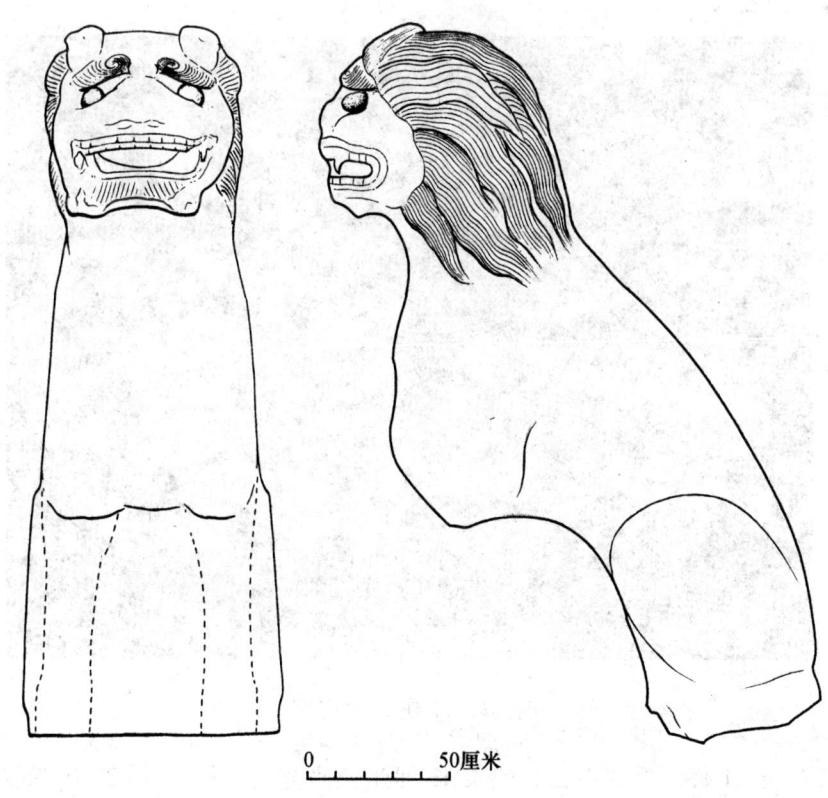

图五六　周庄王墓石兽

石兽 1件。残损较为严重,蹲姿,口微张,披鬣,怒视前方,细尾曲于背后。残高 100 厘米(图五六;图五七)。

图五七 周庄王墓石兽

守门狮 1件。残损严重,蹲姿,合口卷鬣,颈配项圈,胸前挂铃和缨穗。残高 150 厘米(图五八)。

图五八 周庄王墓守门狮

卷云石座 1件。浮雕卷云,残长 43 厘米,残宽 30 厘米,厚 20 厘米(图五九,1)。

覆莲石座 1件。残长77厘米，残宽35~40厘米，厚20厘米（图五九，2）。

柱础 1件。保存完整，方趺，古镜面。镜面直径53厘米，地趺边长80厘米，通高30厘米，镜面高10厘米，地趺高20厘米（图六〇）。

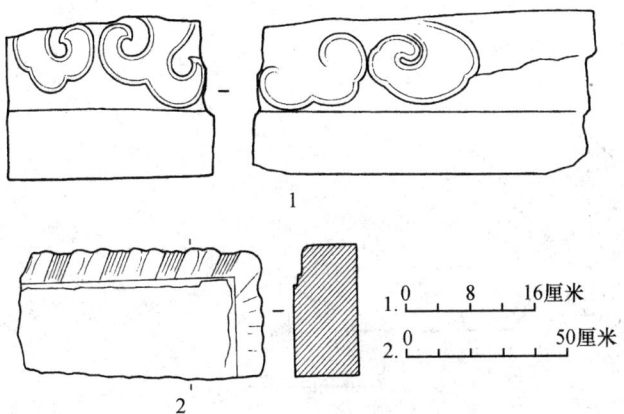

图五九 周庄王墓雕花石刻

1. 卷云石座 2. 覆莲石座

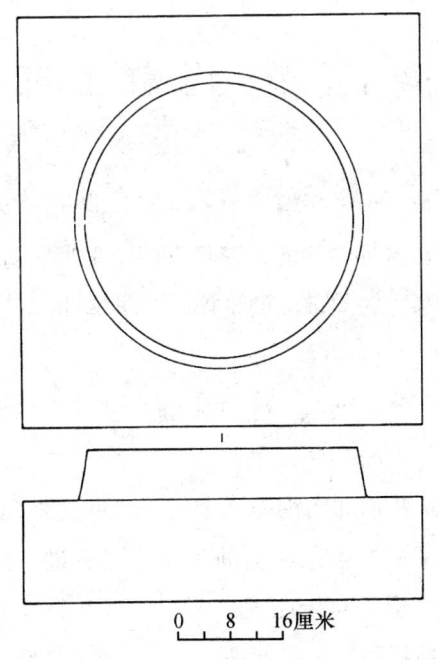

图六〇 周庄王墓柱础

（三）采集遗物

周庄王墓寝园遗址地表残存有少量琉璃瓦，可辨器形有筒瓦、板瓦、脊瓦等。均为白坩土胎，器表施绿釉，釉色鲜亮。

脊瓦　1件。庄采：1，瓦体中部较厚，两翼较薄，脊部有一个方孔。残长17厘米，瓦口残宽11.6厘米，厚1.6~3.4厘米（图六一，1）。

筒瓦　1件。庄采：2，残长10.8厘米，瓦口残宽10.8厘米，厚2.2~2.4厘米（图六一，2）。

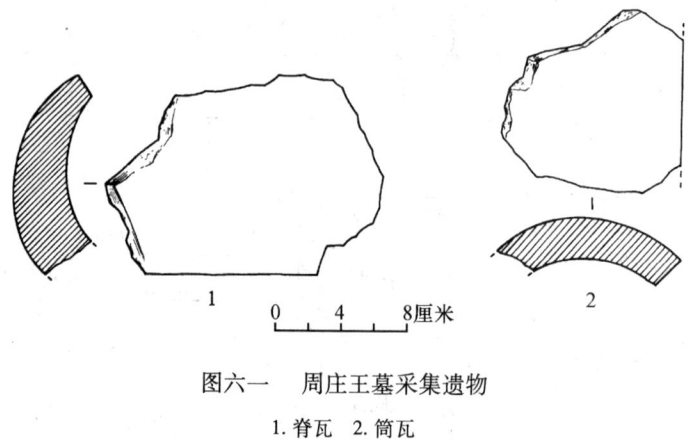

图六一　周庄王墓采集遗物
1. 脊瓦　2. 筒瓦

第十一节　周敬王墓

周敬王名在铤，庄王嫡一子，嘉靖三十一年（1552年）袭封，万历十一年（1583年）薨。墓址位于荥阳市双楼郭村西北，曾存有周敬王寝园坊①。此墓一度被指为周懿王墓，前文已有关于该墓墓主为周敬王的论证，兹不赘述。

一、寝园遗址

周敬王墓坐北朝南，地势由北向南微微倾斜，北部为隐起岗地，南部有宽约20米的沟壑一条，寝园遗址中部有一条东西向的乡村公路穿过。据当地老者介绍，寝园南部原有四柱三间石坊一座，形制与周庄王寝园石坊基本相同，惟其规模略小，雕工不甚精湛。新中国成立初期被拆毁，现仅存坊柱一根，断裂为两段，位于双楼郭村南街。早年在石坊北部发现有石羊、石马等神道石刻，碍于耕地，均被深埋地下。近年又发现持剑武吏和卷云盘龙望柱各一件，现存周敬王墓附近的农业示范园院内。

---

①　民国·卢以洽撰修：《续修荥阳县志》卷三，《建制·坊表》，点校本，第796页，荥阳县志编纂委员会总编室，1989年。

寝园遗址地表残存大量绿釉琉璃瓦件和青石块，散存于田间和道路两旁。另外，双楼郭村南街存有柱础两件，亦属周敬王寝园遗物。

二、遗　物

（一）石雕

发现于周敬王墓寝园遗址，均为青石。

武将　1件。保存较为完整，身材魁梧，怒目圆睁，头戴兜鍪顿项，身着铠甲战袍，腰围吞口抱肚，束革带，足蹬战靴，双手执剑于胸前。通高255厘米，宽120厘米，厚60厘米，底座长90厘米，宽60厘米，厚15厘米（图六二；图六四）。

望柱　1件。仅存下半部，方形柱体，浮雕卷云降龙纹，雕刻精细。残高197厘米，四面均宽50厘米（图六三；图六五）。

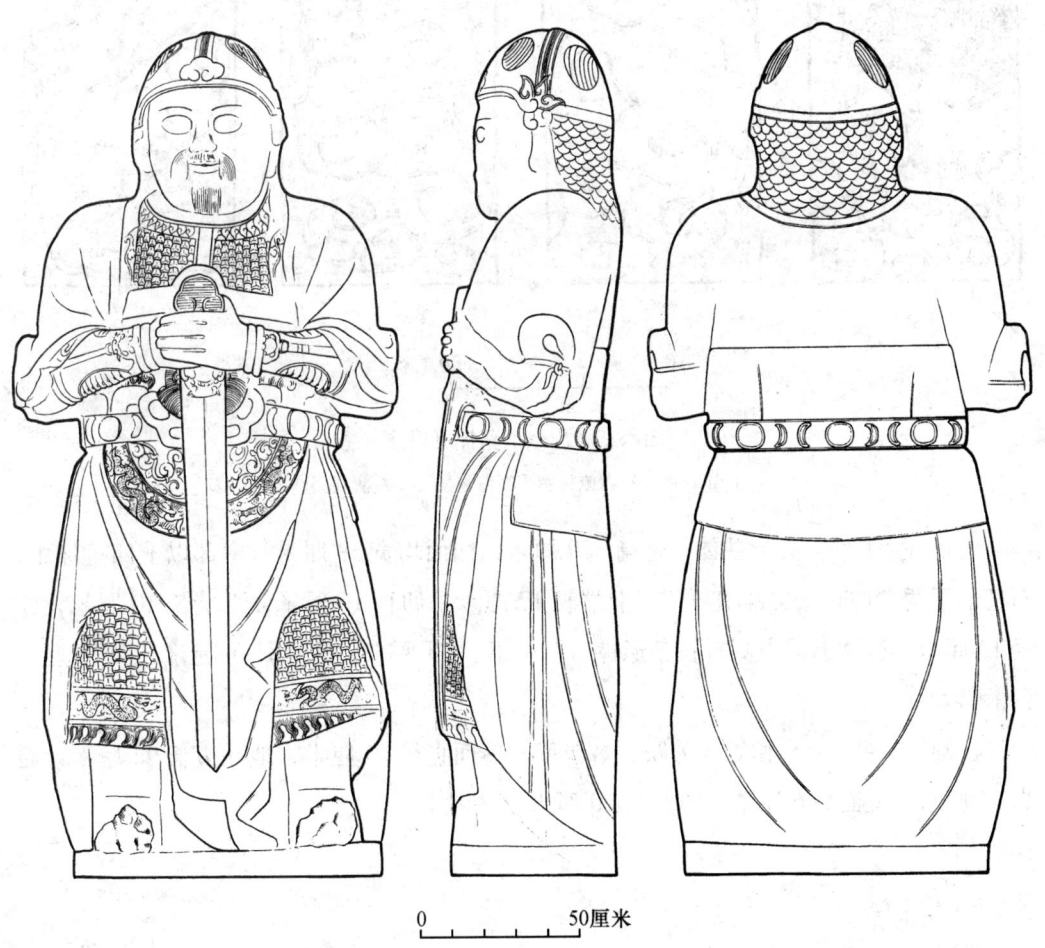

图六二　周敬王墓神道武将

图六三　周敬王墓神道望柱
1. 正视图　2. 右侧视图　3. 背视图　4. 左侧视图

石坊柱　1件。方形柱体，通高320厘米，四面均宽38厘米，中部以上四棱抹角，石柱上下两端均有截尖锥状石卯，上端长17厘米，卯径16厘米，下端长10厘米，卯径13厘米。柱体上部内侧有长条形榫口，上下长48厘米，榫口宽16厘米，深15厘米（图六六）。

柱础　2件。大小相等，方趺，古镜面。镜面直径73厘米，地趺边长92厘米，通高26厘米，镜面高6厘米，方趺高20厘米（图六七）。

图六四　周敬王墓神道武将

图六五　周敬王墓神道望柱

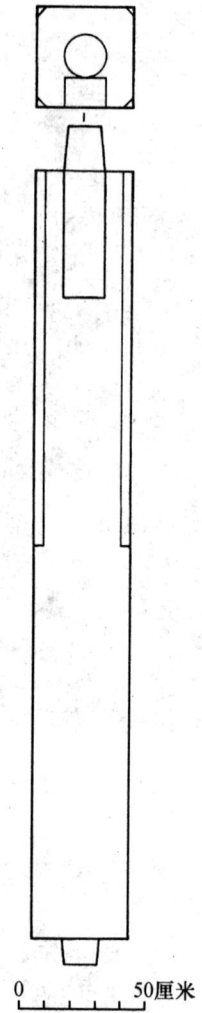

图六六　周敬王墓石坊柱

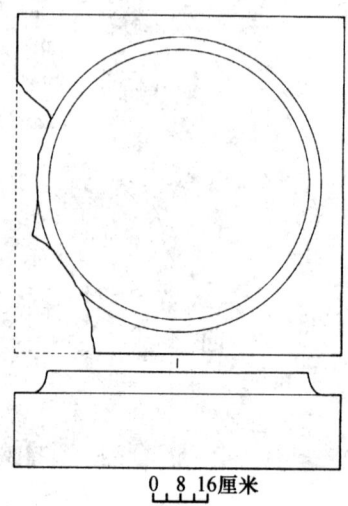

图六七　周敬王墓柱础

（二）采集遗物

均为琉璃瓦件，有板瓦、筒瓦、滴水瓦、压当条、正当沟、花砖、垂兽等。均为白坩土胎，器表施绿釉，无釉部分呈黄白色。

垂兽 1件。敬采：1，模制，怒目圆睁，龇牙张口。残高18.6厘米，残长16.8厘米，厚1.6~3.2厘米（图六八，1；彩版2,3）。

兽尾 1件。敬采：2，模制，鬃毛飘逸流畅。残高9.6厘米，残长18厘米，厚2.6~3.8厘米（图六八，2）。

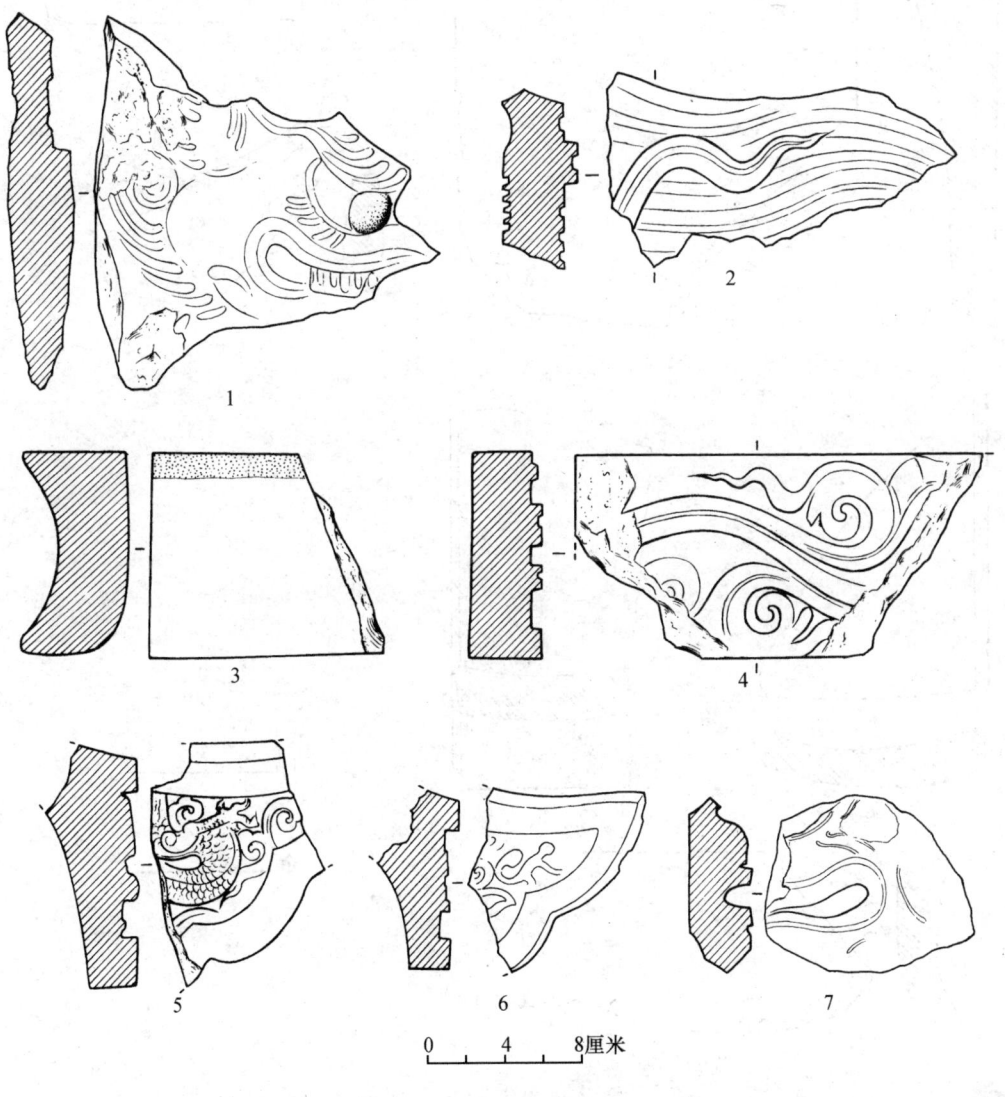

图六八 周敬王墓采集遗物（一）
1.垂兽 2.兽尾 3.压当条 4.花砖 5、6.滴水瓦 7.残兽

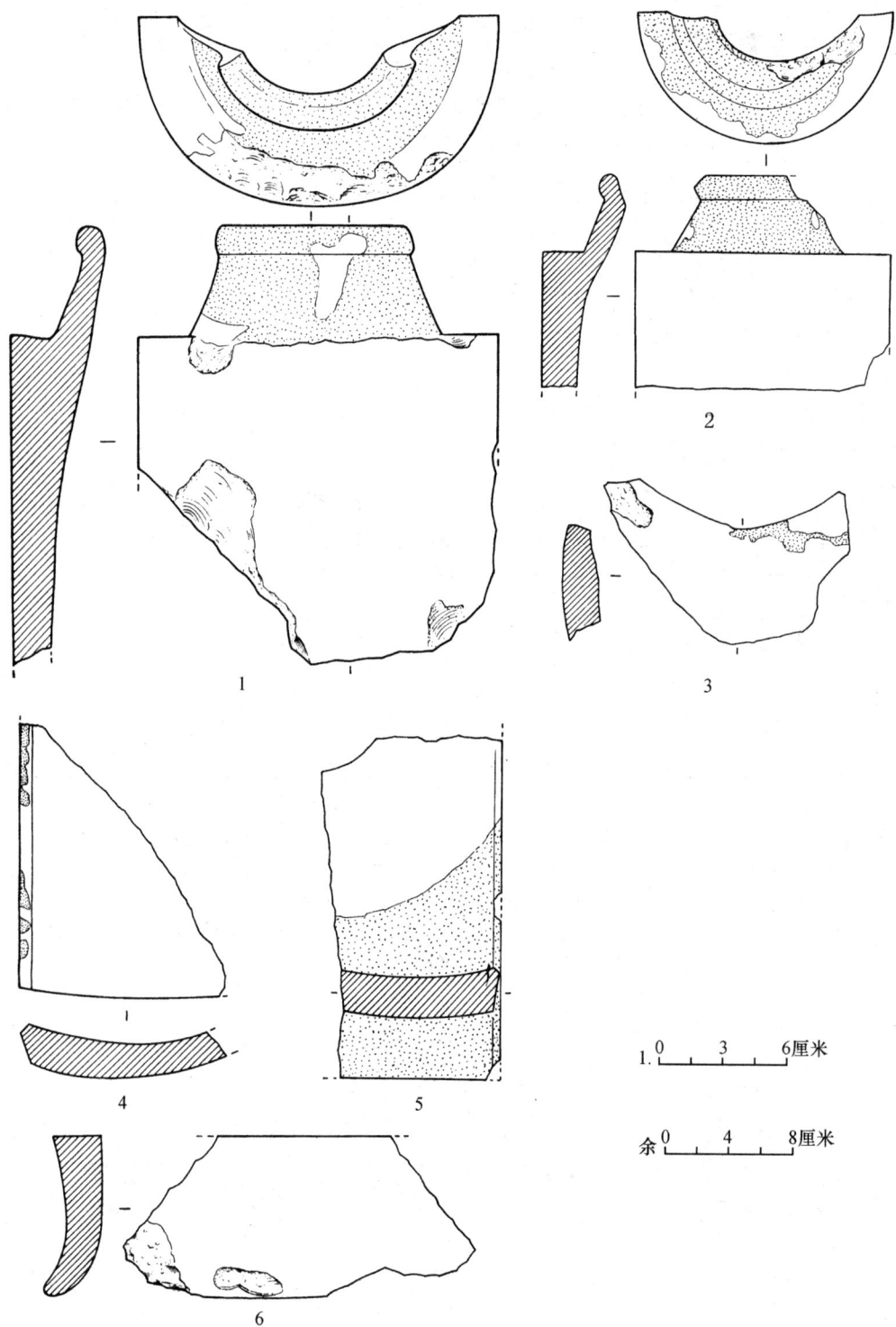

图六九 周敬王墓采集遗物(二)

1、2.筒瓦 3.正当沟 4、5.板瓦 6.压当条花砖　1件。敬采：3，表面施釉，模印忍冬纹。残长21.2厘米，宽10厘米，厚3～3.8厘米（图六八，4）。

滴水瓦　2件。仅存滴头，施全釉，均为模制，如意形花边，窄边框，有浅廓。敬采：4，模印五爪龙纹，龙体圆浑，身披鳞甲，身后有卷云纹。滴头残高12厘米，残宽8.8厘米，厚2～4厘米，边宽2厘米，边厚2.6厘米（图六八，5）；敬采：5，模印花卉。滴头残高9.2厘米，残宽9厘米，边宽1.8厘米，边厚2厘米（图六八，6）。

残兽　1件。敬采：6，模制，仅存嘴角部分。残高8.8厘米，残长11厘米，厚1.8～3.2厘米（图六八，7）。

压当条　2件。外壁施釉，内壁素胎无釉，外沿向内弯曲，内沿平直。敬采：7，残长12厘米，宽10.2厘米，厚3.6～5.2厘米（图六八，3）；敬采：13，残长22厘米，宽9.8厘米，厚2～3厘米（图六九，6）。

筒瓦　2件。拱面施釉，内壁素胎无釉。敬采：8，残长18.7厘米，瓦口宽16.1厘米，厚1.7厘米，瓦唇长4.6厘米（图六九，1）；敬采：9，残长12.8厘米，瓦口宽16厘米，厚2.2厘米，瓦唇长4.6厘米（图六九，2）。

正当沟　1件。敬采：12，外壁施釉，内壁素胎无釉，整体呈弧边三角形。残高9.6厘米，残宽15.2厘米，厚1.6～2厘米（图六九，3）。

板瓦　2件。仰面施半釉，瓦翼抹角。敬采：10，残长16.6厘米，瓦口残宽12.8厘米，厚1.8～2.4厘米（图六九，4）；敬采：11，残长20.6厘米，瓦口残宽10～11.2厘米，厚2.2厘米（图六九，5）。

第十二节　周端王墓

周端王名肃溱，敬王嫡一子，生于嘉靖四十二年（1563年），万历十四年（1586年）袭封，薨于崇祯八年（1635年）[1]。乾隆《邵志》曰周端王墓在"州东北三十里，紫金里九甲大道观中茔"[2]。背倚之山名曰"伞盖山"[3]。具体位置在禹州市无梁镇西观上村东，地面建筑及神道石刻等全部无存。

---

[1] 《明史》不载薨年，《皇明谕葬周端王暨元配妃李氏合葬圹志文》载："万历十四年五月二十六日册封为周王……王于崇祯八年八月二十四日薨逝，享年七十三岁。"由志文可知，周端王卒于崇祯八年。

[2] 民国·王琴林等撰修：《禹县志》卷十三，《陵墓志》，《中国方志丛书》（华北地方·459），影印民国20年刊本，第1034页，台北成文出版社有限公司，1976年。

[3] 民国·王琴林等撰修：《禹县志》卷三，《山志》，《中国方志丛书》（华北地方·459），影印民国20年刊本，第320页，台北成文出版社有限公司，1976年。

一、寝园遗址

周端王墓坐北朝南,位于伞盖山南麓,地势由北向南倾斜,东西两侧"护砂"环抱,南部以老龙山为"朝案砂",呈"枕山面屏"之势。周端王墓寝园遗址现在呈多级状台地,被民房和耕地占据,原貌不详,地表残存大量绿釉琉璃瓦件和少量青石条。据当地老农介绍,周端王墓前原有神道石刻,东西对列,由南向北依次为望柱、石羊、石虎、石马、文官、武将各两件,神道以北,东西两侧有南向守门石狮两件,惜上述石刻均无存。

二、遗 物

(一)墓志

青石,盖佚。志高88厘米,宽88厘米,厚15厘米。志文28行,满行30字,正书(图七〇)。录文如下:

皇明谕葬周端王暨元配妃李氏合葬墓圹志文
翰林院掌府事詹事府正詹事兼侍读学士傅冠奉敕恭撰

王讳肃溱,乃周敬王之世子,母妃袁氏,于嘉靖四十二年十一月二十一日/嫡生,万历十四年五月二十六日/册封为周王。元配李氏,/册封为妃。王于崇祯八年八月二十四日薨逝,享年七十三岁。生子十三位,恭枵,妃李/氏出,/册封周世子,配王氏,封妃;恭榨,封洧川王,配王氏,封妃,王卒;恭櫶,封宁乡王,配/李氏,封妃;恭櫕,封安乡王,未婚;恭榴,未封。余卒不录。榨、櫶、櫕俱妾滕刘氏/出,榴乃补妾吴氏出也。刘氏于崇祯二年六月十四日,以子贵得请加封/夫人,赐以/诰命。生女九位,妃出二,一封武德郡主,一幼未封,俱未婚卒,余俱庶出也。一封/溢源郡主,仪宾段国英,郡主卒;一封钦化郡主,仪宾阎邦俊,卒;一封古卫/郡主,仪宾贾佐才,郡主卒;未婚卒者不录。孙男六位,世子出者三,绍煚,封/世孙,配李氏,封夫人,卒,继张氏,未婚守节,/敕坊表扬;绍濙,封镇国将军,配张氏,封夫人;一幼,未名封,选褚氏。宁乡出者二,/绍炆、绍炡,俱未封。曾孙男四,世孙出者一,伦㙩,未封。绍濙出者三,伦𡎚、伦/𡉵、伦垮俱未封,振蛰之美周,复擅之矣。讣闻,/上辍朝三日,遣中书舍人田闢谕祭,行人朱统钰治丧,中书舍人赵明锋造葬,/钦天监博士赵应麒选吉。/东宫遣祭,文武百官亦合祭焉。妃先于万历二十三年十二月初十日薨逝。/上遣官赐祭如制,/谕葬禹州荆山之原。今择于崇祯九年九月初一日开妃圹合葬焉。呜呼！王以/帝室懿亲,为国藩翰。虽天年未永,而令德孔昭。石墨镌华,临风景仰。勒之幽珉,/洵千载之不朽也。是为志。

不孝男世子恭枵泣血纳石

图七〇　周端王墓志拓本

(采自《新中国出土墓志》,文物出版社,1994年)

(二) 采集遗物

周端王墓寝园遗址地表残存琉璃瓦件有板瓦、筒瓦、博脊瓦、压当条、花砖、直檐砖、兽角等。均为坩土胎,器表施绿釉。

筒瓦 4件。端采：1，浅红色坩土胎，内壁呈浅黄色。残长14.8厘米，瓦口残宽12厘米，厚2.2厘米，瓦唇长5.4厘米（图七一，1）；端采：2，白坩土胎，内壁呈浅红色，瓦翼残存有白灰。残长13.4厘米，瓦口残宽10.8厘米，厚1.8厘米，瓦唇长

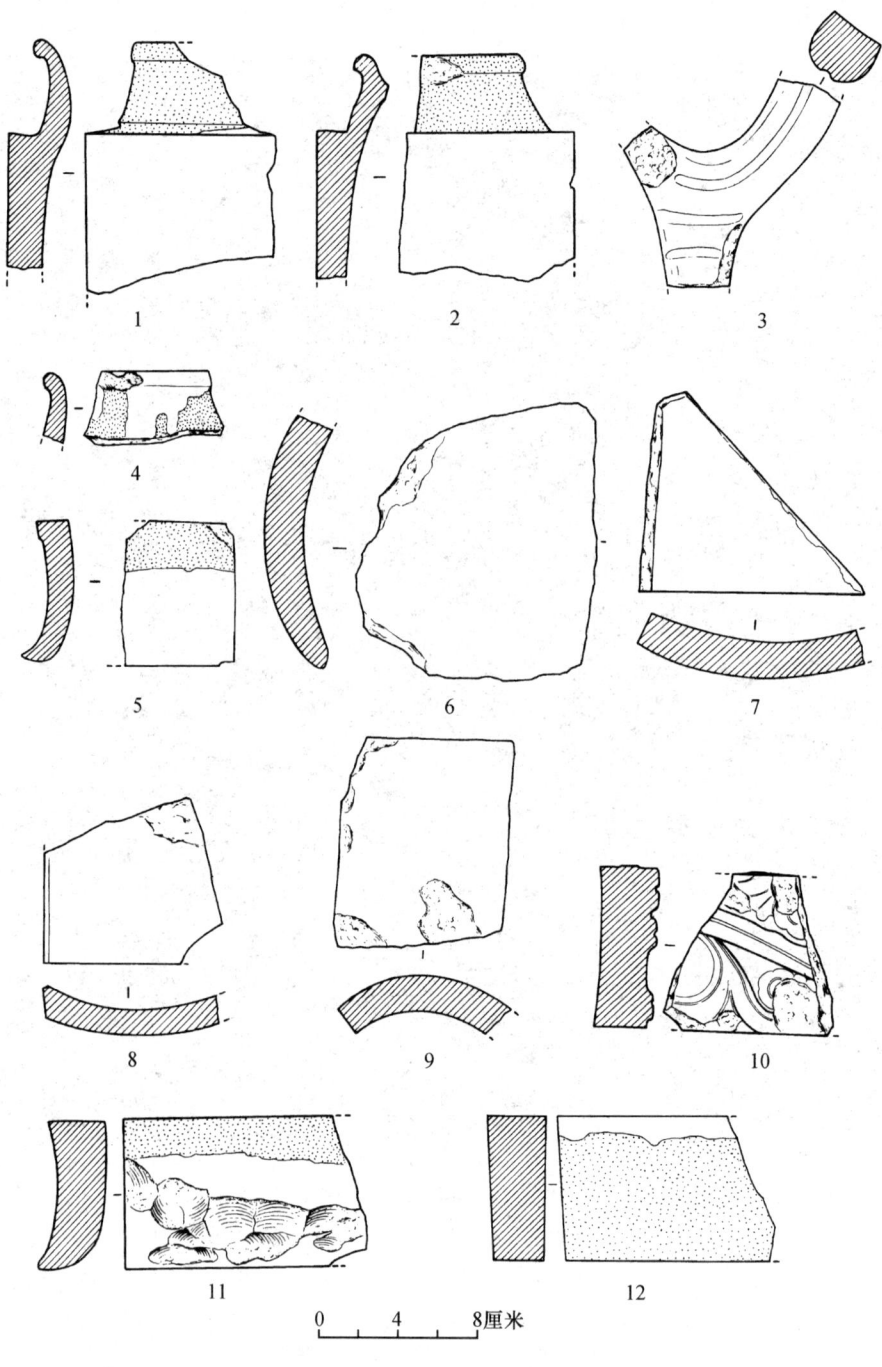

图七一 周端王墓采集遗物
1、2、4、9.筒瓦 3.兽角 5、6.博脊瓦 7、8.板瓦 10.花砖 11.压当条 12.直檐砖

4.6厘米（图七一，2）；端采：3，浅红色坩土胎，内壁呈浅红色，仅存瓦唇，唇面有流釉。残长4.4厘米，残宽8.8厘米（图七一，4）；端采：4，胎体近内壁及近釉面处呈浅黄色，中部则呈浅红色。残长12.6厘米，瓦口残宽10.4厘米，厚1.8厘米（图七一，9）。

板瓦　2件。浅红色坩土胎，仰面施半釉，瓦翼抹角。端采：5，残长16.8厘米，瓦口残宽14厘米，厚2厘米（图七一，7）；端采：6，残长9.8厘米，瓦口残宽11.2厘米，厚1.6厘米（图七一，8）。

博脊瓦　2件。端采：7，外壁施半釉，外沿向内弯曲，内沿平直。浅红色坩土胎，内壁呈浅红色。残长7厘米，宽8.6厘米，厚1.4~2厘米（图七一，5）；端采：8，外壁施半釉，外沿薄，内沿较厚。残长16.8厘米，残宽14.8厘米，厚2.4厘米（图七一，6）。

花砖　1件。端采：10，浅红色坩土胎，模印缠枝花卉。残长10.5厘米，宽9.4厘米，厚3~3.4厘米（图七一，10）。

压当条　1件。端采：11，浅红色坩土胎，内壁残存白灰斑块，外壁施半釉，外沿向内弯曲，内沿平直。残长15厘米，宽9厘米，厚3.6厘米（图七一，11）。

直檐砖　1件。端采：12，白坩土胎，器表残存白灰，外沿施釉，剖面呈梯形。残长13厘米，宽8.6厘米，厚3~3.6厘米（图七一，12）。

第二章 郡王墓葬

周藩郡王共开府七十有余，袭爵者凡二百七十余位，据文献记载和出土资料得知，周藩郡王墓葬主要分布于开封、荥阳及郑州等地，由于目前考古发掘资料较少，并且地面遗物不多，我们仅将有关文献记载及调查或发掘资料所反映的郡王墓分区介绍，每个地区按郡王开府时间顺序排列。

第一节 郑州、荥阳地区

一、遂平王墓

遂平郡王始封王名有颎，周定王庶十子，宣德元年（1426年）封，卒谥悼恭，郡爵传袭十世十王。根据文献记载，遂平王府墓区在郑州旧城西北，即今郑州市南阳路中段海棠寺附近。嘉靖《郑州志》记载有第二代遂平荣靖王墓，"在州西北姜村保"①，墓前"有纪善梁玑碑文"②。其具体位置无考。

20世纪60年代，在郑州西北郊发现有第三代遂平恭安王夫人李氏墓、第四代遂平康穆王暨妃游氏墓以及某代遂平王宫人马氏墓，其发掘资料未见报道，仅公布墓志资料③。根据出土墓志记载，恭安王夫人于正德十一年（1516年）祔葬于郑州海潭寺遂平恭安王茔原。康穆王妃游氏也于正德十一年（1516年）卜葬于郑州海潭寺地方，康穆王于嘉靖二十五年（1546年）与妃游氏合葬。海潭寺即海棠寺，在今郑州市南阳路与黄河路交叉口一带。由于资料匮乏，以上墓葬的具体情况已无从考证，现将出土墓

---

① 明·徐恕修，王继洛纂：《郑州志》（重印本名《嘉靖郑州志》）卷一，《舆地志·陵墓》，第8页，中州古籍出版社，2002年。
② 清·何锡爵修，徐杜纂：《郑州志》（重印本名《康熙郑州志》）卷二，《舆地·陵墓》，第31页，中州古籍出版社，2006年；民国·周秉彝等修，刘瑞璘等撰：《郑县志》卷二，《舆地志》，《中国方志丛书》（华北地方·104），据民国20年重印本影印，第1册，第136、137页，台北成文出版社有限公司，1976年。
③ 中国文物研究所、河南省文物研究所编：《新中国出土墓志·河南（一）》下册，第407~410页，文物出版社，1994年。

志资料转录于后。

遂平恭安王夫人李氏墓志为青石，志盖佚。志高53.5厘米，宽54厘米，厚5.5厘米；志文24行，满行28字，正书（图七二）。录文如下：

图七二　遂平恭安王夫人李氏墓志拓本
（采自《新中国出土墓志》，文物出版社，1994年）

志文：大明国周府遂平恭安王夫人李氏墓志铭

将仕佐郎教授褚睿撰文

迪功郎典膳梁臣书丹

恩赐优老寿官邹宁篆额

夫人乃河南开封府祥符县霍赤埋保民籍处士李俊之长女也，/母刘氏。夫人生于景泰庚午十二月初五日戌时也。成化十八年/选聘入府为宫人，弘治六年闰五月初二日，钦蒙/上命，诰封遂平恭安王夫人。自配宗亲，淑德懿行，慈惠温纯。侍亲闻而/孝敬，相宗室以慈仁。正己则循规蹈矩，治家则克俭惟勤。贤称/宫壸，德著藩屏。乃正德乙亥五月忽遘笃疾，请医疗治，汤药弗进，/遂薨于正寝。乃正德十年五月二十三日申时也。讣闻于/上,遣官致祭,命有司致丧葬如礼。夫人生子一人,奉/御书赐名安洛,袭封为遂平王。孙三人,长曰睦槩,次曰睦柔,俱封镇国将/军。三男尚幼。孙女十三人,长曰晋宁县主,下适仪宾张凤。余者尚/幼。正德十一年二月初九日祔葬于郑州海潭寺地方遂平恭安/王茔原。呜呼!夫人生长中藩,荣配宗室。茂膺/封爵,富贵兼隆。正宜安享,岂其不禄。爰述大概,纳诸幽圹,以垂不朽云。/书曰:仁者必有后。夫人子孙蕃衍,诚可验矣。仁者可无铭乎?/铭曰:

绣挺天然,裔由名族。其志如金,其神如玉。言德工容,/挑绣剪簇。惟洁惟贞,且贤且淑。归配宗藩,天恩永沐。桂殿兰宫,银屏金屋。孝之亲闱,时刻膺服。事之贤王,/同心以腹。动之典雅,闺门整肃。睦雍长幼,惠及奴仆。/天胡不怜,据夺景福。一疾倏膺,去之何促。殓以衣衾,/葬以陵谷。云暝佳城,风号宰木。亿万斯年,鹤悲猿哭。

图七三 遂平王妃游氏墓志盖拓本

(采自《新中国出土墓志》,文物出版社,1994年)

遂平王妃游氏墓志为青石,盖高54.5厘米,宽54.5厘米,厚5.5厘米。志高54厘米,宽54厘米,厚5厘米;盖文4行,满行4字,篆书(图七三);志文32行,满行32字,正书(图七四)。录文如下:

志盖:明故大明国周藩遂平王妃游氏圹志铭

志文:明故大明国周藩遂平王妃游氏圹志铭

赐进士河南提刑按察使司按察使通议大夫金台宋礼撰文

赐进士湖广承宣布政使司左布政通奉大夫卢氏韩鏞书丹

赐进士浙(浙)江承宣布政使司左参议朝议大夫长葛车明理篆盖

遂平悼恭王曾孙遂平王妃游氏,乃开封府杞县青陵保世族游本长女。先蒙/遂平恭安王于成化甲辰孟秋二十九日选,受封为长袭贤王夫人。至于弘治辛/亥季秋二十七日,荷蒙/敕命,册封为遂平王妃。自配王妃以来,天性聪敏,德性贤良,治家有道,克孝克勤,遵/崇古典,夫妇彝伦,以至纲常礼乐诗书无不通知。暇与王曰:吾叨蒙/皇恩,选配贤王。幼生庶民之家,幸列王室,荷膺荣贵。每思/君亲恩德,愧无以报。又思舅姑,理所当重,不可挟贵,宜执妇道。每于王之父母,

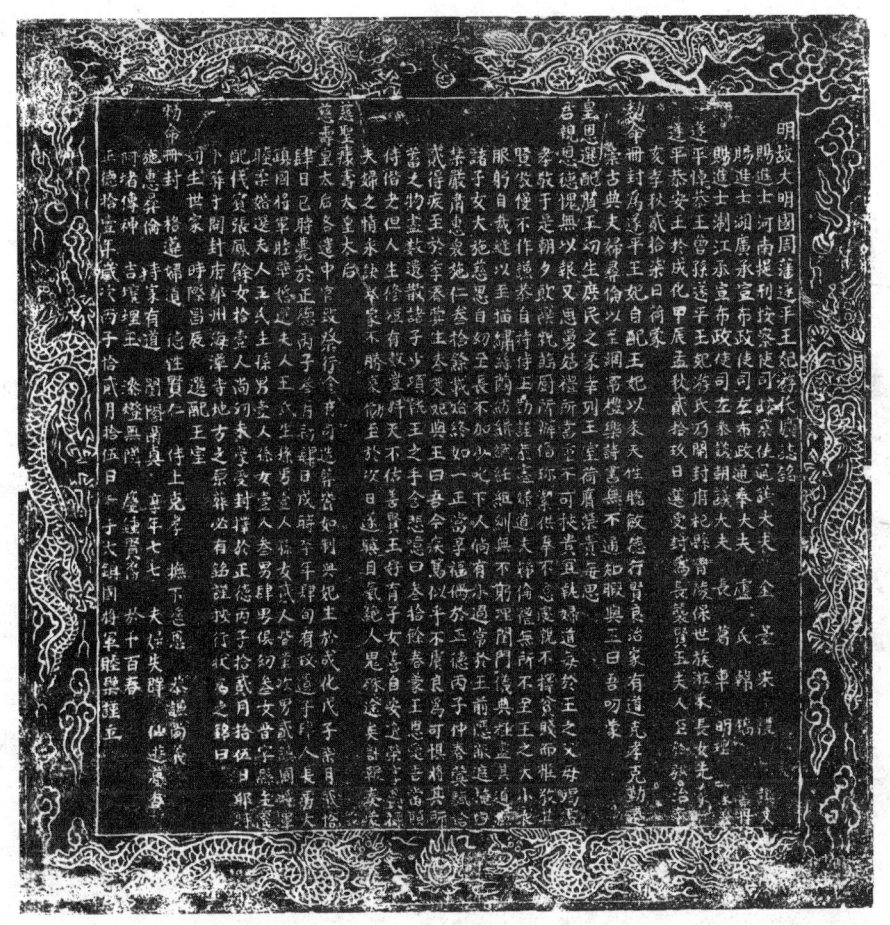

图七四　遂平王妃游氏墓志铭拓本
（采自《新中国出土墓志》，文物出版社，1994年）

竭尽/孝敬。于是朝夕饮馔，亲临厨所办备，珍洁供奉不怠。处亲不择贫贱，而惟敬其/贤。傲慢不作，谦恭自恃。侍王勤谨，恭尽妇道。夫妇伦理，无所不至。王之大小衣/服，躬自裁缝。以至描绣、丝兰、纺缉、织纴、组纫，无不躬理。闺门仪典，极尽其道。抚/诸子女，大施慈恩，自幼至长，不加少叱。下人倘有小过，常于王前隐蔽遮掩。内/禁严肃，惠众施仁。三十余载，始终如一。正当享福，偶于正德丙子仲春蓂飘十/二得疾，至于季春，蓂生三荚，妃与王曰：吾今疾笃，似乎不虞，良为可惧。将其所/蓄之物，尽数遗散诸子。少顷，执王之手，含悲噫曰：三十余春，蒙王恩爱，吾当愿/侍偕老，但人生修短有数，岂料天不佑善。贤王好育子女，善自安逸，荣享爵禄。/夫妇之情永诀。举家不胜哀恸。至于次日，遂瞑目气绝，人鬼殊途矣。讣报奏，蒙/慈圣康寿太皇太后、/慈寿皇太后各谴中官致祭，行令有司造葬，皆如制典。妃生于成化戊子七月二十/四日巳时，薨于正德丙子三月初四日戌时，卒年四旬有九，遗子四人，长男大/镇国将军睦㮶，婚选夫人王氏，生孙男一人，孙女二人，皆童。次男二镇国将军/睦柔，婚选夫人王氏，生孙男一人，孙女一人。三男、四男俱幼。三女晋宁县主，选/配仪宾张凤。余女十一人，尚幼，未蒙受封。择于正德丙子十二月十五日卯时/卜葬于开封府郑州海潭寺地方之原。葬必有铭，谨按行状，为之铭曰：

幼生世家，时际昌辰。选配王室，/敕命册封。格遵妇道，德性贤仁。侍上克孝，抚下慈恩。恭谦尚义，/施惠彝伦。持家有道，闺阃肃真。享年七七，夫妇失群。仙游梦杳，/阿堵传神。吉壤埋玉，漆灯无邻。庆钟贤裔，于千百春。

正德十一年岁次丙子十二月十五日　子大镇国将军睦檠谨立

图七五　遂平康穆王南极妃游氏合葬墓志盖拓本
（采自《新中国出土墓志》，文物出版社，1994年）

遂平康穆王南极妃游氏合葬墓志为青石。盖高62.5厘米，宽62厘米，厚8厘米；志高61厘米，宽62厘米，厚8厘米；盖文4行，满行4字，篆书（图七五）；志文33行，满行36字，正书（图七六）。录文如下：

  志盖：明遂平康穆王南极妃游氏合葬圹志铭
  志文：明周藩遂平康穆王南极妃游氏合葬圹志铭
  奉义大夫周府左长史前中书舍人陈留刘元嗣撰文
  正德丙子三月初四日，周府遂平王妃游氏薨。讣闻，上暨/皇太后谴中宫官谕祭，命有司卜地于郑州海潭寺之原，建莹如制。葬以本年十二月十/五日也。后二十年为嘉靖乙巳三月三十日，王薨。讣闻，上嗟惋，辍视朝一日。暨/东宫亲王大臣遣行人张承叙谕祭，稽行赐谥曰康穆。命有司给费开圹。卜以丙午二/月望日壬寅，启妃圹而合葬焉。谨按玉牒，王讳安洛，别号南极，/太祖高皇帝五代孙也。盖帝生周定王，王生子行十者封遂平王，谥曰悼恭，悼恭生荣靖王，/荣靖生恭安王，王寔恭安之长子也。母夫人李氏。王生而姿貌清修，素性简静毅直，动遵/祖训。凡诏敕表笺，与夫庙祀，藩府迎送诸仪，率以身先之。每出必命以仪仗导驾，虽盛暑/亦必以帷帐障乘舆，人罕见其面，或见之者，必曰此真王者气象也。其饮食起居，恒有节度，/每侵晨，必出门验放肉菜之入，竟日默坐，不妄通俗客。藩

图七六　遂平康穆王南极妃游氏合葬墓志拓本
（采自《新中国出土墓志》，文物出版社，1994年）

中诸王，常敦请宴会，皆乐闻其言/论英发，援古证今之说。及年既长，诸王尤加敬畏。凡有举奏，皆请决而行，故多获/俞允。嘉靖庚子夏四月八日，荷蒙/今上皇帝以高年敕谕存问。而王之贤誉弥彰，中外咸称焉。妃本杞县民本之女也。蚤以端/庄贞顺被选，事上逮下，咸有仪度，故能得王之和敬无间然。王以弘治辛亥九月廿一日奉/御书赐名，以辛亥九月廿一日受册封，袭为王，禄千石。距生以成化己丑六月八日，寿七十/有七。妃受册封与王同日。距生以成化戊子七月廿四日，寿止四十有九。子七，皆封为镇国/将军，配皆封夫人。长睦㭿，李出，配王氏；次睦柔，马出，配王氏；三睦棉，李出，配樊氏。四睦椆，徐/出，配王氏；五睦𣛶，配万氏；六睦㭲，配陈氏。椆、㭲俱继妃李出也。七睦杤，刘出，配李氏。女十二，/皆封县主，婿皆授亚中大夫、宗人府仪宾。长晋宁，适张凤；次滕县,适刘尧;丘县,适王淇;冠县,/适刘佩;费县,适邵璟;息县,适何永祯;恩县,适魏珂;范县,适司宗义;霍丘,适郝守中;句容,适宋/守举;泷水,适徐珂;广邑,适张金;蒙城,适戚希禹。孙男六,皆封辅国将军,配皆封夫人。勤㷋,配/吕氏,继张氏。勤煤,配张氏,皆檗支也。今以檗卒,而㷋则当继/祖袭封者。勤炐,配傅氏。勤烌,配白氏,皆柔支也。又七人者,椐之支也。二人者,椆之支也。曾孙/男二十有二人,有名者,朝墦、朝墥、朝墢、朝垰、朝墒,余皆未名。孙女九人,皆封郡君,婿皆授朝/列大夫、宗人府仪宾。涿州,适杨养民;滨隶,适徐时熙;梨州,适张大元。余皆未封。呜呼!/王之与妃,贵贤得配,蚤沐/恩封,享有爵禄,家室是宜,子孙众多,富贵寿考,克全始终,宗藩族属,鲜有克俪。王之长孙谴使至邑,属余为志而铭焉,于是抆泪而为之铭。铭曰:

厥超胄秀,以荣以/寿。存问于前,美谥于后。优游冕服,太平宴候。鬱鬱陵寝,河岳悠悠。神游/天地,嗣续千秋。

镌字周朝相

遂平王宫人马氏墓志铭为青石,仅存志盖。盖高52厘米,宽54厘米,厚6.5厘米,盖文4行,满行4字,篆书"大明国周府遂平王宫人马氏圹志铭石"

图七七 遂平王宫人马氏墓志盖拓本
(采自《新中国出土墓志》,文物出版社,1994年)

16字(图七七)。

二、原武王墓

原武郡王始封王名子埘,周简王庶三子,正统六年(1441年)封,卒谥安懿,共传袭八世八王[①]。从文献记载、实地调查及发掘资料来看,原武王府墓区在荥阳市豫龙镇瓦屋孙村东南、郑州市中原区须水镇坟上村北部和西部一带(图七八)。目前经过考古发掘的仅有第六代原武王——温穆王和其妃张氏合葬墓。原武温穆王墓东曾存有两座高大土冢,三座墓葬坐落在一个东西向的土阜之上,由东向西一字排列,温穆王墓

---

① 《明史》仅载有七世七王。《明熹宗实录》载:八代原武王肃湧于天启六年袭封(《明熹宗实录》卷七十二,天启六年六月壬午,校印本《明实录》第70册,第3487、3488页)。

在最西端，三座墓葬被当地村民合称为"三子台"。根据其排列顺序推测，温穆王墓东侧的两座墓可能是温穆王之父、祖——端和王墓和庄惠王墓。

过"三子台"向东约200米处为坟上村，该村原名原武坟村，村北也曾存有土冢一座，人称"原武王坟"，惜不知是何代原武王。另外，坟上村西南方向约150米处原有庙宇一座，供奉白衣观音神像，俗谓之"白衣阁"。庙东土岗上有墓葬一处，亦被当地人称为"王坟"，20世纪90年代被不法人员盗发。据了解，该墓坐北朝南，青砖起券，单室玄宫，墓门上部建有仿木门楼，和温穆王墓极其相似，据其地望推测，墓主可能是原武王府家族成员。

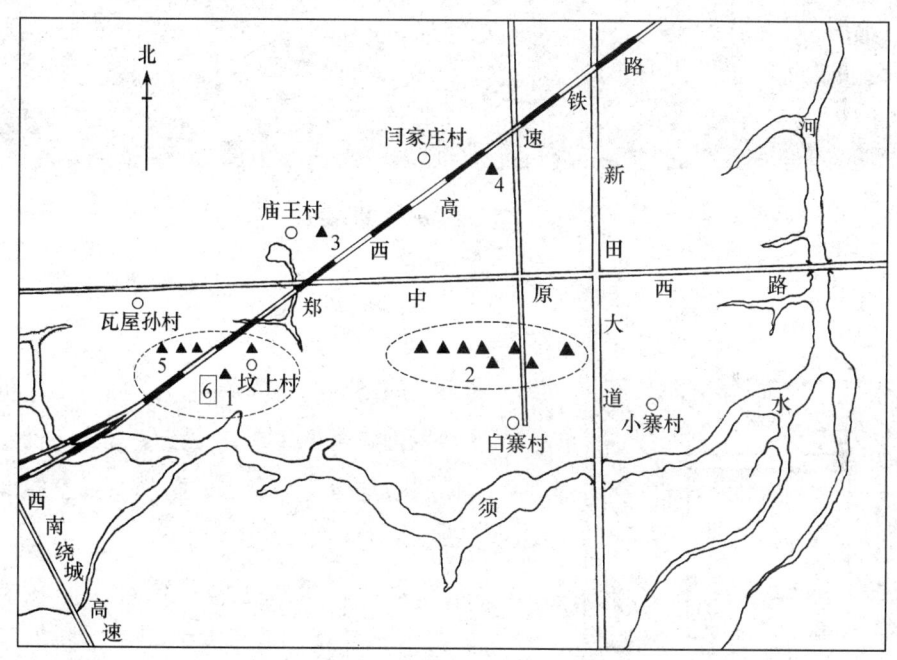

图七八　原武王府、鄢陵王府墓区示意图
1. 原武王府墓区　2. 鄢陵王府墓区　3. 庙王村东明墓　4. 闫家庄村东明墓
5. 原武温穆王墓　6. 白衣阁旧址

（一）原武温穆王墓

位于荥阳市豫龙镇瓦屋孙村东南。此墓于新中国成立之初被当地群众挖出，河南省文物工作队曾作过调查。因该墓早年被盗，仅存墓志和布满墓室内壁的彩色壁画。1953年，当地政府修建了一座砖瓦结构的保护房，保护房后壁有一条长21.5米的隧道，拾级而下，历四十六级可达墓底。1986年11月21日，河南省人民政府公布为河南省文物保护单位（图七九）。

图七九 原武温穆王墓现状

1. 墓葬形制

墓室距地表约7米，坐北朝南，单室玄宫，青砖砌就，东西起券，平面呈长方形。由斜坡墓道、八字墙、墓门及墓室四部分组成，方向180°（图八〇）。

斜坡墓道位于墓室南部，长宽尺寸不详。墓道尽端为墓门，门外有朱饰八字墙两道，墙脊有砖雕瓦垄。八字墙中部为拱券墓门，上部建有砖雕庑殿式仿木门楼一座，门楼上有砖砌瓦垄、条脊，下有檐缘、斗拱、普柏枋、垂柱等，两垂柱之间有砖雕花形门簪四朵。门高2.18米、宽1.30米。券门内部装有青石门两扇，高2米，宽0.75米，厚0.08米，可以启闭。

墓室正中近门处有长方形石供桌一张，现已损坏，供桌之后为雕花石棺床，棺床呈方形，边长2.9米。墓室北壁有一圆形盗洞，后壁下方正中和东西两壁距南壁1米处

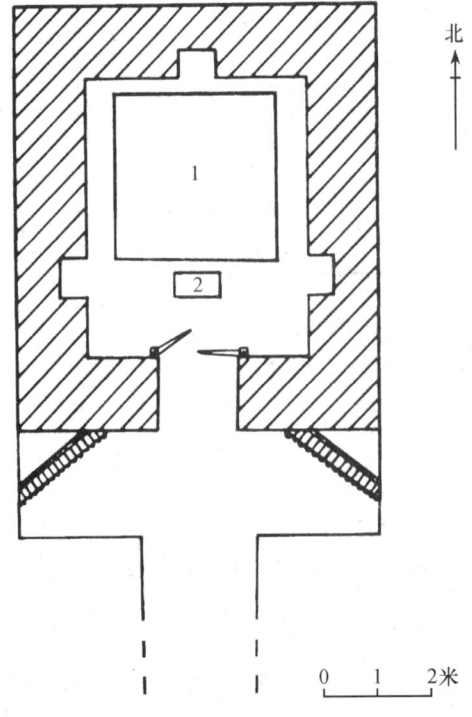

图八〇 原武温穆王墓平面图
（据相关数据绘制）
1. 棺床 2. 石供桌

各有壁龛一个。墓室内部南北长 6.30 米，东西宽 3 米，高 3 米。

整个墓室除南壁之外，其余墓壁及券顶布满了彩色佛教题材的壁画①。其内容当为西方极乐世界庄严圣境。

北壁正中壁龛之上绘一身穿通肩袈裟的释迦牟尼佛，结手立于莲花座上，面相端庄慈祥，头后有椭圆顶光，背后亦有椭圆形背光，顶光、背光外饰火焰纹（图八一）。佛像右侧立有迦陵频伽，单头，鹤身，凤尾。迦陵频伽身旁为一俯首立姿仙鹤（图八二），再下方为白象一只；佛像左侧为共命鸟，双头，同样为鹤身，凤尾（图八三）。其身旁也立有一只俯首立姿仙鹤，下方为一麒麟，

图八一　释迦牟尼佛像

怒目圆睁。白象和麒麟左右皆绘有灵芝、莲花等仙草图案。最下方近底部是用蓝白颜色绘出的起伏波动、浪花前涌的水纹。

图八二　迦陵频伽

图八三　共命鸟

---

① 郑州市博物馆：《荥阳二十里铺明代原武温穆王壁画墓》，《中原文物》1984 年第 4 期。

东壁近北壁处绘有释迦牟尼佛结迦坐于莲花台上，身着通肩袈裟，右手持钵，左手曲中指上伸，头后有近圆形顶光，背后为横椭圆形背光。头顶有一道仙气，气中五人。第一人蓄长须，身着帝王衣冠，疑似男墓主。第二人面目清秀，着王妃衣冠，似女墓主，其余三人似墓主人亲友（图八四）。佛陀左侧绘有上下两排前来赴会的菩萨、天女、罗汉、比丘僧、比丘尼、优婆塞、优婆夷等。菩萨和颜悦色，着五色衣；天女眉清目秀，着华服；罗汉面目威严，除下排自左向右第三像披帛赤臂外，余皆身披通肩袈裟。上排人物立于云浪之中，头后都有近圆形顶光。下排人物坐于碧波中莲花之上，顶光、背光均为椭圆形。除上排第一位菩萨手执如意外，余皆合掌面佛。佛像上方绘有祥云殿堂，亭台楼阁，飞雾云霞，仙鹤翔鸣，还有铃钟等法器。

图八四　东壁画面（局部）

西壁内容、布局与东壁相似。惟佛陀作诵经状，合掌而坐，空中楼阁式样与东壁稍有不同。中部绘有各种乐器，有笛、鼓、云锣、卦板、琵琶、箫、笙、秦琴、定音锣等。其余皆与东壁画面对称。

墓顶绘日月星斗、团云及仙鹤（图八五）。南端绘明月一轮，做缺月状，北端绘红日一轮，与明月遥相呼应。团云中间缀以星斗，轻雾缭绕，宛然一幅天国景象。

图八五　墓顶画面（局部）

2. 遗物

该墓早年被盗，仅出土墓志两盒。

2.1　明册封周藩原武温穆王圹志铭

青石，盖高71.5厘米，宽70厘米。志高71.5厘米，宽69.5厘米；盖文4行，满行4字，篆书（图八六）；志文49行，满行54字，正书。录文如下：

志盖：明册封周藩原武温穆王圹志铭

志文：明册封周藩原武温穆王圹志铭

赐同进士出身征仕郎工科右给事中前吏科给事中翰林院庶吉士眷生张同德撰

赐进士第朝列大夫奉敕分守河东道协理粮储监督盐法山西等处承宣布政使司左参议前兵科给事中眷生和震书

赐进士出身文林郎南京太常寺博士眷生陈胤丛篆

周藩本支之盛，诸藩莫敢望，多而且贤，亦无如同宗。乃敦厚好礼，克咸世德，则皆称原武温穆王。温穆王者，端和王子也。始祖则安懿王，安/懿王父曰/周简王，简王父曰/周定王，定王父则/太祖高皇帝。简王初封祥符郡王，/宪王薨，祥符入继藩封，安懿之分封也，实祥符故邸云。安懿王生康僖王，康僖王生恭顺王，恭顺王生庄惠王，庄惠王生端和王。端和王妃/陈氏，嘉靖三十一年二月二十六日酉时生温穆王，是为/高皇帝八世孙。王生七年，/赐名曰朝㙷，别号凤

图八六 原武温穆王墓志盖拓本
（荥阳市文物保护管理所供图）

山。初封王长孙，寻封王长子。万历十九年/上命兵科给事中薛三才、中书舍人翟思祯/册封为原武王。又十七年，是为万历三十五年三月十八日未时，王以疾薨，得年五十六。讣于/朝，辍钟鼓一日，遣官谕祭营葬，议谥曰温穆。颁之咸如/制。王温恭岂弟，厚于天伦，事端和王及母妃，侍寝膳，适起居，愉愉修色养。端和王病，王日夜侍左右，药粥必尝乃进，不假手于人。目不交睫，/衣不解带者百余日。号泣吁天，蕲减筭以益端和寿。居丧哀毁瘠甚，倚庐三年不入宫寝。追居母妃丧，亦无异丧端和王时。将军岐山，王/弟也，友爱笃至，同居终身。食饮起居，未尝少间。将军中尉乞请名封，皆由各郡王保勘，他王必/征贿于各宗。视其赢缩，以为迟速。王曰：吾/世袭郡爵。统率公族，凡隶宗盟，孰非吾伯叔兄弟子姪，奈何因以为利而使彼有觖望，不得早沾封禄，吾何辞以谢宗祧。无论贫富皆为/代请，一亡所责。宗族中婚不能举者，助之赗，丧不能举者，予之赗。久讼不决者，谕之亲睦而平其愤争。原武诸宗有所赖，藉感化而劝于/为善。郡邑数因水旱之灾，继以疾疫，王设糜以饲饿者，施钱谷以给贫者。病者予之药，暴露者予之槥。免田租千余金以苏佃民，前后捐/金数百两，钱数百缗，谷千余石。自宗族以至齐民及茕独无告者，无不取赡于王。王爱礼士大夫，不难折节下之。隆其礼貌，修其庭实，丰/其燕好，彬彬乎敬而有文也。台省藩臬，以至郡邑长吏文学之官、乡士大夫，以至海内缙绅、湖海之客，莫不愿与王交欢。性好节俭，量其/奉入之额，以制其所出。自祭祀、燕享、颁赏以及米盐布帛之细，皆亲为裁酌，亡所妄用。生平于声色、狗马、六博、蹋鞠，一无嗜好，惟集古图/书墨迹，广植花木，叠石引水，备湖山之观。时设觞觥客，巡畦分径，浮白引满，欢洽竟夕。王色愉貌庄，终宴不失尺寸。部使者秀水□公廉察/周藩诸宗，无如原武贤，具疏/请加/奖谕为诸王劝。/上赐玺书，遣使劳以羊酒彩币，给价树坊/旌焉。王体腴神凝，加之以温厚，意必享遐龄。乃偶患胃疾，延医弗效也。长子兄弟匍伏走望，冀王有序。王曰：人谁不死，岂无生之患，惟患修/名弗立耳。余假灵于先王，获奉宗庙十有七年，懔懔焉大惧，弗兢陨越于下以忝先王。今幸克荷负担，无坠先绪，无谤于国人，无辱于士/大夫，复徼/天子之休命，世世荣之，殁也何憾。妃张氏，通许明经封南城兵马副指挥中斋公体损女。子五：在锛，封王长子。配李氏，封夫人，早卒。继配马氏，/封夫人，杞县孝廉云麓君从龙女。在钲，封镇国将军。配王氏，封夫人，国咸继斋君化洽女。在锩，未受封，先卒。二幼未名，俱先卒。女四，一封/安众县主，配仪宾李世菲，武定守雍川公孙。一配李学文，国咸明经微庵君奋庸子。一字马呈范，户部主事禹州嵩岳君憨子。一字白启/华，游击将军天池君一龙子。俱未封。孙男五：长子出者一，幼未名。肃潏、肃湘。二幼未名。孙女二，幼未字，俱仲子将军出。长子锛，卜吉于王/薨之再逾年三月四日，葬于荥阳县槐中保之原，偕仲子钲杖而过不侫，兄弟泣曰：先王不毂，幸得介而交于两先生，两先生不弃先王/而与之游，先王敦德勤行，克先厥绍，诚信于士大夫，文献无征，何恃不朽。惟是春秋窀穸之事，愿徼宠于先生惠顾前好，铭诸隧道之石，/岂曰藐孤之为，先王实嘉赖之。郡守兄乃为状，而命不侫志之铭之。盖不侫自罪废还里，王造门相问，设醴相招。余/兄弟岁时从王游，于今十余年。王温文恭让，言若不出诸口，逸逸乎君子也。贵不期骄，禄不期汰。怙势蔑德，士大夫或不免焉。王曳玉垂冕，享有世禄，而孝友/敦睦，亲贤尚义，孳孳不懈于好修。东平、北海、淮南、河间，无得专美于前矣。士民诵谊，光映玉牒，令闻长世，结为大年。王也，其不没矣。王嗣/伯仲，英英兢爽，金辉玉润，克绍前徽而益光大之。王之垂休，岂不远乎！铭曰：

圣祖建侯，天造周邦。巍巍大藩，亦世弥昌。宪王承统，弗延厥世。兄弟更王，简乃入继。是生安懿，肇封原武。朱邸崇宫，往即故宇。世有哲/王，悬昭明德。显显温穆，益弘先烈。好义敦伦，乐善无厌。赫赫鸿名，煌煌/帝眷。光启后贤，式我王度。麟趾振振，有秩斯祜。槐中之原，朣朣新阡。钟祥毓秀，向林负山。葆羽龙幡，玉甓金棺。诸灵护之，万世永安。

　　不肖男在锛等泣血纳石

2.2 明册封周藩原武温穆王元配张太妃合葬圹志铭

仅存志盖。盖高73厘米，宽73厘米。盖文5行，满行4字，篆书"明册封周藩原武温穆王元配张太妃合葬圹志铭"20字（图八七）。

（二）原武某郡王墓

位于今郑州市中原区坟上村北，当地人称原武王坟，墓主身份不详。坟上村南尚存有石像生数件（图八八），有石马2件、石羊2件、石虎1件、石坊顶1件及其他雕花石刻残块。

图八七 原武温穆王妃张氏合葬墓志盖拓本
（荥阳市文物保护管理所供图）

图八八 原武某郡王墓神道石刻

1. 遗物

1.1 石雕

散存于坟上村南，均为青石。

牌坊顶 1件。单檐硬山，浮雕瓦垄，剖面呈梯形，其中一端有长8厘米，直径16厘米的柱状石卯，坊顶通长207厘米，脊宽16厘米，下部平面宽50厘米，高24厘米

（图八九，1）。

石羊　2件。其中一件保存较好，另一件残损严重。保存完好者神情温顺，两只羊角卷至耳下。身高96厘米，长120厘米，底座长98厘米，宽37厘米，厚15厘米（图八九，2）。保存较差者面部表情不详，高103厘米，长100厘米，底座长93厘米，宽39厘米，厚13厘米。

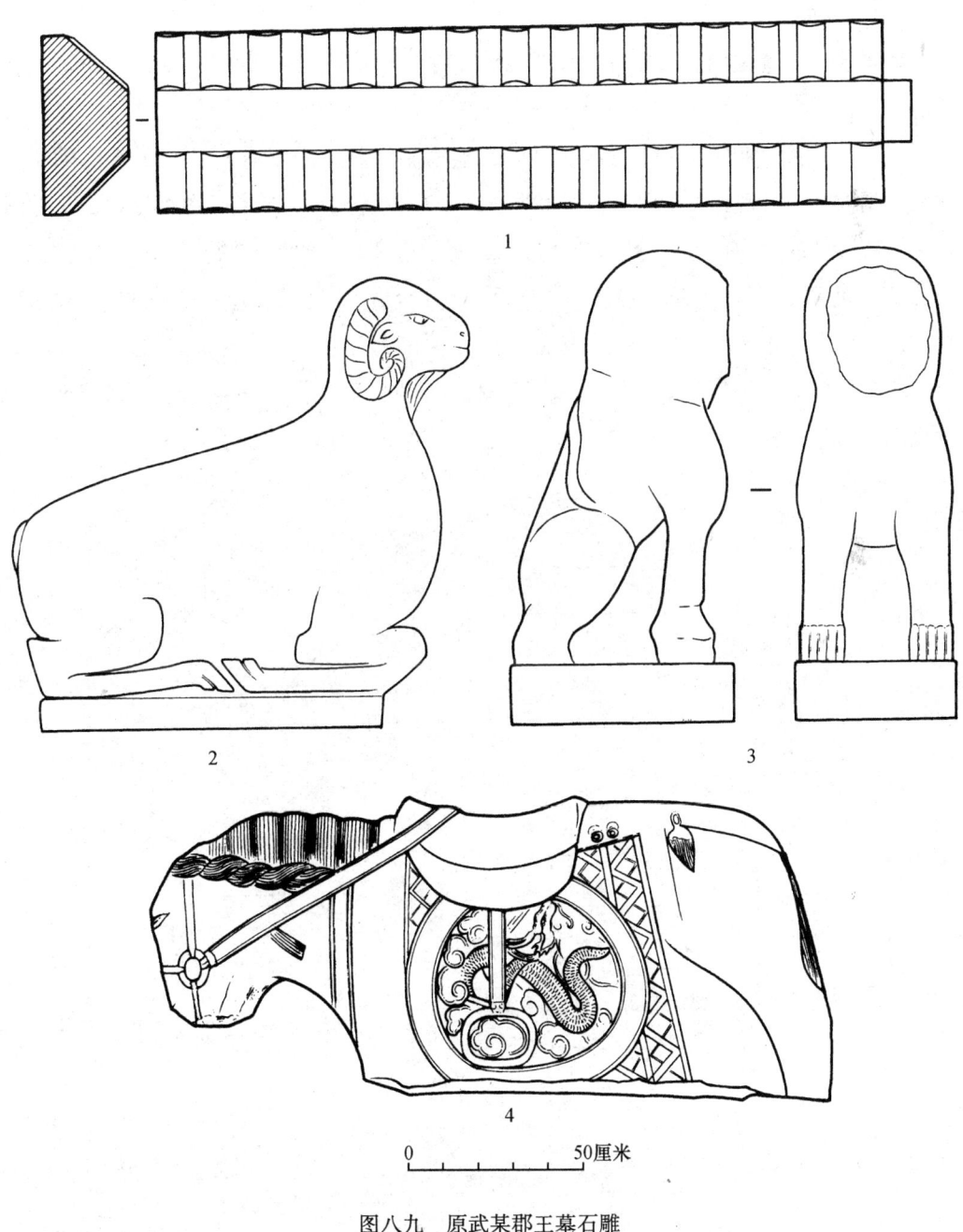

图八九　原武某郡王墓石雕
1. 牌坊顶　2. 石羊　3. 石虎　4. 石马

石虎　1件。面部残损，蹲姿，细尾曲于背后。通高130厘米，底座长58厘米，宽46厘米，厚16厘米（图八九，3）。

石马　2件。残损严重，垂头恭立，双目圆睁，披鬃，带络头，口衔镳，颈系缨穗，背披马鞍，身置鞒鞯。鞍垫纹饰繁缛，浮雕云龙纹。保存较好者残高80厘米，身长195厘米，宽38厘米（图八九，4）。另一件残高90厘米，残长160厘米，宽36厘米。

1.2　采集遗物

地表残存少量建筑瓦件，有泥质灰陶和釉陶两种。可辨器形有板瓦、筒瓦、花砖等。

筒瓦　3件。釉陶，胎体为泥质红陶，器表施绿釉，内壁有布纹。原武坟采：1，残长8厘米，瓦口残宽7.4厘米，厚1.8厘米，瓦唇残长1.4厘米（图九〇，1）；原武坟采：2，内壁残存有白灰，残长7.2厘米，瓦口残宽8.8厘米，厚1.8厘米（图九〇，2）；原武坟采：3，瓦当残。残长5.2厘米，瓦口残宽8厘米，厚1.8厘米（图九〇，4）。

花砖　1件。原武坟采：4，釉陶，胎体为泥质红陶，器表施褐绿釉，有粘釉、流釉现象，模印花卉。残长5厘米，高8.5厘米，厚3.2厘米（图九〇，3）。

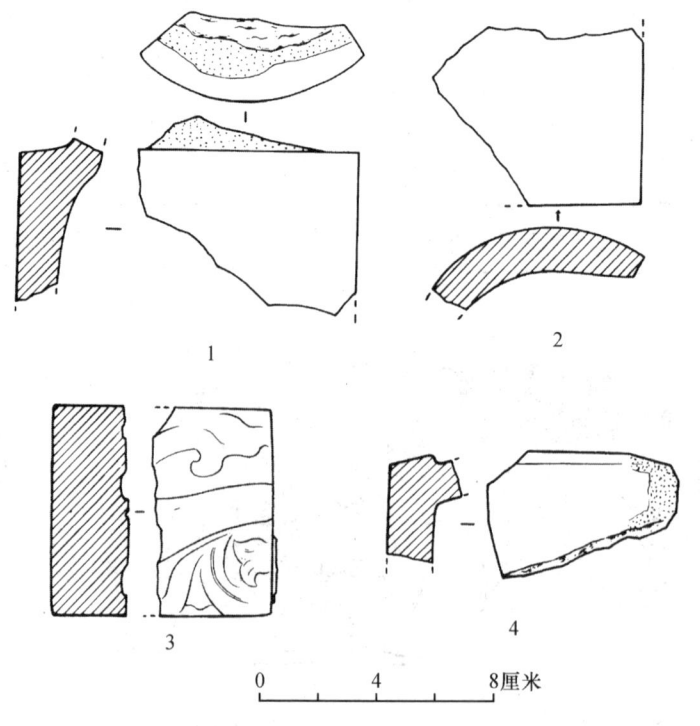

图九〇　原武某郡王墓采集遗物
1、2、4. 筒瓦　3. 花砖

三、鄢陵王墓

  鄢陵郡王始封王名子堅，简王庶四子，正统六年（1441年）封，成化二十一年（1485年）薨，谥安僖，传袭八世八王。通过调查得知，鄢陵王府墓区在今郑州市中原区须水镇白寨村北土岗之上，即所谓"八里岗"者。该地背依岗阜，南临须水河，地势由北向南倾斜。鄢陵王府历代郡王葬于此岗，由东向西一字雁翅排列。新中国成立初期，该地尚存数座土冢，约略八座之多，20世纪50年代被平毁。根据出土墓志可知，该地葬有第三代鄢陵端僖王及妃李氏和第四代鄢陵恭昭王长子暨夫人麻氏。由于资料匮乏，以上这些墓主的墓位已无从考证，现将出土墓志介绍如下。

  鄢陵端僖王圹志铭为青石，现存郑州市中原区须水镇孙庄村①。盖佚，仅存志石。志高69厘米，宽69厘米，厚8.4厘米。志文28行，满行32字，正书（图九一）。录文如下：

  志文：大明周府鄢陵端僖王圹志铭
  赐进士亚中大夫浙江布政司右参政妃弟李士允撰
  赐进士中奉大夫江西布政司右布政使扶台曹嘉书
  赐进士奉政大夫周府左长史前御史大梁熊爵隶

  鄢陵端僖王者，靖简王嫡长子也。靖简王父曰安僖王，安僖王父曰周简王，简王/父曰定王。初/高皇帝王诸子也，定王封于梁，国号曰周。而定王于/文皇帝为同母弟，是故周于诸藩为最亲，恩礼特盛。王讳安沆，母妃张氏。正德十六/年八月二十二日，/上遣靖远伯王瑾、行人庞淳/册封为王。王生有至德，虽身居尊荣而心如寒素，故自号曰养素云。生平无一言/欺人，亦无一言忤人，宴饮酒欢声乐杂进，而王终始不乱。其事父靖简王也，王/盖发班班矣，严慕如儿时。曰五镇国者，王同母弟也。靖简钟爱之，尝夺王第与/之，王没齿无怨言。王妃李氏，奉政大夫李环女。母曰沈氏，封太宜人。王子十人，/睦枸封长子，睦槫、睦樱、睦枞、睦楞、睦柜、睦榴、睦机、睦柄、睦榆皆封镇国将军。女/五人，文安县主配仪宾张隆，铜陵县主配仪宾孙翰文，闽清县主配仪宾郭臣，/万宁县主配仪宾王元祐，南海县主配仪宾刘麒。孙男四十五人，孙女三十三/人，曾孙男九人，曾孙女八人。岁时上寿，锦衣玉带，辉映殿庭，宗藩中所希有者。/王生成化八年十二月初十日午时，薨嘉靖十八年闰七月十三日未时，年六/十八岁。薨之日，城中男女

---

① 有言鄢陵端僖王墓位于须水镇孙庄村东者，误。墓志载：鄢陵端僖王"葬荥阳县槐东保之原"，孙庄村在明清时期属须水保。

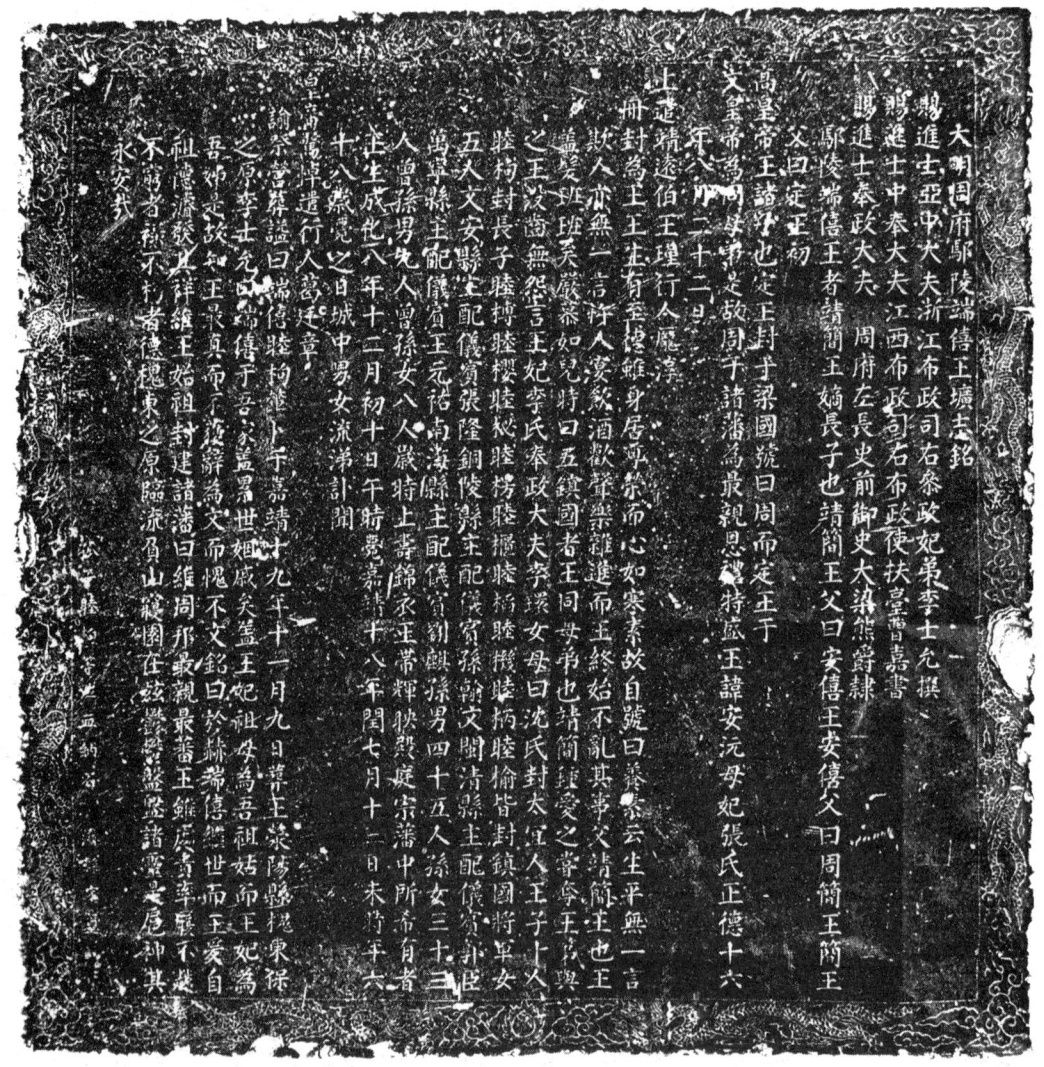

图九一 鄢陵端僖王墓志拓本

流涕。讣闻，/皇帝惊悼，遣行人葛廷章/谕祭营葬，谥曰端僖。睦柯辈卜于嘉靖十九年十一月九日，葬王荥阳县槐东保/之原。李士允曰：端僖于吾家盖累世姻戚矣。盖王妃祖母为吾祖姑，而王妃为/吾姊，是故知王最真，而不获辞为文，而愧不文。铭曰：

  于赫端僖，继世而王。爰自/祖德，浚发其祥。维王始祖，封建诸藩。曰维周邦，最亲最蕃。王虽处贵，率履不越。/不穷者禄，不朽者德。槐东之原，临流负山。寝园在兹，欝欝盘盘。诸灵是扈，神其/永安哉！

  孤子睦柯等泣血纳石　　浚县宋玺镌

鄢陵端僖王妃李氏合葬圹志铭为青石，现存荥阳市文物保护管理所，盖佚。志高69.5厘米，宽69.5厘米。志文34行，满行40字，正书（图九二）。录文如下：

图九二　鄢陵端僖王妃李氏合葬墓志拓本
（荥阳市文物保护管理所供图）

志文：明周府鄢陵端僖王妃李氏合葬圹志铭

赐进士出身通奉大夫陕西布政使司左布政使侄李蓁撰并书石隶盖

鄢陵端僖王妃者，蓁之长姑母也，嘉靖丁巳暮春三月薨于正寝。讣闻，/皇帝遣官谕祭葬，悉如昭典。越明年戊午，其嗣王睦柯等谋襄葬事，于是率诸子若孙，诣余仲父大卿而/请铭焉。仲父乃命蓁曰：余老且病，不可以笔，汝姑有淑德懿行，汝以耳目所睹，记之大者，志之。蓁受/命而退曰：铭以颂德，志以垂远，余小子不文，不文不远，何敢志，何敢铭？于是嗣王等涕泣相向再拜/而言曰：噫，子何辞？柯之曾祖母安僖王妃为子曾祖姑，而吾母妃为子之姑，吾与子之姻戚非一世/矣，子何辞？于是感泣拜命曰：往，蓁之丧余考也，参议关中，罔亲含敛，每抱终天之恨。时吾姑母百方慰解之，俾不灭性。比姑母之薨也，蓁复使关中，不获面侍永诀，今幸解组归田，得与会葬，顾复敢以/不文辞？为之志，为之铭。姑李姓，父讳环，奉政大夫。母沈氏，封太宜人。篆之大父、大母也。姑未诞时，大/母梦神授玉环，觉而生姑。姑生而淑慎端贞，蚤娴内则。平时未尝妄一嬉笑，望之者皆知其为大贵/人矣。年及笄，而选为端僖配，时端僖为长子，姑封夫人。其归宫壸也，事公靖简王、姑张太妃，孝敬有/礼，终始罔替。正德辛巳，册封端僖为王，姑为妃。其事端僖也，敬慎如宾，无异初归时。端僖性宽/厚，事惟总其大者，而宫中之事，无纤巨，悉姑综理之。宫中雍雍肃肃，无喧哗，无怨怼。侍妾之有子者/益善视之。而视诸子若女，一如己出。然勤俭率下，不以贵移。衣裳手纴，或至再浣。至于敦睦宗姓，周/恤昏（婚）丧，虽数十百金之费，亦无少吝惜。而诸宗藩宫壸之称贤者，罔不宗仰之为姆范焉。迨自端僖/之薨也，奉诏进太妃。居常蔬食练衣，减损服饰，非令节不冠帔。岁时上寿，戏绵逾百人，姑抚之/未尝不乐，亦未尝极乐。曰：我固未亡人耳。时训嗣王等读书好礼，崇俭尚贤。是故梁士大夫乐与嗣/王游，而嗣王为诸宗称最。呜呼！往余大父、大母之在堂也，姑每岁时归宁问遗，年几七十而不辍，然/未尝以铢两之财私遗焉。姑寿逾八望九，素□康豫。丁巳季春忽语嗣王曰：七十古稀，吾年逾八十，/无德可称，无失可指，可无憾于九泉矣。然吾李，儒家也，吾没之后，毋崇侈靡，毋作浮屠，毋予言是违。/至二十三日寿辰忽病眩，逾二日遂薨。薨之日，藩郡谓失母仪，若长若少，哀慕皇皇如不及。呜呼！若/吾姑者，虽古之贤妃淑媛，昭著史册者不多见焉。子男十人，嗣王睦㭎，次睦樱、睦稻、睦机，嫡出。睦榑、/睦柲、睦楞、睦柜、睦柄、睦榆，庶出。皆封镇国将军。女五人，文安县主，配仪宾张隆；铜陵县主，配仪宾孙/翰文；南海县主，配仪宾刘麒，嫡出；闽清县主，配仪宾郭臣；万宁县主，配仪宾王元祐，庶出。孙男勤烶/等四十八人，孙女渭溪县主等三十八人，曾孙男朝坿等六十六人，曾孙女欢洲郡君等七十人，玄/孙男三人，玄孙女三人，名封爵秩如制典。端僖生成化八年十二月初十日午时，薨嘉靖十/八年闰七月十三日未时，年六十八岁。妃生成化十一年三月二十三日辰时，薨嘉靖三十六年三/月二十五日辰时，年八十三岁。睦㭎辈卜于嘉靖三十七年十二月十八日启端僖王之圹而合葬/焉。往，端僖王之薨也，余仲父铭其圹，已详其世系矣。是故，余今志之，不复悉也，□矣。铭曰：

于维大妃，贞淑有恒。偕于端僖，惟德之行。溯古太姒，不妒不忌。樛木螽斯，徽音是嗣。太妃□灵，遗范/作刑。千秋万祀，永仰德馨。槐东之阳，厥维秀岗。寝园在兹，郁郁苍苍。珠联璧合，二神俦伴。山高水长，/令名无疆兮。

孤哀子睦㭎等泣血纳石　　　浚县宋宁镌

郑州中原区须水镇白寨村存有《明周藩鄢陵恭昭王长子梧亭公暨配夫人麻氏合葬

圹志铭》志盖一方①。盖文6行，满行4字，篆文"明周藩鄢陵恭昭王长子梧亭公暨配夫人麻氏合葬圹志铭"24字（图九三）。

图九三　鄢陵恭昭王长子暨配夫人麻氏合葬圹志

四、沈丘王墓

沈丘郡王始封王名同𨰥，懿王庶二子，成化元年（1465年）封，正德七年（1512年）薨②，谥荣戾，传袭五世五王。经过调查得知，沈丘王府墓区位于荥阳市贾峪镇武庄村南、鲁庄村西一带，早年曾存多座土冢，后被平毁③。

目前可以确定的仅有沈丘荣戾王墓，位于荥阳市贾峪镇武庄村南砖厂废址内。该墓坐北朝南，墓前曾存神道石刻，计有望柱2件、石羊2件、石虎2件、石马2件，文官、武将各2件，东西对列，现被移至当地文博部门保存。该墓附近曾出土沈丘荣戾

---

① 鄢陵恭昭王长子名勤𤏸，嘉靖七年被封为长孙，二十一年封长子，隆庆五年未袭封而薨。
② 《明史》载为正德元年薨（清·张廷玉等：《明史》卷一百，《表第一·诸王世表一》，标点本，第9册，第2565页，中华书局，1974年），《明诰封沈丘荣戾王夫人宋氏墓志铭》载为正德壬申（即正德七年）薨，《明武宗实录》亦载为正德七年薨（《明武宗实录》卷八三，正德七年春正月丁卯，校印本《明实录》第35册，第1802、1803页）。今以出土墓志为准。
③ 乾隆《荥阳县志》载，武庄村南明墓为鄢陵王墓。当地政府亦于1986年以"鄢陵王墓"之名公布为荥阳市文物保护单位。通过调查，鄢陵王府墓区在郑州市中原区须水镇白寨村北，不在此。另外，《二十世纪郑州考古》一书认为此墓为邬陵王墓（郑州文物考古研究所：《二十世纪郑州考古》，第247、248页，香港国际出版社，2004年）。查周藩世系，无邬陵王府，此墓被指为邬陵王墓，不知何据。

王夫人宋氏墓志一盒，志载宋氏"祔葬于荣戾王之冢旁"。

（一）墓葬形制

2011年初，当地文物部门为配合江河重工有限公司基本建设，对沈丘荣戾王墓进行考古勘探（图九四）。勘探表明，该墓坐北朝南，由斜坡墓道、砖砌墓室两部分组成，墓道方向180°。

图九四　沈丘荣戾王墓钻探现场

斜坡墓道位于墓室南部，南端被压在临时建筑之下，目前所见口部平面长25.5米，宽3.2米，南端深2.7米，北端深12米。

墓室位于墓道北端，建在土圹之中。墓圹南北长12.5米，东西宽11米，墓室顶部距地表约8.6米。墓室为单室玄宫，青砖砌就，东西向起券，由于钻探条件所限，其具体尺寸不详。

（二）遗物

1. 墓志

沈丘荣戾王夫人宋氏墓志为青石。志、盖均高60厘米，宽60厘米。盖文4行，满行4字，篆书（图九五）；志文25行，满行32字，正书（图九六）。录文如下：

志盖：明诰封沈丘荣戾王夫人宋氏墓志铭

志文：明诰封沈丘荣戾王夫人宋氏墓志铭

赐进士出身奉政大夫山西等处提刑按察司佥事致仕大梁李濂撰

赐进士第中奉大夫江西等处承宣布政使司右布政使扶沟曹嘉篆

甲午举人金华陆柬书

夫人宋氏者，大梁宋祥之女也。母刘氏。夫人生正统戊辰秋七月二十二日。少敏慧/寡言，容仪端饬，父母钟爱之，择所宜归，弗轻许人。周藩沈丘王闻其

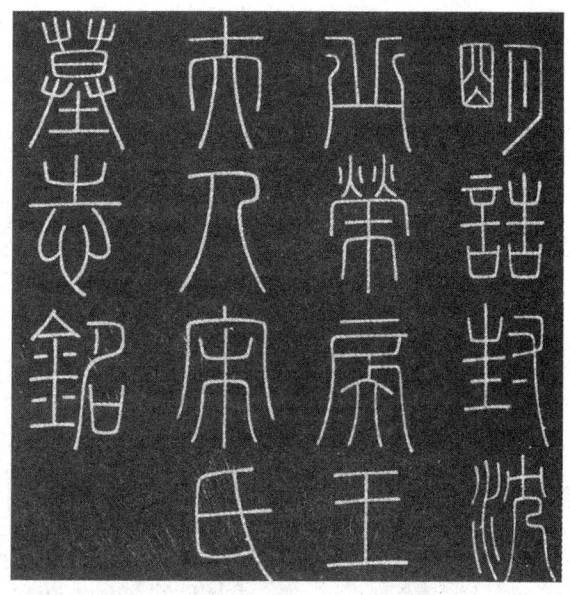

图九五　沈丘荣戾王夫人宋氏墓志盖拓本

（采自《荥阳文物志》，中州古籍出版社，2011年）

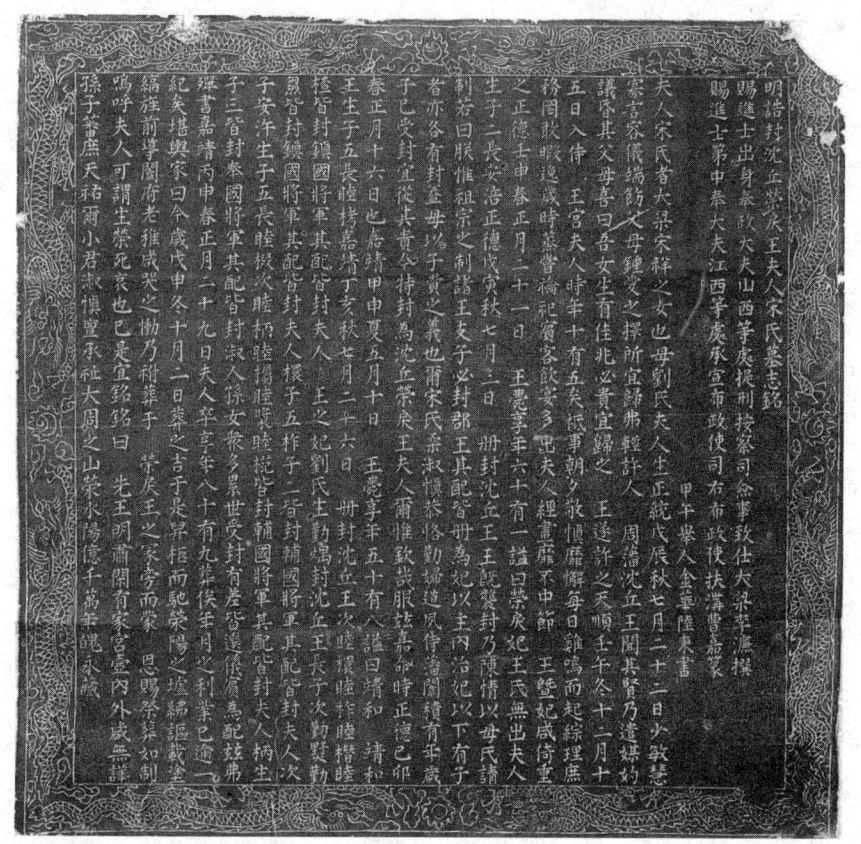

图九六　沈丘荣戾王夫人宋氏墓志拓本

（荥阳市文物保护管理所供图）

贤，乃遣媒妁/议昏。其父母喜曰：吾女生有佳兆，必贵，宜归之王。遂许之。天顺壬午冬十二月十/五日入侍王宫。夫人时年十有五矣。祗事朝夕敬慎靡懈，每日鸡鸣而起，综理庶/务，罔敢暇逸。岁时蒸尝祫祀，宾客饮宴，多出夫人经画，靡不中节。王暨妃咸倚重/之。正德壬申春正月二十一日王薨，享年六十有一，谥曰荣戾。妃王氏无出。夫人/生子二，长安涪，正德戊寅秋七月三日册封沈丘王。王既袭封，乃陈情以母氏请。/制若曰：朕惟祖宗之制，诸王支子，必封郡王，其配皆册为妃，以主内治。妃以下有子/者，亦各有封。盖母以子贵之义也。尔宋氏柔淑慎恭，恪勤妇道，夙侍藩闱，积有年岁。/子已受封，宜从其贵，今特封为沈丘荣戾王夫人，尔惟钦哉，服兹嘉命。时正德己卯/春正月十六日也。嘉靖甲申夏五月十日王薨，享年五十有八，谥曰靖和。靖和/王生子五，长睦楞，嘉靖丁亥秋七月二十六日册封沈丘王。次睦檈、睦柞、睦橬、睦/楂，皆封镇国将军，其配皆封夫人。王之妃刘氏生勤熽，封沈丘王长子。次勤熨、勤/熨，皆封镇国将军，其配皆封夫人。檈子五，柞子二，皆封辅国将军，其配皆封夫人。次/子安汧，生子五，长睦椵、次睦柄、睦檷、睦桨、睦椛，皆封辅国将军，其配皆封夫人。柄生/子三，皆封奉国将军，其配皆封淑人。孙女众多，累世受封有差，皆选仪宾为配。兹弗/殚书。嘉靖丙申春正月二十九日夫人卒，享年八十有九。葬俟年月之利，业已逾一/纪矣。堪舆家曰：今岁戊申冬十月二日葬之吉。于是舁柩而驰荥阳之墟。绋讴载途，/缟旌前导，阖府老稚，咸哭之恸。乃祔葬于荣戾王之冢旁，而蒙恩赐祭葬如制。/呜呼！夫人可谓生荣死哀也已！是宜铭，铭曰：

先王明肃闲有家，宫壸内外咸无哗。/孙子蕃庶天祐尔，小君淑慎亶承祉。大周之山荥水阳，亿千万年魄永藏。

2. 石雕

现存3件，藏于河南博物院，均为青石，雕工较为粗糙。

文官 1件。表情凝重，头戴三梁冠，冠上有额花，贯笄，冠带结于颔下，身穿宽袖长袍，袖胡过膝，腰束革带，身前、后带下垂有花结长帛，脚着舄，双手捧笏。高201厘米，宽56厘米，厚28厘米（图九七，1）。

武官 2件。冠服与文官相同，惟身前带下无花结长帛，双手拄剑，剑无鞘饰。其中一件高187厘米，宽56厘米，厚33厘米（图九七，2）；另一件高201厘米，宽58厘米，厚28厘米（图九七，3）。

图九七 沈丘荣庆王墓神道石刻
1. 文官 2、3. 武官

五、南陵王墓

南陵王名睦㮒，字梅甫，号云楼，悼王庶九子，正德八年（1513年）封，隆庆元年（1567年）薨，谥庄裕，无子，封除。康熙《郑州志》载："明南陵王墓在州西七里，冢前有周王崇易碑。"[①] 民国《郑县志》亦载如此[②]。具体位置在今郑州市金水区沙口路东王府坟村西北，墓冢无存。墓前存有石人4件、石羊2件、石马2件和石碑3通，现均移至郑州市文物考古研究院保存。从出土资料来看，此墓为南陵庄裕王与王妃李氏、继妃宗氏及俟妃樊氏合葬墓。

---

① 清·何锡爵修，徐杜纂：《郑州志》（重印本名《康熙郑州志》）卷二，《舆地·陵墓》，第30页，中州古籍出版社，2006年。
② 民国·周秉彝修，刘瑞璘纂：《郑县志》（重印本名《民国郑县志》）卷二，《舆地·陵墓》，第58页，中州古籍出版社，2005年。

（一）寝园遗址

南陵庄裕王墓寝园坐北朝南，由于破坏严重，其原有形制不详。据当地老者告知，20 世纪 60 年代之前，墓前尚有神道石像生、碑刻及封土，1962 年～1963 年进行基本建设时被毁。

据介绍，神道原有石刻 10 件，东西对列，由南向北依次为望柱、石羊、石马，石马北部有文官武将 4 件，文官武将有青白石之分，文官居东，武将居西，南部为青石，北部为白石。神道北部有汉白玉石碑两通，东西一字排列，分别为东宫赐祭碑和钦赐祭文碑。封土正南有青石方趺圆额神道碑一通，碑文系周王崇易主人（按，周端王号崇易主人）所撰，历述南陵王事迹（图九八）。

图九八　南陵庄裕王墓石碑

（二）墓葬形制

南陵王墓于 20 世纪 60 年代被掘毁，2003 年 10 月～2004 年 4 月复由郑州市考古研究所（现郑州市文物考古研究院）进行发掘。

该墓坐北朝南，平面呈甲字形，由斜坡墓道、墓室两部分组成（图九九；图一〇〇），墓道方向 180°。墓葬开口距地表深 0.8 米。

图九九　南陵庄裕王墓室全景
（郑州市文物考古研究院供图）

斜坡墓道位于墓室南端，口部平面呈长方形，长3米，宽1.8米，坡长2.9米，坡底宽1.72米，南端深0.46米，北端深1.2米。

墓室位于墓道北部，由东、中、西三个墓室组成，墓底距地表深2.14~2.2米。由于破坏严重，东室、中室仅剩墓圹。东室底部南北长3.1米，北端宽1.6米，南端宽1.3米；中室底部南北长3.6米，北端宽2.24米，南端宽2米。两个墓室底部均铺有一层厚约2厘米的炭灰混合物，可能是作为防潮除湿之用。

墓圹内原有青石椁一口，20世纪60年代被移出，原位不详。石椁为榫卯结构，长284厘米，头端宽126厘米，高124厘米，脚端宽100厘米，高112厘米，厚14厘米（图一〇一）。石椁内置有木棺，已朽，形制不详，木棺内出土人骨两具，均已散乱，保存较差，性别不详。

西室现存有砖椁和木棺，砖椁建在竖穴土圹之中，从发掘的情况来看，西侧墓室的建造时间明显晚于东侧墓室，二次开圹的痕迹颇为明显。砖椁南北长3.42米，南端宽1.44米，北端宽1.66米，现存高度1.09米。砖椁内置有木棺，外髹朱漆，南北向放置，木棺下部为黄土，无铺地砖。棺长210厘米，头端宽62厘米，残高52厘米，脚端宽46厘米，残高40厘米，棺板厚6厘米。木棺头挡处出土铜铭旌钩1件，棺内出土玉饰3件及铜钱20枚。棺内人骨腐朽严重，性别年龄均不详（图一〇二）。

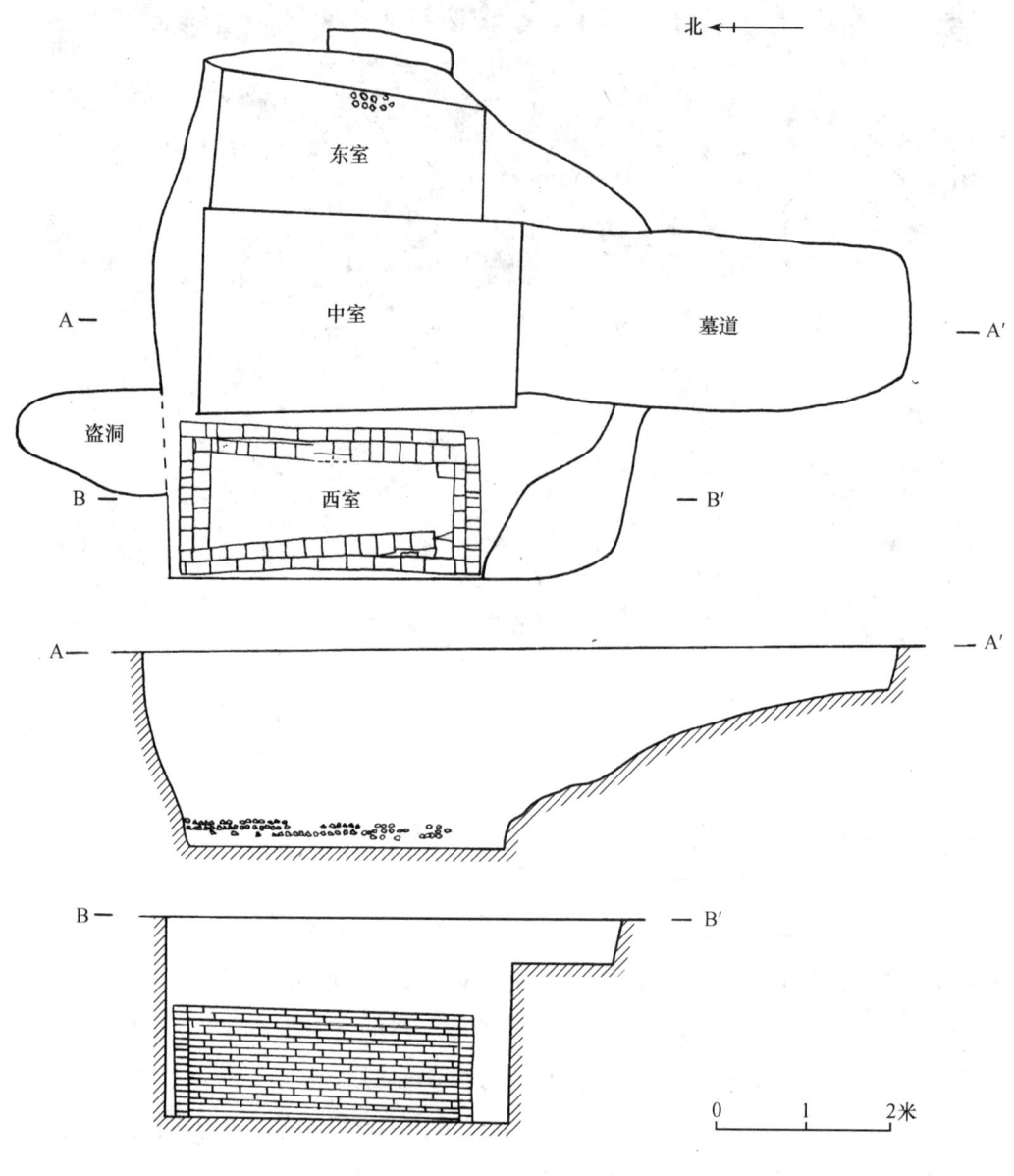

图一〇〇　南陵庄裕王墓平剖面图
（郑州市文物考古研究院供图）

根据三个墓室的排列顺序以及西侧墓室打破中部墓室的情况来看，西侧墓室所葬之人可能为南陵王俟妃樊氏。但是砖椁南端扰土中出土《明周囗南陵庄裕王合葬圹志》一盒，从志文内容来看，当是南陵庄裕王墓志，出现这种情况的原因可能是上世纪60年代被毁弃之后随意填埋所致。

除此之外，墓圹东南部出土《大明周悼王子南陵王继妃樊氏墓志铭》一盒，保存完整，惜原位不详。

图一〇一 南陵庄裕王墓石椁
（郑州市文物考古研究院供图）

图一〇二 南陵庄裕王墓西侧墓室
（郑州市文物考古研究院供图）

（三）遗物

1. 墓志碑刻

1.1 明册封南陵庄裕王墓碑

青石，方趺圆额。高273厘米，宽94厘米，厚27厘米。碑之阴阳皆有字，额篆"明册封南陵庄裕王墓碑"10字。碑阳刊周王崇易主人撰神道碑文（图一○三），碑阴中部刻守陵焚修校尉题名（图一○四）。神道碑文共28行，满行72字，正书。录文如下：

碑阳：

明册封南陵庄裕王墓碑

辛未孟秋吉旦，予坐便殿检阅经史。左右启曰：一人跪捧一本，称云南陵王行状。予命视之，称王存之日所行事也。予览毕喜而叹曰：生有德望于世，卒无一言颂扬，诚可惜而不可泯也。/按，王讳睦㮵，字梅甫，号云楼，我/太祖高皇帝六代孙。/始祖定王，分封于汴，传至予高祖悼王，生王，行第九，以亲属予曾祖叔也。据状云，当父王薨时，王在母腹，及周岁，生母周夫人亦卒，赖予高祖母抚养成立，予/曾祖恭王奏请于朝，蒙/武宗皇帝遣官持/节册封为南陵王。王赋性忠孝，自弱冠时喜读书，及出阁耽嗜诗文，与当世文学之士讲论终日，夜分不倦。每读《蓼莪》之诗至"无父何怙，无母何恃"之言，未尝不掩卷流涕而太息也。感时兴/思，恳疏拜扫，至必哀痛，护从再四劝慰。王曰：礼，与其奢也宁俭；丧，与其易也宁戚。吾幼不能尽慎终之礼，追远感叹，自不能已。居常言曰：食君之禄当忧君为忧。嘉靖二十年间，值/世宗皇帝内难，王日夜吁天叩告，愿保康宁，遣官赴南岳祈福，焚修太监疏表王诚，赐币奖劳。复值边患，供馈告竭，王将岁禄疏上输边，奉/圣旨具悉忠孝。三十八年，河南水患，民生不堪，王捐己积禄银三百两，差官呈送巡抚张都御使处，发开封府买谷量济民饥，仍疏上乞发内币赈济。时抚按、藩臬、府邑相率谢曰：汴之王/者甚盛，如王之忧国爱民则按堵而治，吾居官者亦免劳思矣。王崇儒重道，雅尚斯文，府县两庠，庙庑颓毁，遇章巡抚修葺。王曰：为吾爵者，必法先圣。吾虽未由其门，然礼义律身，皆先/圣之法也。捐百金以助工，一时宗胄咸相输助，皆王之倡也。自少至老，礼贤下士，乐善忘威，与庠友交接无少无长，相见必躬答拜，筵礼上宾。建避尘书院，每遇大比之秋，鹿鸣宴罢，设/宴举贺，八十英俊遍过其庐而谒之。交游缙绅，握手情□，未尝相干一字，其廉介若此。每念宗支蕃盛，无礼仪养心，赋税有限，供无穷之用，值林御史倡言宗藩之计，王首陈七事，/廷臣嘉猷，举而行之，备载

图一〇三　南陵庄裕王墓神道碑碑阳拓本
（郑州市文物考古研究院供图）

图一〇四　南陵庄裕王墓
神道碑碑阴拓本
（郑州市文物考古研究院供图）

条例之内。/今上御极，郑王南旋，王念其途乏，以三千金借之。或曰：三千金至多也，蓄不易也，况藩封隔府又未图息，恐难偿之。王曰：郑王，贤王也。天下人仰之，吾以义贷焉，彼必以义报也，请无言。/一时尚易迥出，千古人争美之。贵列王爵，每见宗亲，必序家礼，未尝以骄慢欺。王自度形貌渐衰，子女□无，喟然叹曰：上不能尽忠于君，下不能竭孝于亲。草不同朽，弃衰实深。将所支/禄粮一千石疏辞以补宗禄。/今上嘉其忠义，遣官/赐玺书至府褒异。是年七月，王始遘疾，百方调治未瘳，至十二月二十九日疾笃。叹曰：今立春之日又增一岁，仅足七十，死亦无憾，但受国恩四世，愧未图报，/今国主仁爱天成，谅不为睦横所弃也。至夕薨逝。讣音到府，予悯其乏嗣，遣弟安昌王及长史、承奉等官治丧如礼。讣闻，/上遣中书舍人欧阳绍庆如制祭奠，赐谥庄裕。王生而秀异，德性刚直，志大行坚，博学该物，以东平河间□期，以正心养性为要，恪遵宪度，节俭自守，不好声色，宫闱肃肃如也，交接雍雍如/也。细物巨事，自断自裁，不悦左右之助。所梓有《袖珍医方》、《李太白诗集》等书传世。王生弘治己未年十月初二日，薨于隆庆元年十二月二十九日。初配李氏，兵马指挥李秀之女，受/册封妃，早卒。次配宗氏，兵马指挥宗奉之女，册封继妃，亦卒。余妾滕未封。二妃内助淑德，前志载详，兹不复赘。予命承奉王顶修建茔园，卜于是年八月十三日迁葬于开封府郑州西/北古七里冢之域，启二妃之圹合葬。王之乏嗣无传，恐泯其行，树碑于墓。予□其状，叙其实，且为哀辞曰：

乾之德厚而康兮，古稀来臻贵且富兮；曷其失裔泯其彝常兮，朝日□悽秋风/飒兮；彤庭寂驾栢輀兮，道委蛇建素旌兮；之玄室广后土兮，安王躬缵王德兮，刻其石名垂不朽兮，万古昭斯。

隆庆五年岁在辛未中秋吉日　　周王崇易主人撰

碑阴：

　　　　教授臣于绣、许环

本府　　典膳臣宋文质、□□、王语

　　　　臣田润、张仁

　　　　前启称行状府亲张□守□住谨识并书篆建立

　　　　　　男　王一元

守陵焚修校尉　王云　弟　王继先

　　　　　　侄　王一贤

1.2 钦赐祭文碑

螭首，赑屃座。碑身为汉白玉，碑趺为青石。通高 323 厘米，额高 118 厘米，宽 113 厘米，厚 36 厘米，碑身高 205 厘米，宽 100 厘米，厚 30 厘米。额篆"钦赐祭文"四字，碑阳刊祭文。碑文共 10 行，满行 20 字，正书（图一〇五）。录文如下：

图一〇五　钦赐祭文拓本

（郑州市文物考古研究院供图）

钦赐祭文

维／嘉靖二十二年岁次癸卯正月丙午朔十五日／庚申，／皇帝遣／周府承奉陈阮／赐祭／周府南陵王睦楳继妃宗氏曰：尔以淑质，早嫔宗／藩，宜永寿年，遽兹沦没，推恤典礼，遣祭有仪，尔／灵有知，尚其歆服。

1.3 东宫赐祭文及南陵王夫祭文碑

螭首，赑屃座。碑身为汉白玉，碑趺为青石。通高 320 厘米，额高 116 厘米，宽 100 厘米，厚 34 厘米；碑身高 204 厘米，宽 91 厘米，厚 26 厘米。碑阳刊东宫赐祭文，碑阴刊南陵王夫祭文。碑阳额篆"东宫赐祭文"五字，祭文共 9 行，满行 22 字，正书（图一〇六）；碑阴额篆"南陵王夫祭文"六字，祭文共 13 行，满行 30 字，正书（图一〇七）。录文如下：

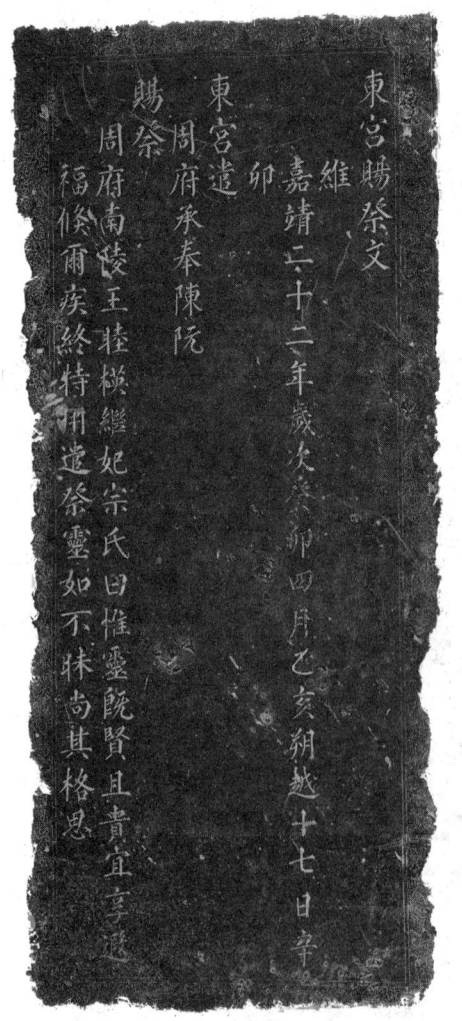 

图一〇六　东宫赐祭文拓本　　　　　　图一〇七　南陵王夫祭文拓本
（郑州市文物考古研究院供图）　　　　（郑州市文物考古研究院供图）

碑阳：

东宫赐祭文

维/嘉靖二十二年，岁次癸卯四月乙亥朔，越十七日辛/卯，/东宫遣/周府承奉陈阮/赐祭/周府南陵王睦楧继妃宗氏曰：惟灵既贤且贵，宜享遐/福，倏尔疾终，特用遣祭，灵如不昧，尚其格思。

碑阴：

南陵王夫祭文

维/嘉靖二十三年岁次甲辰十月丙寅朔初三日戊辰。夫南陵王睦楧哭奠/于我/册封贤妃宗氏之灵曰：南河二精，会神合符。长葛钟秀，萃产我妃。恒性温淑，卓/迈秉彝。姆教闲式，诗礼庭趋。姻自天联，归我王室。搞恭顺正，中馈敬持。助/内循良，崇俭贬饰。蒞属多仁，恩威并及。壸风丕振，庶绩咸熙。适及五载，夙/夜勤密。遵训鸡鸣，恪竭妇职。方偕伉俪，胡尔近疾。天禠数终，脱袂竟离。鸾/镜尘埋，遗我孤惜。大造不仁，辄焚珠玉。时维孟冬，越朔四日。卜其宅兆，大/梁之西。邑过中牟，郑州郊墟。佳城不朽，山水同期。天汉茫茫，霜草悽悽。呜/呼！慨泰岳之屹屹兮，胡尔遽崩；望大河之溽溽兮，长往不回。云鸿唳秋，音/杳永稀。襟泪淋盈，负我悲泣。千载永别，遥望时思。敬洁醴牲，焚言告辞。灵/其不爽，伏冀歆知。尚飨！

1.4 南陵王妃樊氏墓志

青石。志、盖均高64厘米，宽64厘米，厚6厘米。盖文4行，满行4字，篆书（图一○八）；志文34行，满行32字，正书（图一○九）。录文如下：

志盖：大明周悼王子南陵王继妃樊氏墓志铭

志文：明周府南陵王俟妃樊氏墓志铭

赐进士出身中宪大夫苑马寺少卿南墩李绅撰

赐进士出身中宪大夫山西按察司副使河阳陈俎书

周藩会稽王东岑睦杉篆

南陵王号云楼，贤声传播海内久矣，时有内丧，征言志远，因讯之曰：礼制，王之/配受册于朝，赐名为妃，今日俟妃云何？云楼乃申之以

图一○八 南陵王继妃樊氏墓志盖拓本

（郑州市文物考古研究院供图）

图一〇九　南陵王继妃樊氏墓志拓本

（郑州市文物考古研究院供图）

言，奉敕选配，未/及受册而终，故曰候妃。呜呼痛哉！于是欲铭诸化台，乃按状，王御名睦楧，/太祖高皇帝六世孙，先是/太祖生始祖周定王，分封于汴。定生高祖简王，简生曾祖懿王，懿生祖惠王，惠/生父悼王，悼生楧，行九，年十五岁，是为正德十年五月十五日，册封南陵王。/封之二年，请命选配兵马指挥李秀女李氏为妃，受册未几，乃于嘉靖五年薨。/复请继室于朝，蒙敕礼部如例，行令河南所属特选数年，至嘉靖十六年，/方得开封府长葛县兵马指挥宗凤次女宗氏，册为继妃，受封未三载亦/薨。仍请命于朝，复蒙敕礼部亦如前例，行令河藩该属屡选未获，乃于/嘉靖二十六年，适遇布政司检校张君署开封府临颍县事，因移文催选，遂遍/告乡士大夫寻问。一日张君调太学士南坞贾翁言及。翁曰：吾有舍亲樊臣，累/世宦业，娶张氏所生次女樊氏，自幼端庄，性秉贞静，动止非常，吾观此女不后/则妃，不妃定有綵诰之荣。张君出席谢曰：承公指示。次日张君以礼敦请入选/数百女子之内观之，樊果颜貌异常，诚不负南坞公之所举也。继而亲迎入府，/性乃贞静温良，待上以礼，使下以恩，克尽妇道，精洁蒸尝，时荐先庙，宫壼之中，/感化贤智，加慎愚顽自省，不期年仪范昭著，内人罔不心悦咸服，楧见果称继/妃之任，欲具奏请封妃号。樊曰：妾自布衣兼年幼冲，岂敢当也。前李、宗二妃/受封俱不三载而逝，待妾年稍长，请封未为晚也。嘉靖三十二年冬十月/楧方撰本，请/上加封，不意本年十二月内卧疾，至三十三年正月疾尤加瘵重，前三日异香满室，/至初九日夜子时，自巽地飞鹤而来，至庭旋绕哀鸣，乾方而去，樊遂正寝不起。/阖府哭至尽哀，慕其贤而骇其异也。楧如摧裂肺肝，失左右手矣，於呼痛哉！樊/氏生于嘉靖壬辰八月初五日丑时，稽终之年，仅二十三岁耳。择于嘉靖三十/四年四月二十一日，卜葬于开封府郑州西北七里冢，敕修莹园。状之所云/如此。於呼，天道茫茫，人曷能测，既而啬其寿，胡丰其德，无乃富贵之极而夺之/早邪？抑神女仙姬而幻化尘寰邪？不然，何飞鹤绕鸣而遂终邪？慨叹久之，乃为/之铭曰：

庆云甘露，曰天之瑞。芝草嘉禾，曰地之祥。虽钟淑气，世岂能常。贤哉侯/妃，缔姻哲王。貌备德全，宠冠椒房。人难双美，天不可量。生既荣贵，终共玄堂。七/里之冢，古郑之阳。松楸云绕，陵谷花香。千秋何恨，令誉永光。

吴镗镌

1.5 明周□南陵庄裕王合葬圹志

青石，盖底均残。盖文4行，满行3字，篆书（图一一〇）；志文残存6行，正书（图一一一）。录文如下：

志盖：明周□南陵庄裕王合葬圹志

图一一〇 南陵庄裕王墓志盖拓本

（郑州市文物考古研究院供图）

图一一一 南陵庄裕王墓志拓本

（郑州市文物考古研究院供图）

志文：……于嘉靖五/……继妃宗氏亦先于嘉/……月二十五日薨，子女俱无。卜/……月十三日葬于郑州西北/……贵富/……概，纳诸/……

2. 神道石刻

南陵庄裕王墓神道石刻原有10件，现存8件，有石羊、石马、文官、武将各2件。其中文官武将有青石白石之分，其余石刻均为青石。

图一一二　南陵庄裕王墓神道石刻

（郑州市文物考古研究院供图）

1. 青石文官　2. 青石武将　3. 白石文官　4. 白石武将

第二章 郡王墓葬　　109

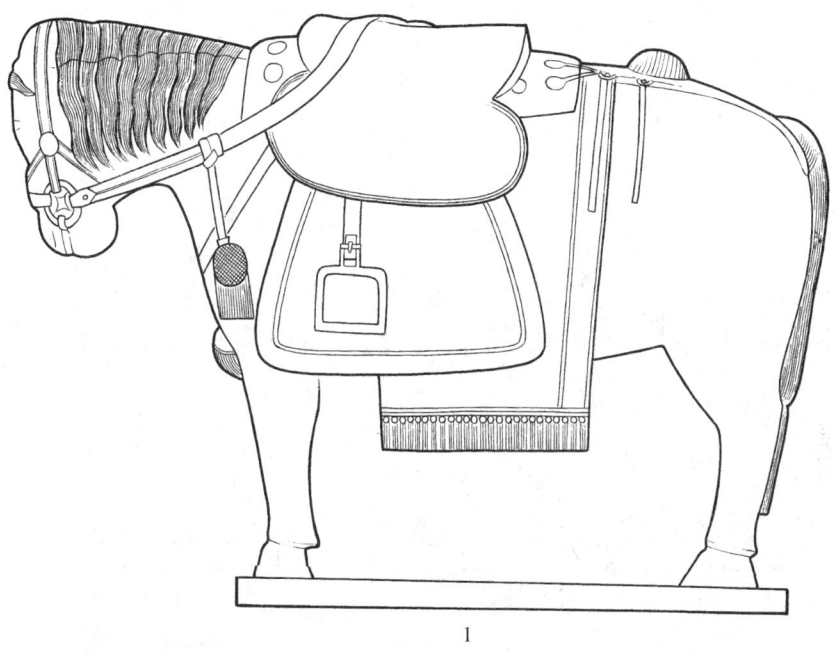

1

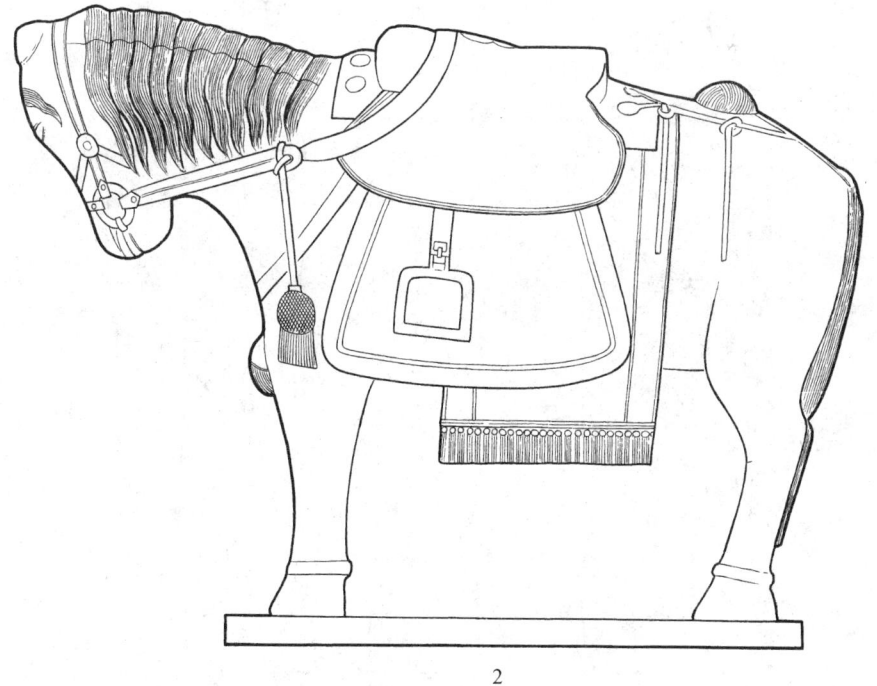

2

0　　50厘米

图一一三　南陵庄裕王墓神道石马
1、2. 石马

图一一四 南陵庄裕王墓神道文官
1. 青石文官 2. 白石文官

石羊 2件。一整一残。完整者双角曲于耳后,神情温顺。高100厘米,长110厘米,宽44厘米,底座长110厘米,宽45厘米,厚8厘米;羊首残缺者残高70厘米,长112厘米,宽36厘米,底座长112厘米,宽36厘米,厚10厘米。

石马 2件。现存郑州市碧沙岗公园,保存完整。垂头恭立,双目圆睁,披鬃,长尾着地,带络头,口衔镳,颈系缨穗,背披马鞍,身置鞯鞴。其中一件高213厘米,身长162厘米,宽52厘米,底座长148厘米,宽50厘米,厚16厘米(图一一三,1)。另一件高216厘米,长162厘米,宽53厘米,底座长150厘米,宽52厘米,厚16厘米(图一一三,2)。

青石文官 1件。表情和善,面部有须,温文儒雅,头戴进贤冠,冠前饰额花,贯笄,身着朝服,袖胡过膝,项间垂有方心曲领,脚着舄,双手捧笏于胸前。身高222厘米,宽76厘米,厚44厘米;底座长82厘米,宽44厘米,厚10厘米(图一一二,1;图一一四,1)。

白石文官 1件。表情和善,颔下垂须,头戴进贤冠,身着右衽宽袖长袍,袖胡过膝,腰束玉带并垂以大带,脚着舄,双手捧笏,斜倚于胸前。身高258厘米,宽92厘米,厚54厘米;底座长90厘米,宽54厘米,厚20厘米(图一一二,3;图一一四,2)。

图一一五 南陵庄裕王墓神道青石武将

青石武将　1件。浓眉，环目，顶盔贯甲，身体微向右倾，头戴兜鍪顿项，身着甲，外罩战袍，腰束革带，足蹬战靴，腰间挎剑，左手紧握剑鞘，右手执剑柄，欲有拔剑之势。身高222厘米，宽90厘米，厚58厘米；底座长90厘米，宽58厘米，厚12厘米（图一一二，2；图一一五）。

白石武将　1件。眉宇紧锁，怒目前视，表情严肃，身材魁梧，头戴兜鍪顿项，通身着甲，披膊，腰围绣花抱肚，束革带，带跨上雕有团花，胸部束帛带，双手执剑，直抵于地。身高248厘米，宽90厘米，厚60厘米；底座长90厘米，宽66厘米，厚16厘米（图一一二，4；图一一六）。

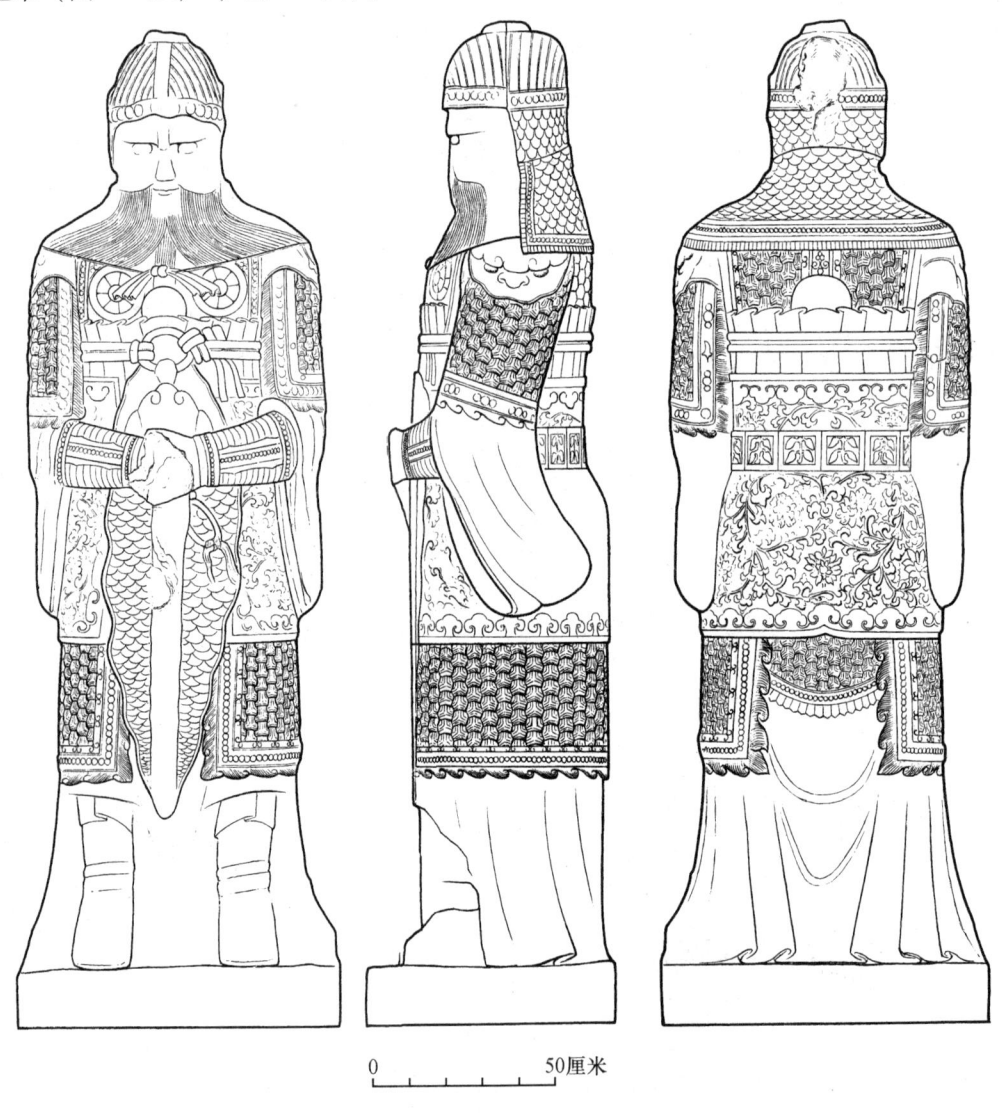

图一一六　南陵庄裕王墓神道白石武将

六、其他郡王墓

今郑州市西郊有几座墓葬被当地村民称为"王坟",现存封土较高,如阎家庄村东明墓和庙王村东明墓等。这些墓葬地近原武王府、鄢陵王府墓区,根据村民口述资料,我们推测这些墓葬的墓主可能是原武王府或鄢陵王府某郡王。

(一)庙王村东明墓

位于郑州市中原区须水镇庙王村东,现存有柱状封土,直径约20米,高约10米,夯层明显(图一一七)。该墓坐北朝南,所处位置为一处圆形土岗,周围地势较低,南部有东西向小沟一条,再南为一处台地,向西南约行300米即为坟上村原武某郡王墓。

图一一七 庙王村东明墓封土

(二)阎家庄村东明墓

位于郑州市中原区须水镇阎家庄村东,郑西高速铁路由墓冢北部穿过。现存封土直径约10米,高约8米,夯层不明显(图一一八)。封土西南角有一处圆形盗洞。该墓坐南朝北,南依岗阜,地势由南向北倾斜,南部约400米处即为鄢陵王府墓区。

图一一八 阎家庄村东明墓封土

第二节 开封地区

周藩郡王多数就近葬于开封市郊、尉氏县等地，但由于自然和人为破坏等原因，地表遗存较少。有些墓葬虽有文献记载，诸如"汝阳王墓，固始王墓，胙城王墓，河阴王墓俱在府城南朱仙镇"①，但以上诸墓具体位置多已不可考。今朱仙镇西横寨村存有一处规模较大的明代墓群，被当地学者推测为周藩某郡王府墓葬所在。另外，通过对开封历年出土的周藩郡王墓志和文献资料进行考察，可知开封地区还有永宁靖僖王墓、镇平端裕王墓、封丘温和王墓、封丘僖顺王墓、罗山悼惠王墓、博平恭裕王墓和浦江安简王墓、应城王墓等。

一、永宁王墓

永宁郡王始封王名有沇，定王庶六子，洪武三十五年（1402年）封，成化二年（1466年）薨，谥靖僖。永宁王府共传袭八世八王，末代王朱在镗于隆庆五年（1571

---

① 明·李贤等纂：《大明一统志》卷二十六，影印文渊阁《四库全书》本，第472册，第637、638页，台湾商务印书馆，1984年。

年）袭封，万历二十六年（1598年）薨，乏嗣封除。

目前，永宁郡王一系仅发现有永宁靖僖王妃高氏墓志一方，墓志于1949年前后出土于尉氏，现存尉氏县文物管理所。志载高氏薨于宣德六年（1431年）六月初七日，宣德七年（1432年）正月二十五日葬于祥符县闹店之原①。闹店即今之闹店村，有南闹店和北闹店之分，位于尉氏县北，北临开封县朱仙镇。由墓志记载可知，闹店村附近当是永宁王府墓区。

高氏墓志为青石，盖佚。志高47厘米，宽48厘米，厚10厘米。志文32行，满行40字，正书（图一一九）。录文如下：

志文：永宁王故妃圹志

将仕佐郎教授臣孙光撰并篆盖

妃高姓，字妙贵，凤阳卫千户高安之妹也。妃生有异姿，赋性持重，敬慎简默。既而从教于姆，悉遵绳/度，女工精妙，典故博涉。由是令仪日著，淑德月熙，凡宗族诸母，咸爱重殊待奇之。时适/周定王第六子加冠，爵封/永宁王。/国家笃念亲亲之爱，遂为遍求勋旧世家贤女作配。既得，卜筮协吉，乃于永乐辛卯三月乙亥，授银/册立为正妃。祇承/制命，恪遵罔越。率循妇道，夙夜惟谨。进献有言，家邦之助，寔有赖焉。敬事/王母妃，纯孝弥笃，靡不周至。虽一饮食，未尝委寄，必躬亲调制，务致精洁，惟恐违礼。小有啾唧微恙，/则忧心忡忡，终日不食，终夜不寝。汤药必尝而进，朝夕侍奉，时刻不离左右，虽困劳之甚，亦未尝/有惰意。一旦闻星者推详/王母妃有年值之灾，遂断荤腥，持斋三年，日课《金刚经》一藏。复以左右手指刺血，书《长寿经》一本，默/祷阴祐。出其私帑金帛以劳书者。洪熙乙巳闰七月二十日/周先君疾笃，召/母妃入宫。恐有大事，忧虑无可，斋沐对佛启许，顶上燃香三炷，并左右肩各燃香五炷。后果遂愿欲，/酬答如许。永乐壬辰，/王以疹痛疾作。两肩燃香两炷以祈之。永乐己亥，又以肚腹之疾，即以左右手指刺血，书《孔雀经》一/部以禳之。出其私帑金帛以劳书者。宣德己酉正月九日，又闻术者推算/王有月值之咎，遂率诸嫔娥，明洁对越穹苍，焚香拜斗一年以祐之。然仁者必惠，驭下仁恕，度量宽/宏，不嫉不妒。恩爱诸子，胜于己出。男则教以忠孝之事，历提古人姓字朝代，冀其师法焉。女则教/以闺阃之仪，悉示古今贤女行实，冀其矜式焉。驭诸嫔娥暨诸童暨，又能推心惠育，衣食之给，不/失其时，务使丰饶，不致怨毁。间有方命不律，于理固当绳治，亦且以礼徐徐道之，其人感而化之。/故二十余年，宫壸之内，和气春融。奄

---

① 明·孙光：《明永宁王故妃圹志》。见中国文物研究所、河南省文物考古研究所编：《新中国出土墓志·河南（二）》下册，第88页，文物出版社，2002年。

图一一九　永宁王故妃墓志拓本
（采自《新中国出土墓志》，文物出版社，2002年）

弃之日，凡诸内外左右阉寺，如丧慈母，哀恸逾礼，顿觉方苏。/妃生于洪武甲戌十月初十日，薨于宣德辛亥六月初七日。/朝廷既闻讣音，即遣中使/赐祭，复命礼部置冥器，遣官卜兆，治葬如仪。以其年十二月望日告成。择以宣德壬子正月二十五日，葬/于祥符县闹店之原。我/贤王殿下追思内助之益，孝敬之德，义不可掩。前一日，以其行迹实录，授臣撰志。臣曳裾有年，/德音熟闻，固当有述，矧复有命乎？于是敬承。遂撮其行实之万一者，百拜顿首，勒之于石，纳诸/玄宫，俾垂昭于永世云。

宣德七年岁在壬子正月二十五日乙酉

二、镇 平 王 墓

镇平郡王始封王名有爌，定王庶八子，洪武三十五年（1402年）封，成化七年（1471年）薨，谥恭靖①。镇平王府共传袭四世四王，末代王朱安渪于正德六年（1511年）以镇国将军袭封，十五年（1520年）薨，无子爵除，以从兄子睦㭎奉祀②。

李梦阳所撰《妃刘氏墓志铭》载，镇平王端裕王暨妃刘氏合葬于汴城东红舱湾③。红舱湾即今之横船湾村，位于开封县城之西，由于自然原因，地表无任何遗存。

附《妃刘氏墓志铭》，录文如下：

  妃刘氏者，镇平端裕王妃也。妃祥符人，祖安，监察御史。父珣，以妃授南城兵马副指挥。初妃以名家聘王，王尚孺。成化甲午，王十岁矣，例当封。然父在，又庶也，于是封镇国将军，而明年刘氏封夫人，封夫人五年是为成化庚子，夫人始归于将军。又五年乙巳，将军进封王，刘氏封亦进妃。然妃罔乃育，顾弗妬育，于是盛氏育子某，封镇国将军，夭。王夫人育子某，今为王。何氏育子某，封镇国将军。张氏育贵池县主，配仪宾陈中云。君子曰：螽以和繁，樛木咏言，瓜摘则稀，黄台是思，故宽惠斯贤，多嗣国延，女非兹有，它善咸后也。端裕王薨弘治乙丑，薨十二年为正德丁丑而妃氏卒。王之薨也，敕墓汴城东红舱湾矣。及是遣官祭妃，敕有司开王圹合焉。王薨之年十一月十有六日，得年四十一。妃卒其年七月廿三日，得年五十六。合之日正德戊寅十一月六日也。端裕王父曰荣庄王，荣庄王父曰恭靖王，恭靖王父曰周定王。往闻诸父老曰：定王之蒙化时，恭靖王襁褓云。间关夷蛮，万里往旋，乃竟名寿显轩，绵繁多贤，斯所谓栽者培之邪。今王事母妃，谨无殊离于里，其终也，哀由衷也，兹宗之巨欤。铭曰：

  殊根并蒂齐之义，珠沉玉瘗双乃备，拓灵播麐衍所昆，承哉绳哉生气乘。

---

① 《明史》作"恭定"（清·张廷玉等：《明史》卷一百，《表第一·诸王世表一》，标点本，第9册，第2552页，中华书局，1974年）。《明宪宗实录》作"恭靖"（《明宪宗实录》卷九十二，成化七年六月壬戌，校印本《明实录》第24册，第1778页）。《弇山堂别集》载为"恭靖"（明·王世贞：《弇山堂别集》卷三十四，《郡王·周府》，点校本，第2册，第604页，中华书局，2006年）。《国朝献征录》亦载为"恭靖"（明·焦竑：《国朝献征录》卷一，《续修四库全书》，第525册，第22页，上海古籍出版社，1995年）。《藩献记》亦作"恭靖"（明·朱谋㙔《藩献记》卷一，第6页）。李梦阳所撰《妃刘氏墓志铭》亦记为"恭靖"（明·李梦阳：《空同集》卷四十四，《妃刘氏墓志铭》，影印文渊阁《四库全书》，第1262册，第400页，台湾商务印书馆，1984年）。由此可知，《明史》作"恭定"误，应为"恭靖"。

② 明·王世贞：《弇山堂别集》卷三十四，《郡王·周府》，点校本，第2册，第604页，中华书局，2006年。

③ 明·李梦阳：《空同集》卷四十四，《妃刘氏墓志铭》，影印文渊阁《四库全书》，第1262册，第400页，台湾商务印书馆，1984年。

三、封丘王墓

封丘郡王始封王名有熺,定王庶十一子,宣德二年(1427年)封,成化三年(1467年)薨,谥康懿。封丘王府共传袭六世六王,末代王朱勤炱于万历七年(1579年)袭封,十六年(1588年)薨,乏嗣封除。

近年,开封县文物保护管理所征集有第二代封丘王——温和王墓志一盒,志载温和王墓在祥符县城南洪福岗。李梦阳所撰《梁夫人墓志铭》载:温和王与妃赵氏合葬于洪福岗,岗在汴城南四十余里,夫人梁氏则葬温和王冢旁①,具体墓址无考。李梦阳《空同集》同时载有《封丘僖顺王墓志铭》,僖顺王名同铭,温和王庶一子,正德七年(1512年)以镇国将军袭封,嘉靖三年(1524年)薨,于嘉靖五年(1526年)七月十九日葬汴城南四十里小黄河北②,墓址亦无考。

封丘温和王墓志为白石(图一二〇)。盖文4行,满行3字,篆书;志文18行,满行18字,正书。录文如下:

志盖:大明周府封丘温和王之圹志

志文:大明周府封丘温和王圹志

王讳子墾,封丘康懿王之子也,母夫人王/氏。正统元年五月十八日生,成化五年十/一月十五日/封为封丘王。弘治十五年十月十四日以疾薨,/享年六十七

图一二〇 封丘温和王墓志
(开封县文物保护管理所供图)

---

① 明·李梦阳:《空同集》卷四十四,《梁夫人墓志铭》,影印文渊阁《四库全书》,第1262册,第399、400页,台湾商务印书馆,1984年。
② 明·李梦阳:《空同集》卷四十四,《封丘僖顺王墓志铭》,影印文渊阁《四库全书》,第1262册,第396、397页,台湾商务印书馆,1984年。

岁。妃赵氏，祥符县民人让之／女。子三人，长曰同镕、次曰同锦、次曰同铬，／俱封为镇国将军。女二人，长宁乡县主，下／嫁仪宾许忠；次襄城县主，下嫁仪宾全□。／上闻讣，辍视朝一日，遣官／谕祭，／赐谥曰温和，特命有司治丧葬如制。／东宫及文武官皆致祭焉。以弘治十六年十／一月十七日葬于祥符县城南洪福岗之／原。呜呼！／王以宗氏之亲，为国藩辅，茂膺封爵，贵富／兼隆，兹以令终，夫复何憾。爰述其概，纳诸／幽圹，用垂不朽云。

附《梁夫人墓志铭》，录文如下：

梁夫人者，封丘温和王夫人也。父曰梁升，母曰杜氏。夫人生天顺八年十一月甲子，年十四入王宫，有姿才，多能少言。王异之，礼焉。入宫十余年而生子，子十五岁而温和王薨，薨十余年，于是梁氏之子立为王，王立乃母梁氏。请皇帝若曰母以子贵，封梁氏封丘温和王夫人。是时夫人年五十矣，凤冠云帔坐于上，于是王暨诸将军跽奉觞称寿，退而王妃暨诸将军夫人进奉觞寿。岁时常而王问寝视膳，日惕惕得夫人欢，夫人顾乃病，于是王惶惧涕泣，选医慎药，祷神祈祗，冀夫人瘳，乃夫人病愈益增，久之痰痿失音，王涕泣跽问，张目颔之而已。正德十二年八月廿二日竟卒，受封四年矣。今制，王夫人卒，皇帝遣官祭而有葬典。先是温和王薨，与妃赵氏合葬洪福岗，岗在汴城南四十余里，而梁夫人葬则穿穴温和王冢傍，而祭与葬皆如制。葬之日，卒之明年五月。李某曰：往予先大夫为教授，辅温和王，以是先母高宜人岁时朝于王宫归，盖数称梁夫人云。彼予尚童稚，然今犹历历记先宜人言梁夫人盖贤嫔云。温和王隆准而虬髯，躯不甚修，然声吐者钟焉。先大夫尝私语曰：王必寿，温和五十余生，今王果六十七岁而薨。今王娶刘氏妃，生子二女三，皆嫡。温和王父曰康懿王，康懿王父曰周定王，周定王高皇帝第五子也。以是今王年甫壮而行，不卑于它王。铭曰：

有都者嫔，淑慎且仁，厥美用振，始徵终伸。以获于天，以育以延，蕃锡翩翩，赍于邱阡。

附《封丘僖顺王墓志铭》，录文如下：

僖顺王者，封丘温和王子也。温和父曰康懿王，康懿父曰周定王，周定父是为太祖高皇帝。初温和年四十余无子忧之时，先大夫为王教授，王问教授何以能子。先大夫对曰：仁者必后。于是温和戒严刻，务宽惠，削谋计，断酒省欲。已而连生四子。僖顺其四也，独肖其父，父虬髯，乃诸兄不虬髯，独僖顺虬髯。先大夫退而私谓人曰：王之传四镇国乎，吾奇其貌。已而长男夭，二三以花生废，而僖顺果王。王讳同铬，母梁夫人也。以弘治元年闰正月二日生，生二十三年为王。王十四年是为嘉靖三年十二月七日而王薨，年三十有七耳。讣闻，今皇帝惊悼，遣祭，议谥营葬。乃嘉靖五年七月十有九日葬汴城南四十里小黄河北，实行人边彦骆奉敕经营之者。王为人英雄有才略，然心恒上人业，豢僮媵，征声乐，交豪贵，结势权，收置木石，将大治宫室，未竟而殂。初王好夜宴，钟鼓管籥阗喧彻宵，鸡鸣月坠，香粉销落，舄履杂糅，而其兴愈酣。或劝焉，王弗之从也，竟以此殂。妃刘氏，六子三女皆嫡出，长子先卒，次安湜，袭其爵。次安汀、次安澂、次安泖，余未名也。铭曰：

大明建侯，同姓者王。强支碁布，周则蕃昌。封丘三传，僖顺逾扬。御下以严，宾友用礼。内获贤助，外有任使。温和捐馆，廪无余米。库鲜剩钱，朱殿芜圮。僖顺承之，蹶然而起。锦筝宝瑟，玉罂珠履。享厚中夭，斯也常理。三世并庶，今嗣则嫡。国祚无疆，袭继绵遂。生气是乘，而祉永锡。

四、罗山王墓

罗山王名有煪，定王庶十二子，宣德二年（1427年）封，四年薨，谥悼惠[1]，无子，封除，其妃张氏自经以从，赐谥贞烈[2]。罗山悼惠王与其王妃张氏的合葬墓位于开封县范村乡百亩岗村委西岗村一处干涸的鱼塘底部[3]。1997年发现，发现时已被严重盗扰，2011年6月再次被盗，同年7月，当地文物部门对其进行了抢救性发掘，由于发掘条件所致，仅对墓室部分进行清理，墓道、墓门部分未作发掘。

（一）墓葬形制

勘探及发掘表明，该墓坐北朝南，砖室玄宫，由墓道、前室及后室三个部分组成。券顶部分已被破坏，残存墓室距地表深1.5米，墓室南北长12.8米，宽7.2米，残高2.9米，壁厚0.8米，墓壁白垩（图一二一）。

拱券墓门位于墓室南部，青砖封堵，墓门外部结构不详。

前室平面呈方形，东西起券，三伏三券，室内边长4.55米。

前室与后室之间以拱券墓门相通，墓门上部建有仿木门楼一座，其形制为一主楼两次楼。主楼用绿釉琉璃瓦建成，惟正吻用以灰陶，檐下有砖雕仰莲垂花柱两个，次楼顶部则仅覆以灰陶板瓦。早年在墓门南侧发现罗山王墓志一盒。

越门楼而过即为后室，后室平面亦呈方形，拱券跨东西而起，亦三伏三券，室内

---

[1] 《明史》作"悼恭"（清·张廷玉等：《明史》卷一百，《表第一·诸王世表一》，标点本，第9册，第2555页，中华书局，1974年）。《明宣宗实录》载为"悼惠王"（《明宣宗实录》卷五十五，宣德四年六月戊戌，校印本《明实录》第11册，第1319页）。《弇山堂别集》作"悼惠"（明·王世贞：《弇山堂别集》卷三十四，《郡王·周府》，点校本，第2册，第604页，中华书局，2006年）。另，出土墓志亦载为"悼惠"，今按志文。
[2] 《明宣宗实录》卷五十五，宣德四年六月戊戌，校印本《明实录》第11册，第1319页。
[3] 开封市文物工作队：《开封考古发现与研究》，第209、210页，中州古籍出版社，1998年。

图一二一　罗山悼惠王墓发掘现场

（开封县文物保护管理所供图）

边长5.5米。后室北壁有方形壁龛两处，北壁之下为砖砌棺床，由于破坏严重，其原有形制不详。后室淤泥中出土瓦形铁券一个，锈蚀严重，有无文字不详。另外，后室西壁之下出土有棺椁残片，榫卯结构，外髹朱漆，腐朽严重。

（二）遗物

1. 墓志

白石，志盖略残，志石保存完整。盖文单行，5字，正书；志文12行，满行13字，正书。录文如下：

志盖：罗山王圹志

志文：罗山王圹志

王讳有爌，周定王之第十二子，/庶出也。永乐七年二月二十五/日生，宣德二年九月十八日/封罗山王，四年六月二十三日以/疾薨，年二十一。讣/闻，命有司治丧，具赐祭，谥曰悼惠。/王无子，其妃张氏，致仕指挥政/之女。王薨，妃自经以从，赐谥贞/烈。以薨年十二月初十日合葬/于白埠之原，并志其概于圹，用/贻不朽云，谨志。

2. 其他遗物

由于破坏严重，墓室内仅发现少量青花瓷片、灰陶板瓦及绿釉琉璃建筑构件（图一二二)。青花瓷片可辨器形仅有玉壶春瓶一件,琉璃构件有板瓦、筒瓦、滴水瓦、勾头、压当条、博脊瓦、正当沟及群色条等,灰陶构件有板瓦及正吻两种。

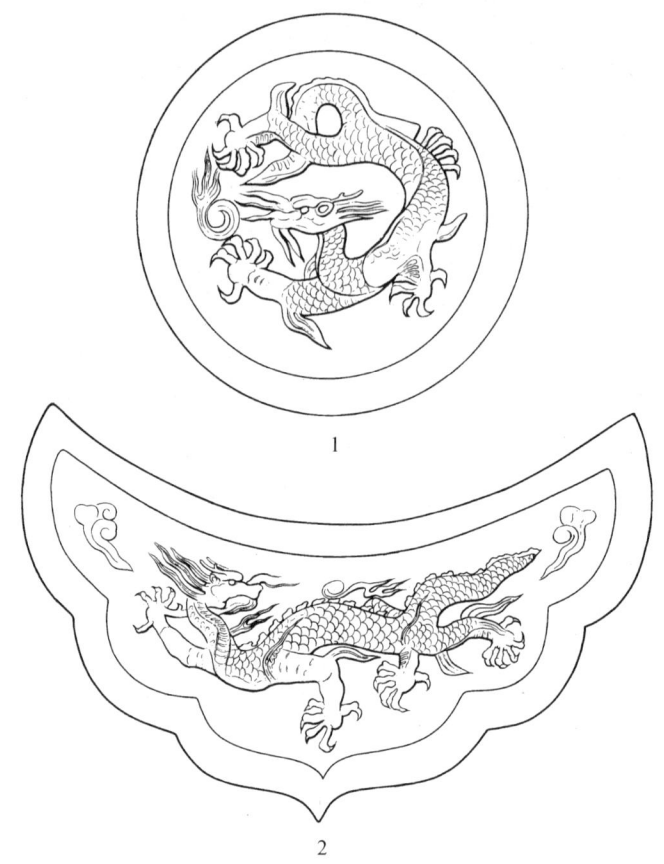

图一二二　罗山悼惠王墓出土琉璃瓦纹饰摹本
1. 瓦当　2. 滴水瓦

五、胙城王墓

胙城郡王始封王名有燆,定王庶十四子,宣德二年(1427年)封,景泰四年(1453年)薨,谥庄简。胙城王府共传袭七世七王,末代王朱朝埿于万历三年(1575年)封长子,卒后无子,封除。

1949年在尉氏县发现第六代胙城王——端惠王朱勤燇为王妃梁氏所立买地券石一方,券文记载梁氏墓位于"开封府祥符县迁立闹店保皮村地之原"①。端惠王薨后和妃

---

① 明·佚名:《明周府胙城端惠王(朱勤燇)为故薨逝王妃梁氏立买地券》。见中国文物研究所、河南省文物考古研究所编:《新中国出土墓志·河南(二)》下册,第370页,文物出版社,2002年。

图一二三　胙城端惠王为妃梁氏所立买地券拓本

（采自《新中国出土墓志》，文物出版社，2002年）

梁氏合葬，墓址无考。

胙城端惠王妃梁氏买地券为青石，券石高40厘米，宽40厘米。券文20行，满行34字，由左向右书写，正书（图一二三）。录文如下：

    大明嘉靖二十三年岁次甲辰二月庚午朔，越二十日己丑，今据河南/周府胙城王立券。孝女大侍长，谨以清酌庶品之仪，敢昭告于/明故薨逝胙城王妃梁氏尊灵。生于嘉靖元年（券文脱"年"字）九月初九日寅时，薨于嘉/靖二十二年五月初五日酉时。奄逝未卜莹坟，夙夜忧思，不遑所厝。遂令/日者，择此高原来去朝迎地，占袭（疑为"悉"之误）吉。地属开封府祥符县迁立闹店保皮村/地之原，正北发龙过脉，子山午向，右弼星为主，震方发脉，巽离二水，武曲星、/贪狼星、禄存星来潮，水出坤方，子午二八分金，金井夹帝，戊子龙、戊午龙，此水星/龙来潮，堪为宅兆。敕赐银钱九万九千九百九十九贯文，买到/后土阴官墓地一方。东西阔四十二步，南北长七十六步，计积三千一百九十二步，共其/地十三亩三分。东西入穴，南北入穴，四兽捧穴俱全。东至青龙，西至白虎，南至朱雀，北/至玄武。内方勾陈管，分掌四域；丘承墓伯，封步界畔；道路将军，齐整阡陌。致使千秋/百载，永无殃咎。若有奸犯，并令山川将军、神祇，缚付河伯。今备牲牢、酒脯、百味、香/新，供为墓契。财地交相，各以分付，令工匠修茔安厝，已后永保贞吉。

  知见神：岁主登明，甲辰之神；月主太乙，丁卯之神；代保神胜光，己丑之神。时直天罡庚午神。/故气邪精，不得干忤。先有居者，永避万里。若为（疑为"违"之误）此约，地府天罡主吏自当其祸。助葬/主里外存亡，悉皆安。急急如/五帝使者女青律令。券立二册，一本/右给付墓中薨逝祚城王妃梁氏收执，/告与/后土地祇陛下，照用准奉。

六、博平王墓

  博平郡王始封王名安㳦，惠王庶十三子，弘治二年（1489 年）封，嘉靖三年（1524 年）薨，谥恭裕。博平王府共传袭六世六王，郡爵传至明末。李梦阳《空同集》载有《博平恭裕王墓志铭》，志载恭裕王葬"汴城东之边村"①。边村位于今开封市东，近年该村东北发现有颍川恭顺王与妃合葬之墓，出土墓志一盒，由于种种原因，未能抄录志文。

  附《博平恭裕王墓志铭》，录文如下：

    博平恭裕王者，周惠王第十三子也。讳安㳦，自称思诚子，又号述古道人。母曰苏夫人。以成化十二年正月廿七日生，嘉靖四年六月十六日薨，年五十一岁。讣于朝，辍钟鼓一日，遣行人杨东祭而营其葬事，竣乃复。又敕议谥，令书之旌颁焉，导之葬，咸典也。王卒之明年是为丙戌，乃葬王汴城东之边村，其月七月，其日十七日也。王长男封镇国者贤而孝，豫蹙其父墓恶石坚，于是为封为树，为飨堂。丧戚而易，礼敬而文。君子谓：恭裕有后矣。初惠王生男子二十余。汴老曰：气分则漓，即其寿德其索乎。会世子暴殂，而平乐、义宁诸王许获罪人。益以德难，独恭裕读书亲友，忘势嗜善，修补《东书堂集帖》，校《诚斋录》，辑《贻后录》、《养正录》，著《锦囊诗对》诸书。教授萧雅、张凤等辅之也。例初封郡王，米两千石。及恭裕为王，裁如袭封止千石。恭裕则勤心治生，起宫室，置田园，备车马，盛宾客，饶僮奴，褒然为诸王首。而台省之官，缙绅之夫，湖海之客，鲜有不造其门者。次第名德，必首曰博平云。王有四男子，妃邓氏，兵马钺女，无出。宫人戴

---

① 明·李梦阳：《空同集》卷四十四，《博平恭裕王墓志铭》，影印文渊阁《四库全书》，第 1262 册，第 397、398 页，台湾商务印书馆，1984 年。

氏，生长镇国曰睦柯，娶都夫人。张氏生次镇国，曰睦圹，娶刘夫人。又二子，未名封。而生女子十二，长曰金县县主，仪宾盛时升；次曰泾阳县主，仪宾杨汝舟；次曰单县县主，仪宾王恪；次曰上蔡县主，未婚。余者幼。铭曰：

用物精多，爽之神明。王七世祖，配天作京。大邦奠中，建侯于周。定宪简靖，懿惠承休。宏本茂支，积厚发光。年耆德丰，厥后之昌。龙旂葆羽，驾虬骖凰。冯风御气，英灵辉煌。

七、浦江王墓

浦江郡王始封王名安泾，惠王庶二十四子，弘治十六年（1503年）封，嘉靖六年（1527年）薨，谥怀隐。浦江王府共传袭五世五王，郡爵传至明末。1949前后尉氏县出土有第二代浦江王——安简王和王妃葛氏墓志两盒。志载安简王暨妃葛氏墓在尉氏邑东张场村之原①，墓址无考。

浦江王妃葛氏墓志为青石，盖高51.5厘米，宽52厘米，厚10厘米；志高52厘米，宽52.5厘米，厚10厘米。盖文4行，满行3字，篆书（图一二四）；志文27行，满行28字，正书（图一二五）。录文如下：

图一二四　浦江王妃葛氏墓志盖拓本

（采自《新中国出土墓志》，文物出版社，2002年）

---

① 明·熊爵：《明周府浦江王妃葛氏墓志铭》；明·李绅：《明周府浦江安简王配妃葛氏合葬志铭》。见中国文物研究所、河南省文物考古研究所编：《新中国出土墓志·河南（二）》下册，第89~92页，文物出版社，2002年。

图一二五　浦江王妃葛氏墓志拓本

（采自《新中国出土墓志》，文物出版社，2002年）

志盖：明周府浦江王妃葛氏墓志铭

志文：明周府浦江王妃葛氏墓志铭

赐进士第前监察御史山东按察司佥事祥符云梦熊爵撰

开封府学生王庭训篆

祥符县学生张汝祺书

太祖高皇帝六代孙/周藩浦江王妃葛氏卒，柩于正寝室。予往吊。王具斋服出，如丧礼加宾。/顷持状悲而告曰：早年失偶，妃氏陨天，诚大不幸。冀成志铭，藏诸幽/室，用彰不没。予阅状，怃然叹曰：嗟哉！天地间不可强得者贵，不可必/得者寿。强以人者或可袭取，必于天者不容伪为。妃以民女归/帝室，近贵也。限年十八而阻落，弗寿也。寿不加以贵享，天不私以人得，分/定故也。妃，东城兵马指挥事葛禄女。禄，尉氏邑人。禄之职，妃贵之。妃/册封，姓氏登/皇家玉牒。妃之贵，王及之。抑闻葛妃贤，赋性颖异，甚贞慧，严持闺范。及适/王，恒顺正谦卑，不矜不忌，处壸属无长少，悉优以礼。慎静肃确，不侵/外干。

笃孝姑妃，常变如一，久不惮烦。妃诚其贤矣哉！噫，葛妃者，德而/不寿，贵而不恒，彼苍不佑，后裔无遗。妃诚其伤矣哉！卒之日，讣闻，/国王具奏，/朝廷如例敕礼、工部勘，兼/遣官。哀以典章，挽尔德也。五陈/御祭，优尔灵也。修诸茔圹，咸如大礼葬，荣尔躬也。呜呼！人孰不曰葛妃贵/而不寿，予知不寿尤光于寿也。视世寿而不贵，贵而不德者，夫何益。/讵（按，距）妃生正德丙子十一月十八日，卒嘉靖癸巳秋九月十六日。殡期嘉靖丁酉冬十一月二十一日。茔居尉氏邑东张场村之原。铭曰：

美贵人其援婉兮，庇仪化于王室。天胡不假以数兮，负懿誉而寿不/德及。王其有好爵兮，遽长往而不遇。靡慨竹死其桐枯兮，凰不再栖。/眺太空云飞扬兮，锁丘野荒草萋萋。言厥迹遍载诸石兮，永垂乎后/世不迷。

祥符张莹镌

浦江安简王配妃葛氏合葬墓志铭为青石，盖志均高61厘米，宽58厘米，厚10厘米。盖文4行，满行4字，篆书（图一二六）；志文28行，满行32字，正书（图一二七）。录文如下：

图一二六　浦江安简王配妃葛氏
合葬墓志盖拓本

（采自《新中国出土墓志》，文物出版社，2002年）

志盖：明周府浦江安简王配妃葛氏合葬志铭

志文：明周府浦江安简王配妃葛氏合葬志铭

赐进士出身前南京户部郎中知陕西庆阳府事祥符南墩李绅撰

开封府同邑儒学生员张汝祺书丹并篆盖

按状：王，/皇明六代孙。我/太祖高皇帝平定海宇，奄有天下，大锡同姓，择河南省城名地，分封第七子为/周定王。生简王，简生懿王，懿生惠王，惠生第二十二子，始请/册封为浦江怀隐王，配妃沈氏。正德九年九月二十八日，适生王，为次子。甫六岁，请/赐御讳，曰睦枂。王长兄睦㮒，未娶，先卒。嘉靖十一年十二月初九日，王亦受/册封，承袭父爵。配妃葛氏，先卒，无出。奉/敕修茔圹，坐大梁城南九十里许，尉氏邑东南韩村冈之原。存迹先载诸石，无复云/云。王幼孤，挺然自树，克幹前修，家第孔振，故以立庵为别号。王形躯伟伟异俗，/

图一二七　浦江安简王配妃葛氏合葬墓志拓本
（采自《新中国出土墓志》，文物出版社，2002年）

美须髯，目朗声宏，容舒色愉，望之令人动敬，俨若神仙中人。履素撝谦，交游/缙绅贤士，忘势位，略无所挟。聚饮盘桓，襟怀洒落，宾礼不衰，乡曲咸钦慕之。时母/妃沈厄疾，手足痿痹。王忧心冲冲，疑无所归，闻医良者，卑礼遣使，渡大河越境/招之。觅药饵，虽难得者，金帛不吝。亲视修合，精制如法。母疾果获，安康庇如常，/王心始落。虽古名孝无逾。嘉靖二十五年丙午冬十二月八日，王偶痰疾大作，/默默不语，偏药弗救，不永日遽薨。噫，理不可夺命邪！得年仅三十有三。继妃胡/氏，亦无出。子一，讳勤熨，幼承爵者，庶媵汤氏出。女二，亦幼，庶媵马氏出。王薨之/日，讣闻，/皇上徙别宫三日，伤悼无已，乃遣官行人司行人戴才/赐御祭哀章，加谥曰安简。令名称情，虽毙犹生，百世不朽，诚盛典也。越后年戊申春/二月二十四日，/钦命以大葬礼，开圹与葛妃合葬焉。呜呼！王之德巍巍，贵则显显，子女莹莹若玉，产/业屹屹倍前。世微全人也，惜乎不满人意者寿。因以为铭。铭曰：

嗟嗟/帝胄，优德咸备。好爵靡常，天禩永数。忽弃萱侧，脱袂弗顾。幸嗣绍先，宗祧衍祚。终丧/循式，制典恢故。双璧交辉，幽室敛玉。亿万斯年，立庵之墓。

不肖男勤熿泣血纳石

第三节 其他地区

除了上述郡王墓葬之外，今驻马店市上蔡县邵店乡金井吴村西北存有顺阳怀庄王及其王妃吴氏合葬墓，1970年发现并发掘。顺阳王于永乐十三年（1415年）薨逝，其妃吴氏自经以从。

一、墓葬形制

该墓坐北朝南，青砖砌就，由墓道、甬道、前室、中室、后室及左右耳室六部分组成（图一二八）。墓室南北全长15.8米，东西宽11.10米，墓道方向180°。

斜坡墓道位于墓室南端，南高北低，平面长约14米，宽约3米。

墓道尽端为拱券墓门，墓门以6层宽约0.6米，长约3米的青石条封堵，内部装有木门两扇，均已朽蚀不存。墓门上部建有砖雕门楼，高约2.5米，宽约2米，现已塌毁（图一二九）。

甬道东西起券，东西横阔2.3米，南北进深1.8米。

过甬道即为前室，该室南北起券，东西长4.5米，南北宽3.75米，高4.5米。

中室东西起券，南北长2.9米，东西宽2.6米，高4.1米。中室北部地面放置顺阳王墓志一盒。

中室两侧为耳室，二室之间以木门相隔，两个耳室均东西起券，平面基本呈正方形，东西长2.9米，南北宽2.8米，高4.1米（图一三〇）。耳室内有棺床，与耳室大小相当，仅高出地面约0.2米，棺床正中均有一个方形"金井"。

后室拱券跨南北而起，南北长4.5米，东西宽4米，高4.5米。后室东西两壁近门

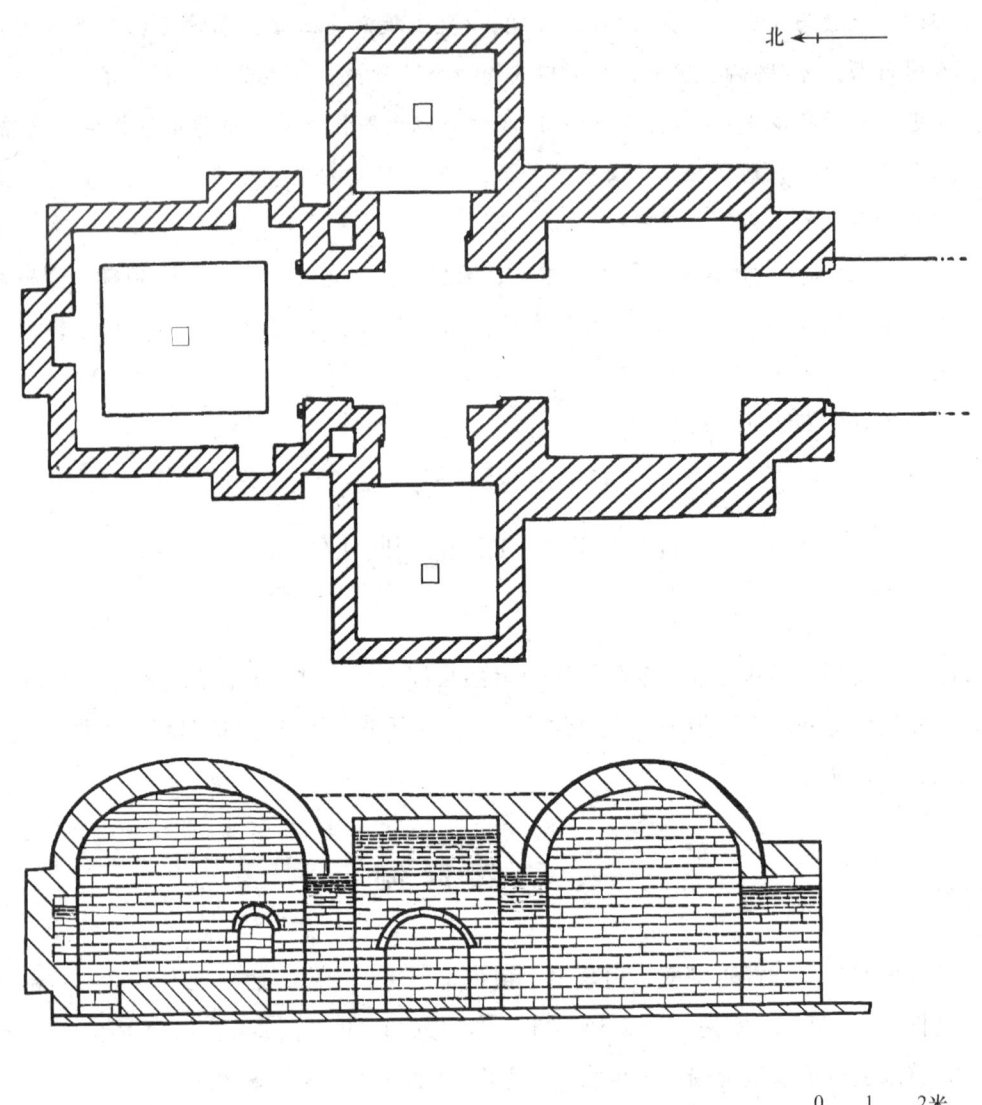

图一二八　顺阳怀庄王墓平剖面图

(上蔡县文物保护管理所供图)

处各有一个大小相同的壁龛，面阔0.7米，高0.87米，进深0.5米。后壁正中亦有壁龛一个，面阔1米，高1.1米，进深0.5米。后室正中有略呈方形的砖砌青石包边棺床一座，南北长3.1米，东西宽2.7米，高0.6米，棺床正中有一个方形"金井"。据当地知情者介绍，1970年发掘时，棺床上尚有散乱人骨一具，棺床西北角的地面上置有木匣一个，腐朽严重，内装金、银、铜、玉等随葬器物数百件，器形有金壶、金镯、金簪（图一三一）、玉坠、玉珠、铜炉、铜镜等。另外，后室东南角放置陶缸一口，从其残存遗迹来看，当是"长明灯"之属。

图一二九　顺阳怀庄王墓现状

图一三〇　顺阳怀庄王墓耳室

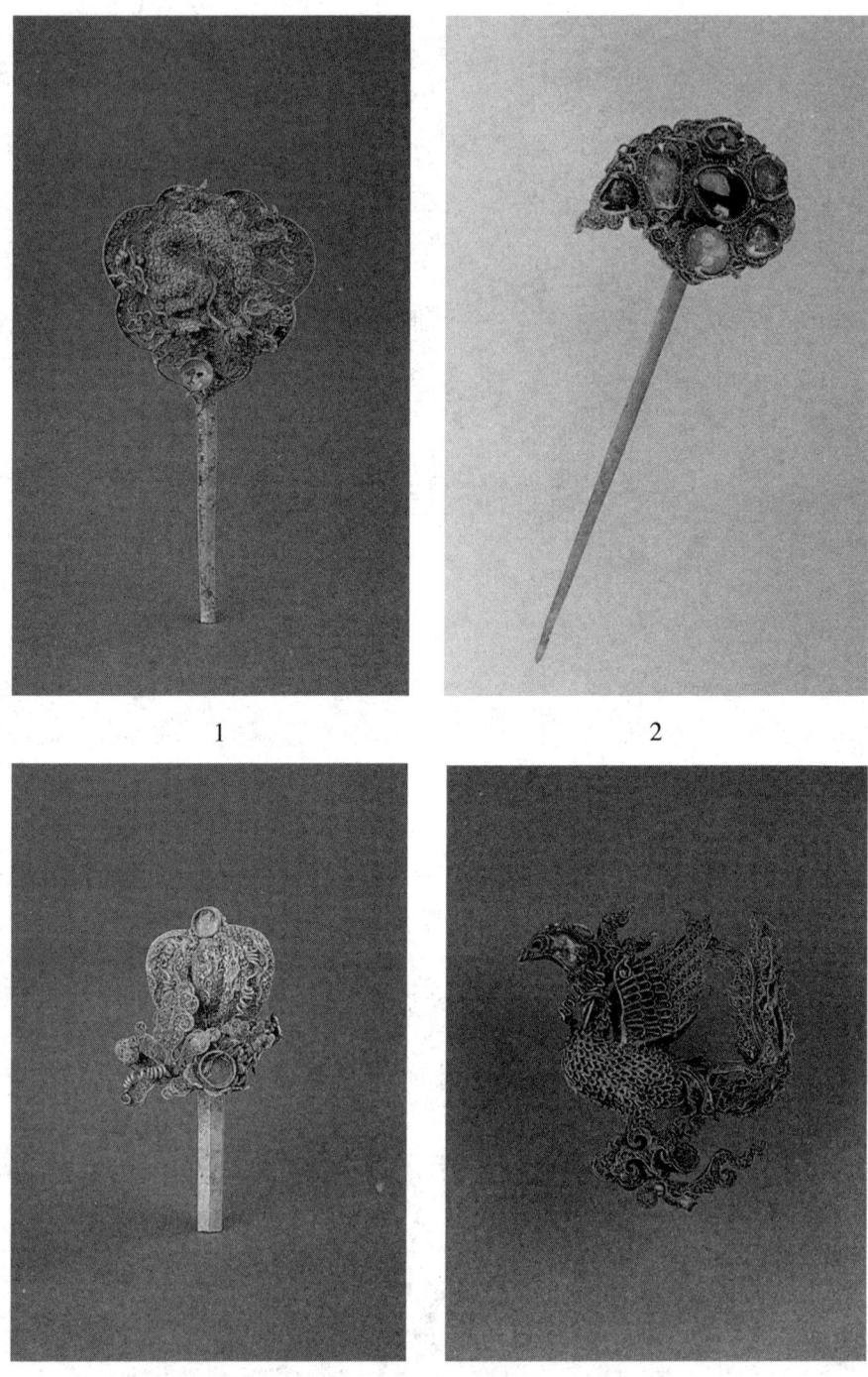

图一三一 顺阳怀庄王墓出土金器
（采自《中原文物》2009年第4期，封三）
1~3. 金簪 4. 金凤

二、遗　物

（一）墓志

青石，盖、志均高79.5厘米，宽79厘米，厚7.5厘米。盖文单行，满行6字，正书（图一三二）；志文13行，满行13字，正书（图一三三）。录文如下：

　　志盖：故顺阳王之墓

　　志文：王讳有烜，/大明太祖高皇帝之孙，周王之第/三子，庶出也。洪武十八年五/月二十九日生，洪武三十五/年八月初八日封为顺阳王。/妃吴氏，前汀州卫指挥使佥事/吴广之女。王子女无。永乐十/三年六月初四日以疾薨，享/年三十有一，赐谥曰怀庄。以/是年九月十二日迁已故妃/吴氏之柩，同葬于汝宁府上/蔡县朱贤保之原。谨志幽堂，/以垂永久，谨志。

图一三二　顺阳怀庄王墓志盖拓本
（采自《新中国出土墓志》，文物出版社，2002年）

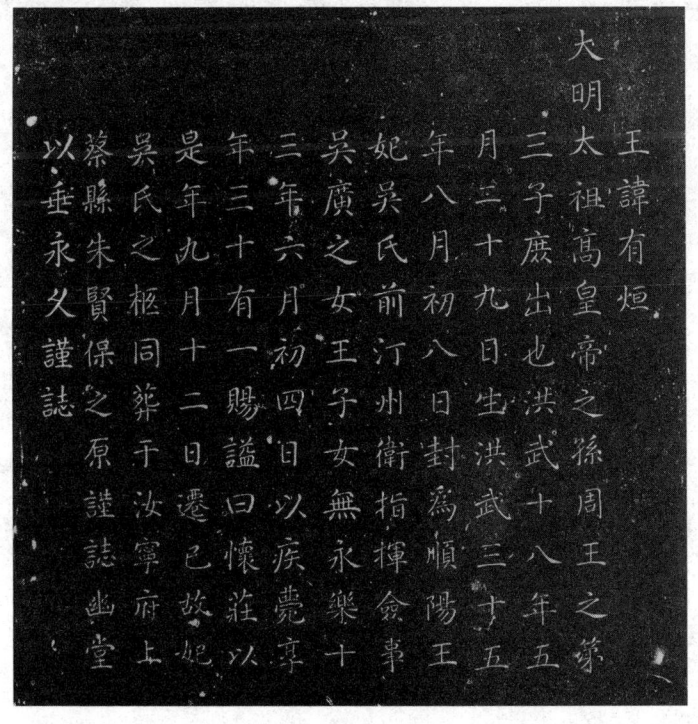

图一三三　顺阳怀庄王墓志拓本
（采自《新中国出土墓志》，文物出版社，2002年）

（二）采集遗物

由于破坏严重，顺阳怀庄王墓地表残存遗物不多，调查时仅发现泥质灰陶筒瓦1件和青石柱础3件。

筒瓦　1件。素面，内壁有布纹，瓦唇残。残长8.4厘米，瓦口残宽10.8厘米，厚1.4~2.6厘米（图一三四，1）。

柱础　3件。青石，方趺，古镜面，大小基本相同。镜面直径53厘米，地趺边长60厘米，通高25厘米，镜面高7厘米，地趺高18厘米（图一三四，2）。

图一三四　顺阳怀庄王墓采集遗物

1. 筒瓦　2. 柱础

第三章 其他周王家族墓葬

明制，郡王嫡长子袭封郡王，其余诸子授镇国将军，孙授辅国将军，曾孙授奉国将军，四世孙授镇国中尉，五世孙授辅国中尉，六世以降皆授奉国中尉。亲王之女授封郡主，郡王女授封县主，郡王孙女授封郡君，曾孙女授封县郡，玄孙女授封乡君。周藩自明初一直延续到明末，宗室人员繁衍迅速，在隆庆、万历之际，周王府的镇、辅、奉国将军就有一千三百四十九位，中尉二千五百五十九位，郡县主君一千二百六十五位[①]。通过考察文献、谱牒家乘以及为数不多的考古资料，我们发现周藩将军、中尉等多数就近葬于开封旧城附近，也有少数葬于开封县、尉氏县等地。由于开封地区在历史上屡遭水患，加之人为破坏等原因，这些宗室墓葬多已湮没无闻，地表无任何遗物可寻。本章内容拟就历年调查、发掘以及文献记载的周藩将军、中尉、郡县主君墓葬做一系统的介绍。

一、将 军 墓 葬

（一）封丘康懿王二镇国将军墓

开封县文物保护管理所征集有《大明周府封丘康懿王二镇国将军墓志》一盒。志载镇国将军名子埱，系封丘康懿王次子，弘治十七年（1504年）八月卒，正德六年（1511年）十月葬于汴城苏家庄之原，具体位置无考。

封丘王二镇国将军墓志为青石（图一三五）。盖文4行，满行4字，隶书；志文，14行，满行17字，正书。录文如下：

志盖：大明周府封丘康懿王二镇国将军墓志
志文：大明周府封丘康懿王二镇国将军墓志

二镇国将军讳子埱，乃周府封丘康懿/王次子也，母夫人陈氏。以正统丙辰八/月二十五日生，弘治甲子八月二十三日卒，/春秋六十有九。/御赐祭造圹，后正

[①] 明·王世贞：《弇山堂别集》卷一，《皇明盛事述一·宗室之盛》，点校本，第1册，第6页，中华书局，2006年。

德六年十月十七日始葬/汴苏家庄之原。配夫人庞氏，子七人，长同/镃，次同镦，次同钾，次同铧，次同镦，次同镐，/俱封辅国将军，一未封，卒。女五人，长成安/郡君，适仪宾杨麟；次忠义郡君，适仪宾徐/凤翔；次舒成郡君，适仪宾李凤；次黄波郡/君，适仪宾郑让；次时平郡君，适仪宾赵琚。/孙十一人，俱奉国将军。镇国善经置产第，/蓄诸书及诸技艺书，子孙福履俱盛云。

图一三五　封丘康懿王二镇国将军墓志

（开封县文物保护管理所供图）

（二）胙城庄简王四镇国将军墓

开封县文物保护管理所征集有《明故胙城府四镇国将军圹志》一盒。志载镇国将军名子坪，胙城庄简王第四子，卒于成化二十年（1484年），成化二十一年（1485年）葬于开封府祥符县南神岗保之原，具体位置在今开封县杜良乡常腰岗村北。

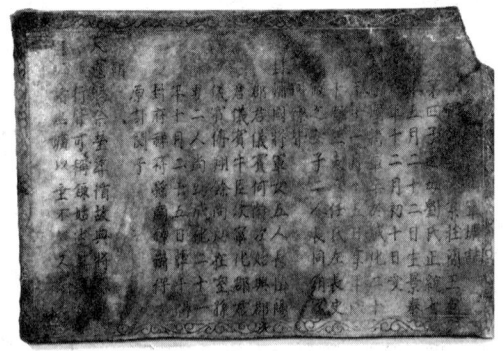

图一三六　胙城府四镇国将军墓志

（开封县文物保护管理所供图）

胙城王四镇国将军墓志为白石（图一三六）。盖文4行，满行3字，篆书；志文，22行，满行12字，正书。录文如下：

志盖：明故胙城府四镇国将军圹志

志文：胙城府四镇国将军圹志

将军讳子坪，系庄简王之/第四子也，母刘氏。正统七/年五月二十二日生，景泰/六年十二月初十日受/封镇国将军，卒于成化二十/年十一月十五日，享年四/十有三。夫人任氏，左长史/政之女。子二人，长同钥，次/同铄，皆/封辅国将军。女五人，长慎阳/郡君，仪宾何龄；次始兴郡君，/仪宾牛臣；次宁化郡君，/仪宾傅翔。余尚幼在室。孙/男二人，尚幼。成化二十一/年十月二十五日葬于开/封府祥符县南神岗保之/原。讣闻于/朝，/天恩赐祭，茔葬循故典。将军善/行皆可称录，姑述其葬，纳/诸幽圹，以垂不朽久云。

（三）鄢陵王府四辅国将军墓

李梦阳《空同集》载有《鄢陵府四辅国将军墓志铭》，墓主辅国将军系鄢陵安僖王孙，卒于正德十一年（1516年），十三年（1518年）葬繁台之东①。繁台即今之繁塔，周府老死宫人多葬此地②。现在地表多被建筑物占压，具体墓址无考。

附《鄢陵府四辅国将军墓志铭》，录文如下：

四辅国将军者，鄢陵安僖王孙也。安僖王四子，四曰某，封镇国将军而娶王夫人。镇国亦四子，四者四辅国云。四辅国十岁以例封禄，岁八百石，贵矣。然纯慎不以地高人而好诗书，乐与衣冠徒游。尝读前史，览功名之会，辄抚卷慨然而叹曰：嗟，诚使某备一官，更生普阓敢多吾哉。又见豪贵人，千金饰狗马衣裘。聚名姝罔费惜，及义施顾一钱，忍弗能与，则又叹曰：双火一膏，两斤独木，是速灭之道耳。且贫富命也，孰有义而损者邪？于是婚丧弗举者，辅国见之辄与鹅酒或棺。人曰：辅国寿，揆厥心行永之占也。居无何，辅国病疽矣。年四十一耳。于是豪贵人反以辅国为口实，相语曰：匪火自焚，匪斤自楢。辅国生成化丙申九月十八日，卒正德丙子十一月十九日。以戊寅年十二月廿六日葬繁台之东。今上遣官祭，敕有司茔焉。辅国亦四子，某、某、某、某，俱封奉国将军。四子咸好文下人士，有父风云。女一未封。铭曰：

---

① 明·李梦阳：《空同集》卷四十四，《鄢陵府四辅国将军墓志铭》，影印文渊阁《四库全书》，第1262册，第398、399页，台湾商务印书馆，1984年。

② 《如梦录》载："世孙府西邻安乐堂，凡年老宫眷病危送此堂医治，如故，发送出西华门，殡葬繁塔寺保母坟。"（清·佚名：《如梦录》，《周藩纪第三》，孔宪易校注本，第10页，中州古籍出版社，1984年）。同书又载："西南是保母坟，周府老死宫人葬此。"（《关厢纪第七》，第74页）。

  初帝天造，法屯建侯。厥子次五，俾王于周。实维文昭，翰垣中州。定王既殂，宪也则立。贤而无后，简以弟及。是生鄢陵，枝敷叶分。由镇而辅，父子将军。于穆辅国，年缩操芬。贱货远奢，钦贤怿文。于赫宗藩，周也实蕃。众绚验色，群羽知骞。繁台东垠，修阡槚枌。于中者坟，辅国将军。

（四）镇平王府大辅国将军墓

李梦阳《空同集》载有《镇平府大辅国将军墓志铭》，墓主辅国将军名同鉒，镇平恭靖王之孙，正德十六年（1521年）卒，嘉靖元年（1522年）与夫人贾氏合葬北冈之茔，冈在古河之干①。今开封市东北有大北岗村，或许就是志文所载之"北岗"，墓址具体位置无考。

附《镇平府大辅国将军墓志铭》，录文如下：

  大辅国将军者，三镇国将军之长子，而镇平恭靖王之孙也。讳同鉒，周定王系有子同安睦则同者，于定王为曾孙矣。初镇国娶于杨，生两辅国，暨广武、遂宁二郡君。而广武郡君生左宜人，左宜人配按察副使李某，则大辅国者吾妻实母舅，而为之甥之夫者，义弗得铭辞矣。辅国生天顺元年七月廿五日，十岁，宪宗皇帝赐名，十三封辅国将军，禄八百石。长而婚于贾，贾封夫人，封夫人二年无何卒。初镇国慈柔罔理于厥家，缁人丹士又日来给破费之，以是镇国虽千石，然恒贫。及辅国则自立，产钜万金，起宫房长廊曲榭巍楼，置钟鼓美人，凡宴二八代进更歌遁舞，丝竹之音，谐比亮浏，泛蕙流桂，回雪驻日，明灯既入，乐及偏舞，鸡鸣月落，香粉杂嚏，屉履缱绻。如是者四十余年，会累朝明圣，四海平晏，岁稔时和。正德十六年正月九日辅国卒，年六十五矣。先是贾夫人卒，敕修北冈之茔。辅国以卒之明年月日葬与夫人合。生子一十二人，安沮、安潵、安渺、安池、安洛、安淋、安汀、安濡、安涿、安滨、安滮、安深，俱封奉国将军。女五人，长平陆县君，配仪宾张辅；次陇西县君，配仪宾赵璋；三尚幼。孙男十，俱幼。孙女，长襄垣乡君，四尚幼。铭曰：

  北冈之南，古河之干，崇而乾窾，而金棺载栖载安。

（五）镇平王府辅国将军夫人贾氏墓

李梦阳《空同集》载有镇平王府辅国将军《夫人贾氏墓志铭》，贾氏于正德十五

---

① 明·李梦阳：《空同集》卷四十四，《镇平府大辅国将军墓志铭》，影印文渊阁《四库全书》，第1262册，第398页，台湾商务印书馆，1984年。

年（1520年）卒，以卒之年十二月葬城东白塔原①。白塔即今开封城东南白塔村，墓址具体位置无考。

附《夫人贾氏墓志铭》，录文如下：

> 夫人贾氏者，辅国将军辖夫人也。夫人盖通许人，父曰贾宏，沧州判官。母曰王氏。判官父恪，布政司参议。参议父麒，封监察御史。监察父贇，铅山知县。判官弟定，按察司佥事。定弟宗，宗人府仪宾。贾氏盖四世甲郡中，而夫人者会又辅国。辅国者，镇平恭靖王孙，而七镇国者子也。七镇国女弟又配仪宾宗，接姻重戚，贾氏贵盛矣。而夫人乃顾谦约，孝敬沉慧。姑田夫人者，严人也，杖人不百不止。夫人事之，顾事事当姑夫人意，欢其心。辅国者见夫人事事当姑夫人意也，于是悉家事委夫人，夫人即又事事当辅国意，欢其心。于是辅国优游，日书史酒食，与学士游，及有子女，夫人视诸妾子女无殊己子女，于是又尽当诸妾意，欢其心。而夫人子河，诗书文雅，谦约孝敬沉慧，又尽如夫人。故君子谓：辅国有子，贾氏有甥。谚曰：胡荽不结瓜，荍根不产麻。言物必有种也。今以贾夫人观之，信哉！初夫人童时，面盆中尝见靬幢华盖之形，惊指谓人。及长，家人梦人送夫人以霞帔，而佥事定时知绛州，亦梦之。故贾氏诸女无如夫人贵者，然天固定之矣。夫人生成化十六年十二月廿二日，以弘治七年十二月归辅国，正德元年奉今皇帝诰封夫人，正德十五年正月廿九日卒，年四十一岁。夫人疾革也，犹力起颒栉坐，子河暨诸子女侍，涕泣问夫人，弗答也。徐而曰：吁，予侍汝父二十七年矣，今幸全而终，吾目瞑矣。夫吾伯叔姊妹者八也，支离而夭折者多矣。而吾幸而为夫人，有子若孙，吾尚有憾邪。河闻之，愈益恸有声。夫人曰：河，毋恸也，人孰非死者。已而曰：取我服用珍绮诸物来。于是尽散诸子女妾者。会辅国亦傍，涕泣问夫人曰：终事慎而已，永久之徒事观美无益也。辅国又问，夫人笑而曰：君虑闵损单衣邪，何问之数也。竟无凄色哀鸣焉。将绝曰：取命冠服来，此国典也。吾冠服之见祖宗于地下。君子曰：夫死者，人之大闲也。今观贾夫人临绝而不乱，女之君子邪。而辅国昨见予则曰：夫人盖名琼英云。曰：咸英者，佥事定女也。为时知县妻，时知县死贼也，其妻见贼而后死之。夫人闻之曰：吁，吾姊见贼而后死乎？不如不见贼而死之为愈也。李子曰：予读书女传，见其据撼贤淑六种，是分未尝不叹妇材之难也。今观贾夫人生平之懿，临绝之音不为全乎？虽然其寿耇矣，与之角者将去其齿乎？辅国与其子河诣李子请曰：夫人以卒之年十二月一日葬城东白塔原，愿先生铭之。李子曰：予往闻夫人而尝叹妇材

---

① 明·李梦阳：《空同集》卷四十四，《夫人贾氏墓志铭》，影印文渊阁《四库全书》，第1262册，第400~402页，台湾商务印书馆，1984年。

之难也，铭呜呼辞，乃铭之。铭曰：

坎而封者同邪，贞而淑者独邪，沉而辉者珠邪，藏而润者玉邪，吁夫人吁夫人！

二、中尉墓葬

（一）崇善王府镇国中尉墓

2003年，开封市尉氏县村民在该县城东北约3公里处明家村南台地上取土时发现崇善王府镇国中尉在鏊暨恭人祝氏墓碑一通。该碑青石，高130厘米，宽50厘米，厚15厘米。崇祯二年（1629年）立石，正书，碑阳四周阴刻有缠枝卷叶纹及龙凤纹图案①。碑文有诰封墓主制文两封，录文如下：

奉天诰命

祭谕

奉天承运，皇帝制曰：朕惟太祖高皇帝之制，宗室支子必锡封号，所以敦族属之义，笃亲爱之道也。而在鏊乃崇善王玄孙，奉国将军朝𬸦嫡第一子，年已长成，兹特封尔为镇国中尉，锡之诰命，而尚乐善循理，输忠尽孝，毋怠毋骄，以保禄位，钦哉。

纶音　明故诰封崇善王府镇国中尉讳在鏊别号文野暨配诰封恭人祝氏之墓

万历三十九年三月十六日

奉天承运，皇帝制曰：朕惟宗室有子封镇国中尉者，其配必封恭人，所以广亲爱而笃伦理也。崇善王玄孙在鏊已封镇国中尉者，选尔祝氏以为之配，特锡诰命，封为恭人，而尚克尽恭勤，敦行孝敬，式尊妇道，以相其家，钦哉。

崇祯二年十月初一日榖旦

弟在□偕侄肃□肃□肃□肃□仝立石

（二）镇平王府镇国中尉朱睦㮮墓

焦竑《国朝献征录》载有张一桂所撰《明周藩宗正镇国中尉西亭公神道碑》文②，墓主镇国中尉系镇平王府宗室，名睦㮮，字灌甫，万历五年（1577年）举周藩宗正，

---

① 王三营：《明镇国中尉在鏊暨配祝氏墓碑文考》，《史学月刊》2008年第9期。
② 明·焦竑：《国朝献征录》卷一，《续修四库全书》，第525册，第25~28页，上海古籍出版社，1995年。

著述颇丰，时人称其"西亭先生"、"大山"，卒后赐辅国将军①。碑文载朱睦㮮葬白塔原，白塔即今开封城东南白塔村，墓址具体位置无考。

附《明周藩宗正镇国中尉西亭公神道碑》，录文如下：

万历丙戌秋七月戊午，宗正西亭公以疾卒于邸第，年七十矣。其门下士、镇国中尉睦耒等走两台颂公功德者五百人，督抚衷公直指徐公疏闻于朝，请祭葬赐谥，为宗盟劝，天子震悼，下宗伯议，如两台言，制若曰：睦㮮学行素优，其加祭给水衡金钱共葬事盖异数也。语称得全，全昌公庶几无憾者，而缙绅大夫若士民犹环顾咨嗟而叹曰：天胡不憗遗令，公百岁也，则又曰畴复有闳览博物蜚声艺苑如公者乎？公妊十四月而生，有贵征，少端颖朗，诣李公献吉，一见大奇之。曰：此飞兔也，老夫且瞠乎绝尘矣。稍长，学无所不阐，刿意古作者，与闽王道思、越陈约之结社讲艺甚骤。所结撰出无径而走，县宇执牛耳词坛者五十年如一日也。则又曰畴复有阐明经术羽翼圣真如公者乎？公初工制义已叹曰：扬雄非醇儒也，犹耻绣鞶帨，为名高乃覃精于经学。当是时，卫君聘名能《易》，和太芳名能《书》，周伯昌名能《诗》，周涿之名能《春秋》，许守谦名能《礼》，此数先生者，皆河洛间宿儒也。公先后从之游，盖年二十，通五经而尤邃于《易》、《春秋》，其学不颛守师说，聚汉以来诸传注，日夜翻究，务求不诡于圣人。谓《春秋》非独为攘夷复雠立案也，乃自为传以明笔削之旨。《易》初主王弼，后复取郑玄。谓郑学莫备于唐李鼎祚，因刻其集解以传。高陵吕仲木、仲梁与公讲《易》东陂上，惊曰：子辅嗣流也，新郑高公问《易》之大义云何，公以退对高公，怃然有间曰：四圣之精蕴备是矣。其为名硕所推许如此，则又曰畴复有胚胚孝友内行修洁如公者乎？公幼有至性，事父昆仑公晨昏不离侧，疾则尝便，吁天薪代者数矣，丧三年居于外。有弟五，皆从公受经。先世产尽，推遗之立祭田于白塔原。岁时伏腊必合族祀先祠，下退燕于寝以为常，即诸儒习礼家，亦自谓弗及也。则又曰畴复有驯行好修蝉蜕尘埃之表如公者乎？梁缘信陵遗风，诸王孙不养鸡而斗，则从毛薛把臂为豪举耳。公生贵，年十五封镇国中尉，受世禄顾爵然不淬。被服如儒生，海内藏书家推江都葛氏、章丘李氏，公尽购得之，起万卷堂，日讽诵其中，居恒以道德为膏粱，以礼艺为园圃，一切芬华声色之好，视犹土苴也。则又曰畴复有裹韬经济明习当世务如公者乎？嘉靖中，大盗陷归德，掠诸邑，两河震恐，中丞衡水杨公访于公，公借著图方略调兵，食巳次第条上数事。杨公从其策，贼遂平复，惧株连者，众请杨公，毋以大逆闻，又从之，所全活者几万人。杨公

---

① 清·张廷玉等：《明史》卷一百十六，《列传第四·诸王一》，标点本，第12册，第3569页，中华书局，1974年。

悉公才可大用，援祖训荐于朝，格不报。中丞章公将改黄河，偕公行视其可否。公徐曰：河凿而南且入泗，得无为皇陵虞乎？章公愕而止，未几河决，将灌大梁。章公督塞，终日水益急。公载缗钱牛酒往劳之，因说以及水所未啮阙地树木捷土石筑焉，河立塞。其它诸公过而抵掌，促膝所裨益者，固更仆未易详矣。则又曰畴复有翶翶自牧折节贤士大夫如公者乎？公名益重，游道益广，座客常满，客担簦造门，率馆穀之冯（凭）轼结鞑过梁者，必倾盖造公，其或未至亦千里定交竿牍，问讯无虚日。若历下李于鳞、吴郡王元美、蜀张肖甫、楚吴明卿、越徐子与、汝南张助甫皆操风雅，权脾睨一世，而皆与公称莫逆相引重云。则又曰畴复有循循善诱笃老不倦如公者乎？初宗学建，诏博求可为宗人师表者，中外咸推毂公，遂拜宗正之命。盖又六年，宗学成，而公始视事，念身大藩祭酒，感奋图报，称布功令，严科条，择诸生秀敏者占一艺讲授以时，于是弦诵之声彻于朱户，斯斯如也。癸未夏，宗禄之议起，公议不合，遂引疾乞休。上以笃行博闻褒留之，不允。丙戌再疏申前请，复勉留不允。公益感奋图所为报称者而疾作矣，病中犹强起，著《周乘》训勒门弟子如平时，岂所谓任重道远，毙而后已者欤，已，复咨嗟叹曰：天胡不憗遗令公百岁也。盖公既寡嗜欲而又善。养生家言：丹颜黄发，人方望之，如鲁灵光，岿然常存，何论百岁也。而今已矣，则岂惟缙绅大夫士民哉！盖天下共惜之。公所著经学有《五经稽疑》、《授经图》，杂著则《陂上集》、《中州人物志》、《忠臣烈女传》、《大明帝系》、《周国世系》、《逊国纪纂》、《中州文献志》、《训林》、《河南通志》、《周乘》、《开封郡志》共若千卷行于世。辛之再逾年戊子，冢嗣勤美卜以十一月十一日葬公白塔之原。业已乞衷公铭诸墓，而属余以隧道之石曰：先志也。余既感公高谊而重，冢嗣请不可以谢谢辞。按状，公字灌甫，学者称西亭先生，晚筑精舍城东陂上，又自号东陂居士，即与吕仲木讲易处也。父奉国将军豫斋公同辖①，辅国父曰镇国将军子垿，镇国父曰镇平恭靖王，恭靖王者，高皇帝孙，周定王少子也。盖以文行擅其家者数世，而大昌于公。配恭人梁氏、苏氏，俱先公卒，继李氏。丈夫子一，即勤美，封辅国中尉，有父风，苏恭人出。娶李氏，封宜人。女子二，长适金吾指挥袁学端，蚤卒。次殇。孙男子一，朝越，未聘。孙女子一，许字刘耀祖。明兴周宗最盛，翩翩多文藻，若倡明经术者自公始，稽古礼文二百年，而有宗学，膺其任者亦自公始。乃谭者率谓

---

① 此系误载。按，周藩世系以"有子同安睦"为序，《明史》载睦㮮之父为奉国将军安洂（清·张廷玉等：《明史》卷一百六，《列传第四·诸王一》，标点本，第12册，第3569页，中华书局，1974年）。明人李梦阳撰有《夫人贾氏墓志铭》（详前文），志主贾氏系安洂之母，贾氏之夫即安洂，安洂之父为辅国将军同辖。《如梦录》载奉国将军安洂号"昆仑"（清·佚名：《如梦录》，《街市纪》，孔宪易校注本，第33页，中州古籍出版社，1984年），非该志文所载"豫斋"。所以，根据上下文意推测，此处可能是"父奉国将军昆仑公安洂，奉国父曰辅国将军豫斋公同辖"之误载。

公今之刘向较其用不用以为恨，夫向诚用矣。顾其言枘凿不相入，卒弗获如公之为宗正而坎壈竟其身。公则乘时受任，举生平所酝籍者，究宣之而始终恩礼为极备。向用而不能行其言，公不用而能行其学。人或知向用之为不用，而未知公不用之为用也，宁以此易彼哉！第易名之典，群情若欲，然望于太常者，夫谥法不有道德博闻勤学好问为文者乎？又不有纯行不爽一德不懈为定为简者乎？窃观天子所褒嘉公者非一不曰笃行博闻则曰学行素优。在公为不用之用，在天子为不谥之谥。华衮一言，不朽千载矣。公即弗百岁，何叹也？系以铭曰：

　　大明中天，泱泱嵩河。为周赐履，爰有镇平。世德作求，奕叶济美。公乎岳降，婷节树惇。学探宛委，载道者经。异说棼如，经残教弛。公折其衷，譬彼登岱。群山岿巍，帝选于众。询谋佥同，以教胄子。若金作冶，若器作型。誉髦多士，多士伊何。习易奇衺，文羞骫骳。狂澜东奔，谁其挽之。繄公是恃，公曰老矣。乞臣之身，知足知止。帝曰休哉，汝予宗老。汝其强起，偶罹霜露。何恙不瘳，忽焉脱躧。辍相罢春，人苟可赎。百身其以，公泽在后。公学在经，公行在史。谁能长生，死而不朽。是谓不死，温明赗禭。题凑黄肠，哀荣终始。佳城鬱鬱，我碑其丰，诏千万祀。

三、县主墓葬

明代宗室之女与仪宾一旦婚配，按例仪宾不准返回故里。朱国祯《涌幢小品》载："国朝故事，郡主仪宾终身不得回籍。南城郡主淮庄王之女，崇德吕相为鄱阳簿有声，子煐有才貌，王爱而字之，既婚，受封不得归。比相殁，妻凌尚存。主辞禄，乞恩同归，事闻报可，尽拯孝敬。至今人能言之，贤矣，贤矣。"① 可见，郡主随仪宾回籍是不允许的，而南城郡主只是特例。此外，郡县等主和仪宾卒后不得归葬仪宾祖茔，直到弘治五年，明政府为减少王府丧葬的开支才颁布政令："亲王、郡王、镇国将军各于始封父祖茔序昭穆葬，郡县等主于仪宾父祖茔安葬。"②

目前，周藩仅发现有鲁阳王府常熟县主墓，县主系鲁阳靖肃王第九女，配仪宾左纪，卒后归葬于许昌许田故里左仪宾祖茔③。

常熟县主墓志为青石，志盖均高62.5厘米，宽61厘米，厚10厘米。盖文4行，

---

① 明·朱国祯：《涌幢小品》，中华书局，1959年。
② 明·申时行等：《大明会典》卷二〇三，《工部·王府坟茔》，影印明万历十五年刊本，第5册，第2731页，江苏广陵古籍刻印社，1989年。
③ 中国文物研究所、河南省文物研究所：《新中国出土墓志·河南（一）》上册，第380、381页，文物出版社，1994年。

图一三七 鲁阳王府常熟县主墓志盖拓本
（采自《新中国出土墓志》，文物出版社，1994年）

满行4字，篆书（图一三七）；志文33行，满行36字，正书（图一三八）。录文如下：

志盖：明诰封周藩鲁阳王府常熟县主墓志铭

志文：明诰封周藩鲁阳王府常熟县主墓志铭

赐进士第观吏部政大梁眷晚生石田牛可麟撰文

赐进士第文林郎翰林院编修大梁玉阳张一桂书丹

周府会稽康敬王子四镇国将军东崖睦相篆盖

隆庆己巳八月十一日常熟县主卒。主盖与予内亲也。予既往吊之矣。逾月，其大夫左君/纪者持状来请铭，再拜予曰：夫县主之贤，左氏攸赖者也。今不幸亡矣。君其为我志。予初/以不文辞，既而曰：嗟乎，嗟乎。若主之贤，匪志罔传也。矧知之尤素乎？于是焉志。按状：主乃/鲁阳靖肃王第九女，/周定王之玄孙，/太祖高皇帝之七代孙也。母夫人尚氏，沉重简默，与王敌德，遂生县主。十五岁受/封常熟，选配仪宾左纪，许人也，封亚中大夫。主幼时辄知亲姆训，效女红。长，端重严肃，克/肖母夫人。归左后，正位中闱，贵弗骄逸，顺慎是持，与纪好合交敬。事有疑，必议而后行。内/务综理，井井有条。崇简贬饰，岁用有节。敬事公姑，凡衣服饮食，悉以时荐。公姑亡，则哭泣/尽哀，倾囊以治殡葬。侍诸兄嫂以礼。左崇坤者，侄也，肆儒业。主患其不成，加币酬师，冀其/游庠矣。族有兢产者，主每劝纪曰：赖有常禄，足赡家用，慎无屑屑计。义让恳切，十不获一。/客至即亲诣中馈处分，不避劳役。咸党有婚丧不举者，捐赀助之，无难色。仁恕处下，群情/畏服，咸无怨言。然贵而无子，人咸虑左氏失宗祧矣。主乃启王及母夫人，为纳民女蔡/氏、周氏焉。生育诸子女，皆收护正室，恩若己出，即诸子女曾不知其非主出也。君子曰：若/县主者，可谓无子而子孝，诸子者，是为有母而更得贤母也。子崇节暑月患疹危急。主食/素调治，殆五十日。忧思成疾，延今十余载，时每复作。己巳夏，疾作甚，纪忧惶失措。主犹惧/其思虑逾度也，谓纪曰：修短数也。即他日以恩义育诸子，以家务托蔡、周如今日。吾不在/犹在也。纪念主甚，日请医调理，而数周逃矣。无何遂卒，呜呼悲哉！纪泣谓内亲辈曰：吾非/不知命者，但主诚吾

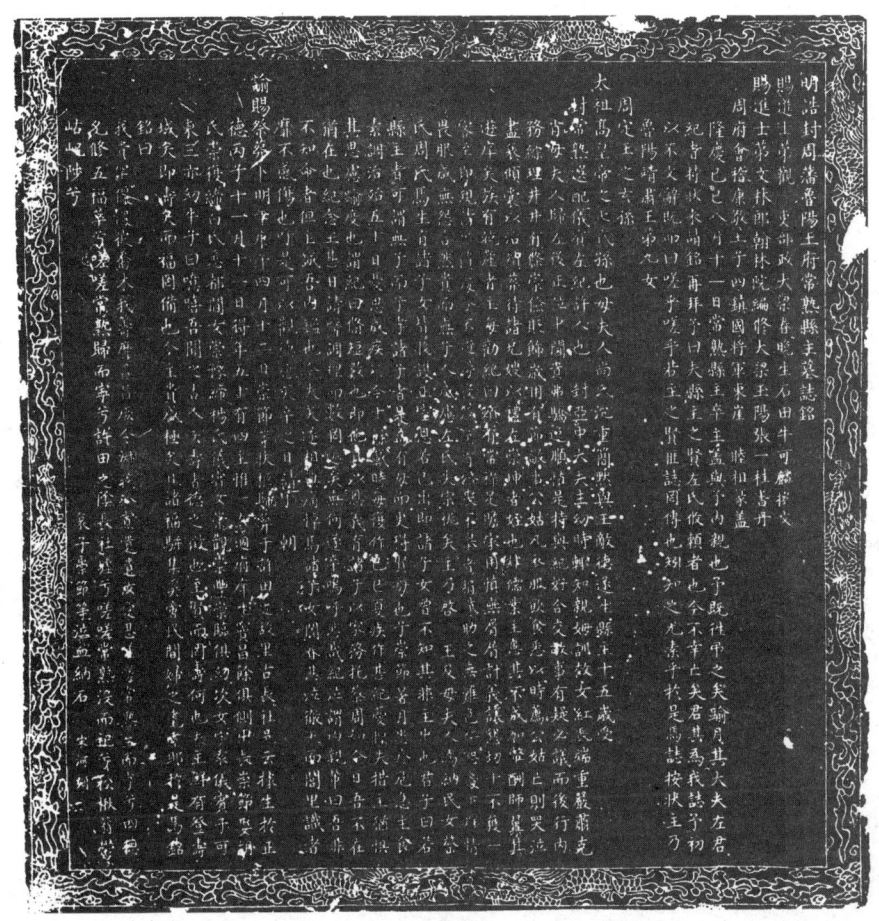

图一三八　鲁阳王府常熟县主墓志拓本
(采自《新中国出土墓志》，文物出版社，1994年)

内鉴也。今失矣。遂相与痛悼焉。诸子女阃眷悲泣彻天，而间里识者/靡不感伤也。吁，是可以观德感矣！卒之日请于朝，/谕赐祭葬。卜明年庚午四月十二日，崇节等扶柩归葬于许田之故里古长社邑云。据生于正/德丙子十一月十一日，得年五十有四。主惟一女，适府庠生窦昌。馀俱侧出：长崇节，娶胡/氏。崇复，缔白氏，悉都闻女。崇豫，缔杨氏，仪宾女。崇观、崇丰、崇临，俱幼。次女字袠，仪宾子可/东。三亦幼。牛子曰：噫嘻。吾闻之，古人云：寿者德之征也。主贤而罔寿，何也？夫主鲜有登寿/域矣。即寿矣，而福罔备也。今主贵盛极矣，且诸福骈集，奚啻民间妇之耄耋耶？于是焉铭。/铭曰：

　　我贵罕俪，俪彼乔木。我筹靡昌，昌厥令淑。我孤寡遗，遗汝爱思。嗟嗟常熟，生而亨兮。四德/允修，五福萃兮。嗟嗟常熟，归而宁兮。许田之阴，长社墟兮。嗟嗟常熟，没而祀兮。松楸蓊鬱，/岵屺陟兮。

　　哀子崇节等泣血纳石　　宋河刻石

第四章 关于守坟户的调查

关于明代藩王寝园坟户的设置，《大明会典》载："凡王府奏讨坟户，嘉靖三年（1524年）准拨附近民人二名看守。万历九年（1581年）议准，亲王每坟拨给军校五名，郡王不许一概滥给。"① 通过实地调查，周藩部分亲王墓葬周围至今仍有守坟户后裔居住。其中有据可查者有周定王墓、周简王墓、周悼王墓、周庄王墓等。这些守坟户自王陵建设之初即从开封或南京等地迁居王陵所在地，世代守陵。守坟户是明代藩王墓葬的重要组成部分，以往的研究成果多未涉及，本章拟对有实物资料可考的守坟户进行介绍，相关的碑刻、谱牒资料则全部录文，以资备考。

一、周定王墓守坟户

周定王墓守坟户有李、罗、白三姓，散居于周定王墓周围。其中，李姓尚有祖茔碑记和谱牒可依，据记载，李氏始祖于明洪武年间由山西洪洞县迁居开封西关居住，后迁居禹州北部老官山，守护周定王墓。李氏祖茔位于周定王墓东部，现存碑刻数通，其中《重修家谱序碑》历述李氏家族迁徙始末。录文如下：

  重修家谱序
  尝闻尊祖者必敬宗，敬宗者必壮族。余李氏祖居山西洪洞县，大明迁民，支徙河南汴京城西关，永乐年间（按：周定王死于洪熙元年，非永乐年间，碑误），余先祖为周定王葬禹北境老官山金字石下，奉命护陵，遂安居于犁埏沟，世系虽未尽悉，茔中现有谱碑可凭，但子孙绳绳，派字占尽，第恐历时久远，支派莫辨，而尊卑难分，洵失敬宗尊祖之意焉，因同族公议，更定十字，以次相传，垂于后昆云。

---

① 明·申时行等：《大明会典》卷九十八，《丧礼·三》，影印明万历十五年刊本，第3册，第1534页，江苏广陵古籍刻印社，1989年。

二、周简王墓守坟户

周简王墓守坟户后裔聚居于周简王墓东之小寨村，据传原有李、张、鲁、王、谢、郭、臧、靳八姓。其中李、张、鲁、王四姓繁衍至今，其余四姓乏嗣不存。据记载，李、张、鲁三姓始祖原居南京大石桥，均为武职，后随周王朱橚之国河南开封，周简王死后，随柩迁居荥阳共守王陵。另有王氏一姓，其祖茔碑也记载有为周简王守陵的事迹，并且其后世子孙曾分居到附近的路家岗村和坟上村分别看守周惠王墓和周悼王墓。

（一）李氏先茔碑

青石，方趺圆额，通高180厘米，宽64厘米，厚18厘米。碑额正书"李氏先茔"四字，同治四年（1865年）立石，正书。录文如下：

始祖武职，南京大石桥老户，因保洪武第五子周简王（按，应为周定王）镇守汴梁，仕于开封，告老致仕，择居荥邑东南槐东保小寨，耕读传家，其子化龙、化虎、化凤、化蛟兄弟四人，安居乐业。子孙昌盛，绵延数十世，至足乐也。追自清初，各相迁移。一居小寨、鸿沟；一居张寨；一居蒋庄、铁炉、楚村、郑州乍城；一居上湾张、李岗。乾隆元年灵宝训导荣先自□□迁居长葛坡湖，族繁不及备载。谨叙所知，勒碑以传后世，永垂不朽。

大清同治四年岁次己丑瓜月仲浣日望敬约合族同立

（二）张氏先茔碑

青石，方趺圆额，通高195厘米，宽65厘米，厚19厘米。碑额正书"百代血食"四字，乾隆五十五年（1790年）立石，正书。录文如下：

始祖张智，系山西洪洞县人也。自洪武初年迁于南京大石桥。后周定王分封河南，随驾入汴。及周简王薨，葬于槐东保教义西邢村迤东，又随驾入荥，远以简王陵园为家焉。　　十三辈孙桂芳书

大清乾隆五十五年岁次庚戌孟春吉旦立

（三）鲁氏先茔碑

青石，方趺圆额，通高158厘米，宽67厘米，厚17厘米。碑额正书"鲁氏先茔"四字，光绪十二年（1886年）立石，正书。录文如下：

始祖自洪武初年由山西平阳府洪洞县迁至南京大石桥。至周定王分封河南，

随驾来梁。及至周简王薨，卜葬于荥阳县槐东保教义邢村迤东，又随陵驾入荥。乃以陵园为家，时谓陵户。后至崇祯末年，闯寇作乱。始于村东创修小寨，因以明村，遂卜茔于村之巽方，以受文明之气焉。夫而后宗族繁衍纷纷，出迁遐迩，散处者不可备述，若不聊族分支，不及紊乱。宗派至悉于祖宗之祀乎，今因祖茔旧有坟地一段，屡年集稞作钱，于是约举坟社，置员碑料，爰将祖宗之出处由来，溯始追源，勒诸琘珉，以示后世继续云。

皇清光绪十二季岁次丙戌蒲月上瀚立

（四）王氏先茔碑

青石，方跌圆额，通高 165 厘米，宽 58.5 厘米，厚 16 厘米（图一三九）。额篆"王氏先茔"四字，嘉庆十八年（1813年）立石，行书。录文如下：

悼王坟、路家岗原保简王坟人氏，自悼王葬于北坟，于是北门人遂驾而居悼王坟焉。惠王葬于西坟，西门人亦遂其驾而居于路家岗焉。准予独居于此，惟恐世远年湮，后世之子孙不明其故，惑乱其一本九族之伦，故将前世分居之由书于此焉。

龙飞嘉庆十八年岁次癸酉六月吉日仝立

（五）李尚义墓表

小寨村李氏族谱载有李尚义墓表文，碑存楚村，道光十四年（1834年）立石。碑文转录如下：

明初始祖李公住在南京大石桥，官居守备。洪武封第五子于河南汴城，为周定王。吾祖随定王驾入汴京。定王薨，立长子为周宪王，宪王薨，立其弟为周简王，简王薨，卜茔于荥阳县槐东保小寨西，吾祖随驾来荥阳，以简王坟为家，成陵户。大约时在正统年间，嗣后至清初，吾高祖李洪禹迁居蒋庄，高祖李文锦迁居北铁炉，曾祖李尚义又迁居楚村。因明末流寇作乱，家谱失传，至今难以译序，故将家事勒石以传后。

清道光十四年岁次甲午春月上浣吉日立

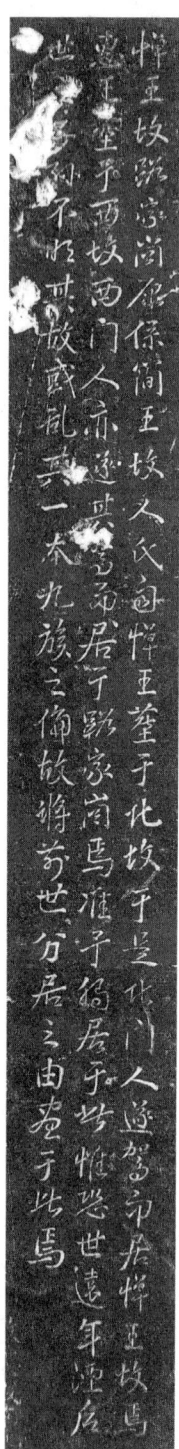

图一三九 王氏先茔碑文拓本（局部）

三、周悼王墓守坟户

周悼王墓守坟户有臧、王、李三姓，其中臧氏始祖原居南京常州府阳虎县，嘉靖年间迁居坟上村，与王、李二姓共同守护周悼王墓。坟上村现有臧氏宗祠三间，坐南朝北，硬山，灰瓦覆顶，内有碑刻数通，内容为臧氏谱牒和纂修臧氏谱牒石记等。

（一）臧氏原姓录石碣

嵌于臧氏宗祠南壁，青石，碑文部分横长77厘米，高23厘米，厚度不详，立石时间不详，正书（图一四〇）。录文如下：

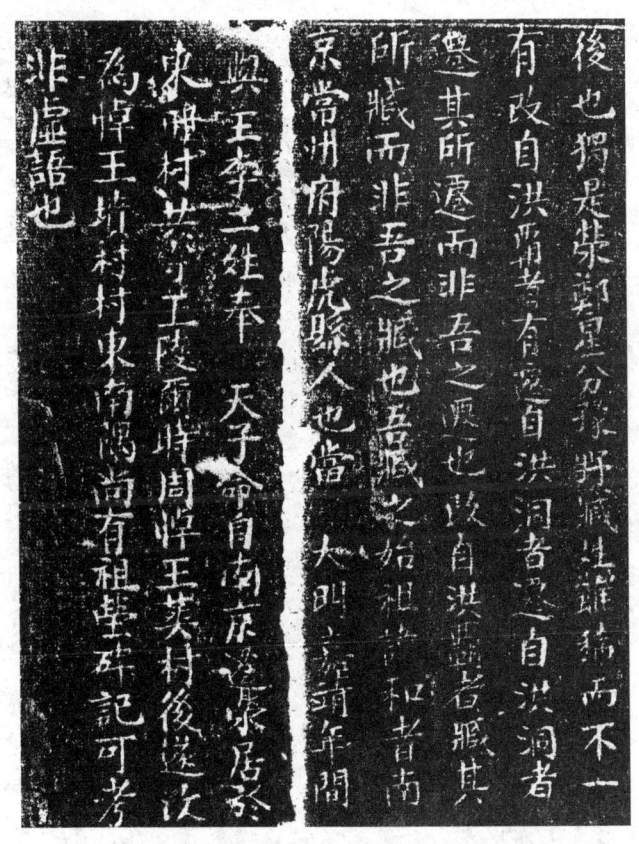

图一四〇 臧氏祠堂碑记拓本（局部）

原姓录

夫姓氏之说，先王所以重统。是故因生赐姓/以联属之，或四姓十姓，芬错弥笃，或避嫌避/名，鬼变析著。以土为姓者，曰陈、曰宋。因之以/官为氏者，仓氏、葛氏悉列具有。以谥为氏者，/宋之桓氏、戴氏。以字为氏者，鲁之展氏、臧氏。/班班载籍，而本始之义立矣。向者，人生类萃，/有冠履之分，有伦物之辨，有世属之详,有相比之体,有厚远之道,是以为世系,曰大宗小宗,为本支曰同堂异室,为婚姻问名慎买,亲亲厚厚,别嫌明微之类咸备也。匪是则何以肖天地而撼人道哉?故类族而慎辨之使以统,同则尚其宗以辨,异则尚其源以亲,杀则尚其世以姻,娅则尚其别,由是亲亲而仁至,厚厚而义尽,氏明而礼节,礼乐备则天地官纪纲廉则秩。叙协至今不衰,由此其选也。故曰:明乎?此义王道,其易易乎?臧之一姓,吾尝溯厥所自矣。初鲁孝公生僖伯驱,驱生哀伯达,达生伯氏鉼,鉼生文仲辰,辰生宣叔许,许生武仲纥。驱,字子臧,后以臧为氏,故号曰臧孙。是臧之姓,其殆始于僖伯乎?僖伯有观鱼之谏,哀伯有郜鼎之阻,所谓君违不忘,谏之以德者也。鲁之人咸知臧孙之必有后于鲁矣,然武仲出奔邾,贾为出奔铸,岂非臧氏移居他邦之渐者欤?自武仲迄汉数百有余年,光武封臧宫为郎陵侯,献帝封臧霸为琅琊相。而臧氏浸浸然,星散天下矣。凡今之山东、山西、江南、江北臧姓者,率皆僖伯、哀伯之后也。独是荥郑,星分豫野,臧姓虽稀而不一,有改自洪霸者,有迁自洪洞者。迁自洪洞者,迁其所迁,而非吾之迁也;改自洪霸者,臧其所臧,而非吾之臧也。吾臧之始祖讳和者,南京常州府阳虎县人也。当大明嘉靖年间与王、李二姓奉天子命,自南京迁荥居于东邢村,共守王陵,尔时周悼王葬村后,遂改为悼王坟村。村东南隅尚有祖茔碑记可考,非虚语也。

(二)纂修臧氏宗谱石记

嵌于臧氏宗祠南壁,青石,碑文部分高123厘米,宽18厘米,厚度不详,立石时间不详,正书(图一四一)。录文如下:

纂修臧氏宗谱石记

窃思木则有本,水则有源,物类且犹如是,况人为万物之灵,而可忘其本源乎?第族繁处,润久而疏焉,或亦其势诚欲使疏者不疏亲者,愈亲莫如尊祖敬宗,敦宗睦族,以修谱焉。余臧氏当大明嘉靖元年与故王、李二姓奉命迁荥,出南京之地,共守王陵,居东邢之村,缘周悼王葬村后,遂改为悼王坟村。族居村中,历有年数,至前清定鼎以来,兵燹之余,族谱失传已久。先严增生培之与族兄儒重、凤仪恻然悯之,欲序先后次第,未及举事,相继而亡矣。余当弱冠,从游孟资,即欲继志述事而未能焉。后东奔西投,自顾不暇,奚暇修谱哉?然余恐世远年湮,向后支派辈数紊乱也。至民国壬申年,在本村教读,观大李李氏之谱,慨然有修谱之志。幸也族叔儒医大权,心通六经,族侄毕业生长明胸藏万卷,俱有承先启后之意。向余商议族谱一事,余不胜欣喜之至,曰:茔有石碑可考,家有木主可证,虽生卒年月不能十分详明,而各门之支派亦可得其大概矣。然修谱事重，不敢无知妄作也，谨按老泉谱法，以所知者为始，遂尊和公为始祖。细察李氏家谱，五世异帙，准五/服之义，再提成九法九族之文，且以千文之字为部，以五常之文为系，纲目分明，井井有条而不紊。呜呼！修谱之法，未有如此之深切详尽者矣。于是仿其规模，需及十二世而上，因作七言绝句，遵派命名自十三世为始。然余是举也，体先严尊祖/敬宗之心，敦宗睦族之情所积而形焉者。所谓尊祖敬宗敦宗睦族者，非徒追念虚文声气貌合而已也。果于为善，思贻祖宗令名；果于去恶，恐贻祖宗羞辱。一言一行，俨然祖宗式临矣。知善可为，必与宗族共勉之；知恶不可为，必与宗族共惩之。/或荣或辱，不啻宗族明鉴矣，凡谊属天演情联玉牒之人，苟能重诗书而宝农桑，修庙勒碑，设学明伦，使后之为子孙者非耕则读书香接武，人文蔚起，复以今日之心为心，再叙此谱，以永其传，不惟是余继先严之志，慰即族叔族侄，上而祖宗，/下而曾玄，亦俱与有荣焉，是为序。

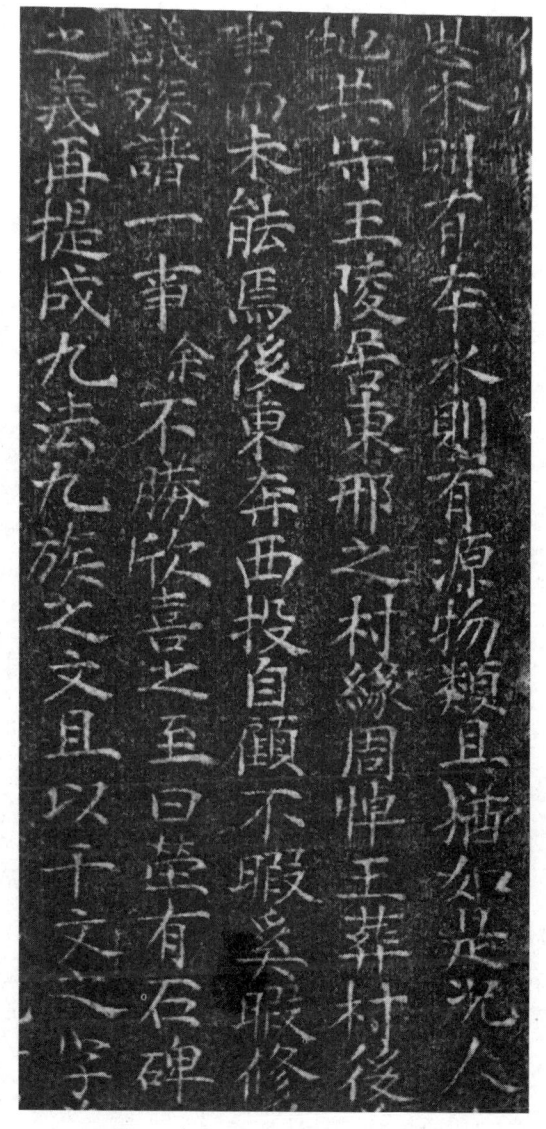

图一四一 臧氏谱牒石记拓本（局部）

四、周庄王墓守坟户

周庄王墓守坟户目前仅发现有蒋氏一姓，其后裔居于周庄王墓所在的蒋庄村，村内现存蒋氏始姐周府奉御官蒋虎墓碑一通，碑文内容为蒋氏族人丈量并保护先祖坟地立为禁约的事迹。该碑青石，方趺圆额，通高159厘米，宽56厘米，厚15厘米。同治十二年（1873年）立石，正书。录文如下：

碑左：蒋姓卜茔此茔历有年所，祖宗之培植孔厚，瓜瓞之绵延极繁。至十世孙全智与十一世孙九合感春露/秋霜之变动，水源木本之恩，因纠合族众，将坟墓重新修整，坟地再行丈量，且议禁约，开列详明。自是/先人坟墓永远可保无虞，子孙拜扫日久亦不可替，承前启后，极盛事也。因勒诸石，以永垂不朽云。

　　碑中：明故周府奉御官蒋公讳虎墓

　　碑右：坟地南北长十一丈五尺，东西宽十丈整。计地十亩九分一厘六毫六丝六忽。共议坟中不许刍荛，犯者罚戏三天。

　　大清同治十二年岁次癸酉阳月二浣吉日合族仝立

第五章　陵区内寺庙的调查

明代周藩宗室人员多信奉佛道，经常舍资助修寺庵道观以修梵福。其王陵周围的寺庙道观同样受到周王府的恭遇，王府豢养僧尼道人为已故的历代周王祈祷诵经，告慰亡魂，并希望神灵护佑王陵。这些寺庙虽然不像北宋皇陵禅院一样在陵区内专门设置，但其共同的目的都是为生者修福，为死者超度亡灵。荥阳境内王陵较多且较为集中，其周围寺庙多有周王府助修者。这些寺庙残存的碑刻题记对研究周府王宗的宗教信仰、护陵官员及守坟户的设置颇有意义。其中有几处寺庙与周王府关系较为密切，如洞林大觉禅寺、兴国寺、祖始庙、谷山祖师庙及槐林关帝庙等。

一、洞林大觉禅寺

洞林大觉禅寺即洞林寺，位于郑州市区西南约20公里处，地属荥阳市贾峪镇，寺院坐北朝南，濒临贾峪河（又称寺河），寺右有洞林水库，南面红山，背依岗阜，山环水绕，自然环境优美（图一四二）。寺内《敕赐洞林大觉禅寺历代序》碑记载，自达

图一四二　洞林大觉禅寺远景

图一四三　南无日光菩萨造像

摩来中国传法后，建有"三林"，即少林、竹林和洞林。洞林即指洞林寺，是佛教较为著名的道场之一。据寺内残存碑刻记载，洞林寺在北魏时期已相当兴盛，唐、宋、金、元又屡次扩建。到了明代，洞林寺受到空前的礼遇，明太祖朱元璋于洪武二十七年（1394年）敕修古刹，诏命国舅马衲头宝公禅师重开山，并赐官地五顷，永不起税。永乐七年（1409年）九月周王为生女造白石南无日光菩萨一尊①（图一四三）。后来，因周简王葬于寺后，寺院便一度被改为周王府的家佛堂；嘉靖年间，周王府两下谕旨保护寺院，并勒石记其盛事。自洞林寺被改为周王府家佛堂之后，凡遇节期，寺院僧众便赴周围王陵诵经，告慰亡灵，迄至明末，遵制不改。

明末清初，战争频仍，洞林寺被破坏严重，自清以降，虽然屡有修葺，但已辉煌不再，现在存有天王殿1座（图一四四）、碑刻10余通及印度式佛塔1座，其他建筑均为近年所建。明代碑刻中，敕赐洞林大觉禅寺历代序碑、周王旨谕碑、重修洞林寺大雄中殿记是研究周王府与洞林寺关系的重要资料。

图一四四　洞林寺天王殿及四大碑

---

① 日光菩萨左侧衣襟处有题记：南无日光菩萨，周王为生女法性吉祥造像一尊，答报菩萨于万斯年，永乐七年九月吉日。

（一）敕赐洞林大觉禅寺历代序

青石，螭首圭额，赑屃座。通高451厘米，额高126厘米，碑身高263厘米，宽100厘米，厚33厘米。嘉靖二十七年（1548年）立石，正书（图一四五）。碑文记述明代洞林寺方丈的世系，洪武三年（1370年）皇帝敕赐洞林寺官地五顷，且永不起税，以及周简王葬于寺后，洞林寺成为周藩王府家佛堂的情况等。碑阴刻"重开山国舅宝公禅师、壹花五叶德安公宗师"门徒传递情况。此碑是研究洞林寺历史、周王府与洞林寺关系的珍贵资料。录文如下：

敕赐洞林大觉禅寺历代序

佛慧圆明大阐宗风讲经论律牛山扫帚漫西堂都管沙门明滋天泽撰并篆

少林传宗广公无边法嗣于五台山秘密寺法主日忽公古鉴玄孙真霄碧云书

昔乃混元未定，清浊未晓，感蒙/诸佛菩萨万圣千贤，愍念四生，哀怜六道，垂慈方便，齐超苦海，共正菩提。三教总论，各示权衡，冲满太虚。释门衣于大千沙界，历六土万行法门，修慈悲忍辱/解脱之道，智慧般若之德，垂光有超生度灭之行。老子曰：吾驾青牛，只至玄关，玄中玄，妙中妙，出离玄关这一窍。有人识得玄中理，如鸡抱卵光未晓。安/日月，移星斗，八卦八方无尽晓。清净玄极有谁知，升仙了道镇国宝。孔子曰：吾历三纲之道，五常之德，将领三千徒众，七十二贤，周游天下。任意随缘，五/常五戒，玄极妙理，譬如鼎鼐金炉蒸香一柱。法性归空，真元一气，此乃水澄月现，人伦有叙。/古佛住世，演妙法三百余，会阐大教万万余春。曰经、曰律、曰论，乃为三藏十二部。一切修多罗，普令一切众生，脱离尘劳之苦，发勇猛精进之心。少先垚为法/燃身，十第满果正菩提。观音断臂救父，圆通境无处不寻。地藏弘誓深重，济六类世之无穷。文殊化为童子，侍利四海禅人。普贤种种玄妙，度大地阎浮众/生。法雨普润，红霓示现，轩辕历世，续明君重重无尽。大圣隆于净饭王宫太子，年长十九，弃舍金轮，雪山修道，入圣超凡，红轮西坠，当正涅槃。佛后始西域/二十八祖达磨大士航海而来。法传六至曹溪，一花五叶芬芳，灯灯相续，心印通澈，双屦西天。法传中国，乃有三林，乾涌竹林，坤有少林，洞林在古荥阳，乃/是琅琊祖师道场，弥勒佛曾住其境。崇楼宝殿，金碧皎辉，晚钟自鸣，巍峨重重。翠云叠叠，清音绕绕，八卦相携，乾坤永就。金田之地，混元叠叠，无增而无亏。/汉唐元宋重建接次，永为香火院。现有大藏圣旨蛟龙碑，皇太后、驸马、三堂请疏，历代英贤诗章。敕诏国师西堂宝公、续秀公雪堂大宗师。/皇明太祖集位，洪武三年，奉例敕修古刹，诏命国舅马衲头宝公禅师重开山，续奇公，曰斡、曰让、曰果、曰春、曰隆、曰才、曰广，敕赐赡寺官地五顷余亩，永不起/税。养赡僧行，修理寺院，

图一四五　洞林大觉禅寺历代序碑碑阳拓本

第五章 陵区内寺庙的调查

图一四六 周王旨谕碑碑阳拓本

焚修香火。/简祖葬于寺后，改为家佛堂。周围金陵数十有余。/周王见得累代/君王有记，我朝通无寸墨，令旨传下，遣官李士强、王顶命工立碑。衣冠持僧明伦天叙掌管寺院，郑之马氏之子，幼而祝发于首座亮公碧天为嗣，其僧戒律/精严，三教通澈，看为释门之宗匠，永作人天之眼目。好贤乐善之心，鸠化十方。刊刻立石，万古不磨之记。

  时嘉靖二十七年岁次戊申冬孟月吉旦　　住持沙门普照大师、明顺、明伦、道菩、德满、元录、续寅等仝立

  东号（按，號）石匠王恺、王廷万、王廷才、黄经、李朝阳刊

（二）周王旨谕碑

青石，螭首圭额，赑屃座。通高422厘米，额高132厘米，碑身高251厘米，宽95厘米，厚33厘米。嘉靖二十七年（1548年）立石，正书（图一四六）。碑阳内容为明太祖和周王府历代藩王序及嘉靖二十年（1541年）、二十七年（1548年）周王旨谕两道。碑阴共分六部分，有周府内官、附近百姓及附近寺院住持等题名，另有沈丘王雪庵嘉靖二十七年（1548年）十月《游洞林寺》一首（图一四七）。录文如下：

图一四七　周王旨谕碑碑阴拓本（局部）

碑阳：

太祖高皇帝叙

周定王叙　周宪王　周简王叙　周靖王　周懿王叙　周惠王叙　周悼王叙　周恭王叙　周康王叙　周庄王（此三字为后刻）

周府令旨：说与荥阳县洞林大觉禅/寺住持明伦等知道，切照本寺乃/先祖于洪武十五年间造/白石佛一尊，后于景泰年间铸造大/钟一颗在寺，命僧焚修香火，祝筵/圣寿，答报/皇恩。到今年远多被附近人等侵扰/作践。今后尔等务要朝夕勤谨，处/诚焚香，看守佛殿，巡视墙垣树株，/如有闲杂人等似前作践者，轻则/尔等呈送该管衙门禁治，重则指/实来启定夺。尔亦不许在寺因而/别生事端。如违，治罪不饶，各宜尊/守。故谕。

嘉靖二十年十月初六日。

京山王　太太祖上李妃　太祖上袁妃　应城王　千岁周王　徐妃　汤溪王　华亭王　瑞金王　商城王　柘城王　修武王　安吉王　汝宁王　彰德王　顺庆王　保宁王　沈丘王　鲁山王　上洛王　永宁王　奉新王　镇二府二辅国将军安涤

周王旨谕：荥阳地方洞林寺僧/明伦，兹寺固先朝所建，我/太祖高皇帝敕赐宝公禅师赡/寺地五顷，及我简祖造玉石/佛一尊，铸钟示致敬礼，历奉/敕修列祖六坟，俱近此境。山明/水秀，土厚风淳，乃佳城之/区也。嘉尔梵刹，附立岩岫，/亦可壮观，敕赐毗庐袈裟/幣礼，为本寺住持，当谨守/戒律，精虔焚修。凡遇节令，/诵演大乘，上达我列/祖尊灵，少伸寸孝报本之意。尔/其勿怠！敬哉！故谕。

嘉靖二十七年十月二十日。

碑阴：

第一部分：

游洞林寺诗一首

宝刹经年久，乾坤第一奇。法楼晴掩映，飞阁影参差。松柚凌霄汉，山川紧护持。古今多少客，乘兴赋新诗。

周藩沈丘王雪庵撰

嘉靖二十七年十月四日题

承奉正：靳用；承奉副：王进卿；承奉副：闫仲；承奉副：于宝；典宝正：武进；典宝副：柳昂；伴读：王卿；伴读：王顶；伴读：藉伦；伴读：刘锐；典膳正：陈左辅；典膳副：尚昇；典服正：刘□；典服副：安朝；门官正：韩栾；门官副：张万宝；掌司正：李士强。

临湍王四府镇国将军睦緐汝阳王四大府大奉国将军勤烊

第二部分：

奉御官：靳用、王顶、王宝、刘准、朱廷佐；守御官：张经、徐右、黄舟、王阑；鲁阳王府信官：王继先；胙城王府信官：宋成；典宝正：李继先；周府典仗：史继勋、卓季隆；周府典膳：娄汝洁；审理所：李昇；周府王亲：朱宝、李勳、徐恭、蕞钺、贠秀、田繻；汤溪府典膳：杨忠。

第三部分：

郑州

周府典膳：李羙、李臣、张沺、张阑、陈天策、邢廷享；

监生：李中魁、李中元、李中郎、李腾宵；

原武王仪宾：张济；

原武县：苏太、苏堂、苏朝、苏洗、苏时霓、苏时阳；

荥泽县：谢天锡、程增、付通、付景章；

荥阳县

王府官：陈凤来、张文弼、高科、田鉴、李昺、李卫、张文科、李石麟、赵一寒、王国臣、李辅、王条、翟景新。

第四部分：

郑州大礼

耆德：高嵩、刘志高、高山、田万、朱臣、刘廷真、田遇春、张文绣、田仲得、高洁、张文魁、李银、赵富、刘一先、薛禄、薛霜、薛露、薛雾、郭彦禄；

中牟县南梁保：刘世福、刘彦堂、刘彦臣；

密县：刘景秀、刘继名、丁仁；

薛村：李世用、女善人张氏二姐、李氏、董世杰、葭普、李臣、董世福、赵彦章、李宰、贾友庆、赵珣、李景受、赵锐、李文孝、贾连；

须水镇：赵淳、肖洁、瞿裕、张钿、刘一中、黄吉、王免、徐永康、刘福、李龙、肖增、李鉴、张汝朝、肖憽、吉银、张汝臣、肖现、黄鉴、张汝渊、任□保；

李固村：李顺、李季、李迎；

耆德：李继、李川、刘恺、赵保、李彦禄、李山、李臣、李昶、李孝、李茂、樊荣、李相、李艾、李松、李永锡、李印、李向时、李江、李臻、李现、李惟新；

贾峪店：齐仲义、齐守章、赵伯林、齐仲仁、芦染；

耆德：王廷章、杨大经。

第五部分：

槐林村：赵子年、赵生、靳裕、赵恺、陈钱、郭恩、赵荆玉、郭美、郭仓、赵荆阳、冯志高、陈景方、赵思恩、赵景枝、王隆、雷廷住、赵景阳、王伯川、陈云、赵虎、刘山、赵景隆、赵花、陈令、赵万、陈廷信、李禄；

陆村耆德：张施恩、张炫、芦操、陈禄、张炜、张躬、张现、张纨、芦孜、张懃、张继、刘成、张介；

高杨村：杨敬、常廷洗、孔进、杨允珏、软舟、杨允禄、王道、刘政、刘朝；

白狮子铁炉村：陈智、陈进、陈实、陈昂、陈林、周世用、周宪、周孝、武恭；

护陵善人：周恺、武追昌、臧和、张得、李郊、田佐、管家姑娘赵氏、田山、花保、鲁廷裕、蒋锦、蒋凤、蒋栾、李继宗、刘清、刘廷章、谢宗、吴奉、鲁廷富、鲁继先、谢隆、李继先、张志道、沈道、王千小、吕恺。

第六部分：

西邢村：王奉、王林、王秀、王宗勉、王仲善、王宗信、王牵、王仲礼、王美、王宗义；

皇坡：朱珣、朱森、朱价、董永成、董孝成；

观音寺护记：祖明、祖恩（思）；

兴国寺住持：庆在、庆现、庆进、妙还、庆见、清沛、庆千；

天王寺住持：明英、明住、清泉、清济；

迎福院住持：明渊、清沼；

极乐寺住持：了潭、本裕；

龙泉寺住持：道山；

延洪寺住持：圆素、圆秀、明吉、明甫。

时嘉靖二十七年十月吉日立石

荥阳县石匠王铠　密县梁家保石匠黄经

（三）重修洞林寺大雄中殿记

青石，高205厘米，宽80厘米，厚20厘米。崇祯十五年（1642年）立石，仿宋体。碑文记述明末洞林寺的状况，以及该寺僧人遇到节期为周围王陵诵经慰灵的制度。录文如下：

重修洞林寺大雄中殿记

荥庠廪膳生员张正志顿首拜撰并书　石匠王守冬、王喜

见/佛何□□其人于中国也，自汉迄唐而又以骨进要其道，方便以为父，智度以为母，法喜以为妻，慈悲以为子，诚西方大圣人矣。然而/分之□建之寺者，盖无上菩提，人身咸具，将以劝世人之为善而结因果也。荥邑东南四十里余旧有古

刹洞林寺，环顾皆山也，峰列朝／向，势若星拱，□自坤方水来，颓□如雷，浇注□恃以圭，佳卉美石，卿云野横，盈目千状倾焉，莫殚寻古径，步苍堦，第见树影参差，鸣禽上下而已，奇哉！此景□□□□处休睿□□□观杪，虽净土何如焉。古人云：爰净爰清，游神之庭，正谓此也。然创自前代，我／朝屡奉敕修，相继有人，后因／简祖葬于其后，与诸陵□□□□为家佛堂，凡遇节期，令僧赴陵诵经，上达列祖，至今遵制，未敢改也。其中佛殿一所，内有金粧／佛三尊，及简祖所施□□□□□□其所留奇□□，非寻常等也。无何而历年□无继修之者，风雨摧残，栋宇圮毁，奚以妥众佛之／灵乎哉？奚以慰列祖之□□□于□。住持□□□□悒忧不已，将图兴复也。旁有陵户鲁得荣、鲁得银二善人，过览胜景，悲其不振，奋／然首倡修葺，以□先祖□□□□□□□□□欢甚，请众善人等相议，各喜捐资合力其举□兴复，其有望乎？乃于本年十月中／经始僧□二人□□勤□□□□人□□王□□而随告成矣。观者莫不惊其曰有神助焉，不然何若斯之速也。行见壁瓦鳞次，素／粉清圬，如竹苞，如松□□□□□毁之家，可无忧也。所□爰众佛之灵者在是，即所以谓列祖之□者，亦在是矣。尝闻夫上□德，其／坎立功之举也，其大有□□□乎？又谓积善之家，必有余庆之功也，其获庆宜何如哉，虽然为善而怀有功之念，非为□□□功而存／获庆之意。非有□也。余今□凡此□□事者，志法吉人，恣情邀福令德修于其身，积行累于其后，不期功而功自□，不望庆而庆有余，莫／□因果□于□矣□□哉！

周府掌印承奉正曹坤恩、赐守备副曹巽、代理八陵署典服周□、奉御官杨进忠仝顿首拜。

大明崇祯十五年岁次壬午季□□癸丑之吉

实授都御司鲁师羽，住持沙门禅师真常，徒惟乾、惟经、惟昇、惟秀，侄惟善、□藏、绍勤立石

二、兴　国　寺

兴国寺位于荥阳市东南10公里处的豫龙镇兴国寺村，据乾隆《荥阳县志》记载："兴国寺在县东南二十里，唐咸亨年建。"[①] 兴国寺坐北朝南，北枕檀山岭，南临须水，风景秀美。兴国寺原有建筑数十余间，惜毁于战火，现仅存一批明清时期的碑刻及塔幢。现存建筑均为20世纪80年代以后修建（图一四八；图一四九）。

---

① 清·李煦撰修：《荥阳县志》卷三，《建置·观寺》，点校本，第63页，荥阳县志编纂委员会总编室，1989年。

图一四八　兴国寺远景

图一四九　兴国寺大雄宝殿

有明一代，周王府与兴国寺的关系比较密切，永乐十一年（1413年）周王府为添生十五郡王造宝庆石佛一尊赠与兴国寺。民国《荥阳县志》记载，兴国寺有崇祯三年（1630年）立石的"周王重修兴国寺碑"[1]。现在仅存宝庆石佛，周王重修碑佚。

---

[1] 民国·卢以洽撰修：《续荥阳县志》卷十一，《金石·明》，点校本，第1045页，荥阳县志编纂委员会总编室，1989年。

（一）"庆源重修"残碑

仅余下半部，并已劈裂成两段。青石，残高122厘米，宽82.4厘米，厚22厘米。立石时间不详，正书，仅碑阳有字。

正中竖行正书"……庆源重修"，左侧仅余一个"旦"字，下有"周府图书"印一方，印文边长7.9厘米（图一五〇）；右侧有"义官张书绅、赵守义仝修"诸字。

（二）楚荆瑞书丹碑

该碑为青石，断裂成两段，碑阳记述兴国寺的建筑规模，碑阴为周府内官及善男信女题名。残高173厘米，残宽40厘米，厚25厘米。立石时间不详，正书。录文如下：

图一五〇　"周府图书"印文拓本

碑阳：

赐进士第知长州县事前试吏部文选致仕荥阳楚荆瑞书丹
　　赐进士第观兵部政成皋陈万言篆额
　　乡贡进士荥阳县儒学教谕天台柴镶撰文
　　……荥阳县之东南，去城仅一舍许，有崈平衍，宽可数百步，北负高岗，巻然□□之麓为崈，崈之南瞰大溪，溪之源发于溟/……水者，郑庄公誓母之洞也，经流于叔段城下，迤逦而东，至崈则曲折以□，风气环抱，泉石清幽，佳木葱茏，蓊若□□/……一胜地也。浮屠氏诛茅荆奥，卜而庵之，则兴国有寺，其来旧矣。岗之南洞之南为水陆大殿，翼□□□□/……其正南为三尊殿，三尊殿之东南为伽蓝殿，又南为钟楼，西南为祖师□，又南为鼓楼，又正南为□□□□□□/……之楹以三，而库亦如之，左厢以五，右亦如之，左厢之东，僧房之制，又□□□，右厢之西制亦□□□□□□/……有如焉，此则兴国寺之大观也。若夫桃李闻芳而槐阴转日，风蝉噪晚而野梅竞春，此□□□□□□□□/……也，邑大夫赵侯鼐……

碑阴：（仅录与周府相关者，余略）

　　周府内臣：郑寿；典膳：李美、李臣；藩司吏：王邦俊、李臣、辛印；□房吏：张思□、□□、刘仓、孙廷禄、谷山、张全；教读：王臣、李宽；耆老：李仝、李惟、孙廷瑞、李美、孙堂。

三、祖始庙

祖始庙位于荥阳市东南贾峪镇祖始庙村，地近周藩王陵，始创年代不详，目前庙内存有一批明清时期碑刻。从残存碑刻来看，祖始庙在明代盛极一时，周府王宗和守陵官民多捐资助修以佑护周围王陵。

（一）"周王旨"残碑

青石，螭首。残高124厘米，宽93厘米，厚26厘米。万历三十四年（1606年）立石，正书（图一五一）。额篆"明周王旨"四字（图一五二），碑阳记述祖师庙建筑概况（图一五三），碑阴有周府世子、郡王及管事宫女等题名。录文如下：

碑阳：

……焉，人物即……/水盘旋于下，云气时覆……/陈公同管府事人李、周、臧，儒李自……/真人殿，一灵官殿，一大门，一门外石桥……/尚居于茅茨，上帝不免于土塪。王与……/以充拓，即旷典而增补，俾三清上帝之……

时/飞龙万历三十四年岁次丙午仲春吉旦　槐东保……

周府承奉司：徐进、陈进、于宝、刘……、赵应奇、张进忠、周忠、张……

图一五一　"周王旨"残碑

碑阴：（仅列与周府相关者，余略）：

周府内管事宫女：何氏、吴氏、许氏、黄氏、徐氏、高氏、汪氏、张氏、李氏、朱氏、高氏、李氏、石氏、崔氏；周世子、周藩原武王、周藩洧川王；周府书堂官：郭东明、钟鲸、刘应光、王儒、李之实、许文杰、赵珮、李宗、张□翰、

图一五二 "周王旨"碑篆额拓本   图一五三 "周王旨"碑拓本（局部）

徐钊、刘新、刘文换；汝阳府：朝鋆、朝𤩽；镇平府仪宾：李大全、察□、李天才；监生：赵守礼；生员：徐自悦；义民官：吴洪峪；义官：赵守义；替画：吴方；信官：谢天眷；信士：张守业；会首：李舟。

（二）陈进残碑

青石，残高84厘米，宽71厘米，厚15厘米。立石时间不详，正书（图一五四）。碑文记述守陵户为总管八陵陵户官陈进立庙建祠的事迹，文后有附近陵户及住持题名等。录文如下：

　　……事务无不宜之，其陈公之人乎？陈公讳进，/……忠，先蒙朝命擢用，周藩恭遇，敬祖仁/……忠勤，立心正直，甚加宠眷，恩赉优隆。曾令在/……尽有年矣。且也总统八陵陵户，宽仁慈惠，覆庇/……气瑞土腴，堪立庙宇护祐金陵。遂商同管事李舟/……五龙灵官，三曹庙貌等项。殿宇辉煌，门墙巍峨，焕/……功德无量。四方居民一应人等，感陈公之仁，颂陈公/……建立祠堂，树立碑记，昭垂不朽，以示激劝，其陈公福荣/……

　　……学士裕吾乔胤撰书

李子凌、吕慰良、李守科、□登云、□□才、□□禄、陈福、谢□、魏现、刘登魁、李自贵、张登科、李世福、李岩、郭成、田有禄、李来奉、孙得时、陈得运、吕国仁、沈进忠、臧守信、臧守礼、鲁孟时、李承语、李登第、祁有德、祁有成、刘从庆、王路、李化生、李化俭、李化勤、李化成、李化云、李化蛟、李化凤、李化龙、胡田宝、胡新智；

石匠：王方、王谨；

住持：闫中电、右来王、李复运。

图一五四　祖始庙陈进残碑拓本

四、谷山祖师庙

谷山祖师庙俗称谷山庙，位于荥阳市贾峪镇贾峪村交龙山上。现存明代碑刻两通，清代碑刻数通。庙宇建于山顶，前为卷棚，后为硬山琉璃殿宇，面阔三间，进深一间，供奉祖师神像。两通明代碑刻对研究谷山庙历史、谷山庙周边环境、周王府陵寝情况及守陵官员的设置是比较珍贵的材料。

（一）修盖祖师上帝庙宇碑记

青石，螭首，赑屃座，碑额正书"祖师碑记"。通高225厘米，宽86厘米，厚20厘米。嘉靖三十三年（1554年）立石，正书。文载周府长史典膳所蒋凤会同开封府郑州荥阳县城北善人赵伯山、赵伯林等建立祖师庙，周府承奉王顶、刘魁并众位宫娥、姑娘蒋氏等奉令旨祭拜庄祖寝园之时登临此山，见而喜悦并启于周王，金镀祖师及其左右将帅。周府奉御委官孙礼总管六陵并看守庄王陵园，令匠劈山凿石，琢磨成碑并雕刻字样。录文如下：

修盖祖师上帝庙宇碑文记

盖谓自伏羲、神农、皇帝、尧舜继天立极以来，无不有人焉，天地广润，生民稠密，有君子小人之不同欤。宇宙宽洪，为善为恶亦有异欤。曰：为善德者，各有果报，上有/祖师照鉴，亦有圣神监察。又曰：为善者，赐之以福，不求而自至。为恶者，加之以祸，虽祷而难免。又云：明有王法相继，暗有鬼神相随。□□为善最乐，道理最大，见世之□，何不见众而作/福以为善哉？自昔年寓贾峪店，齐守迎、张顶、齐万、赵伯松，见得此山峰势高耸，巍巍乎而可观；源水交流，滚滚焉而可见。齐守迎□议而喜曰：堪以修盖庙宇，用钱资之举，心动念欲，要修盖恐钱粮不及所有。/周府长史司典膳所匠馀蒋凤谨发度心，会同开封府郑州荥阳县槐三毕保男善人，会首赵伯山、赵伯林，会众、信军民人等。同生中国，各居乡村，言念俱属玄天掌照，感/天地盖载之洪恩，荷日月二像之照，临蒙/皇天雨露之水，生报父母养育之生，或知恩知德，周报难酬。会信王州箕、楚方春并籍信众，举诚心各舍资财，会聚钱粮，置办木□等件，窑烧砖瓦之类，在于交龙山顶，□修/祖师大殿，妆塑各位圣像，乃有/周府承奉王顶（刘魁）并众位宫娥姑娘蒋氏等，奉/令旨祭拜/庄祖寝园，登临此山，见而喜悦，谨启/周王爷爷，金镀/祖师正尊，其左右将帅。宫娥姑娘蒋氏众位各舍资财，尽行金镀。工程已完，/祖师显验昭然无不感应。免生民之涂炭，慰黎庶之艰辛。此山名为交龙山也。诚恐日久年深迷于后代，必明其四至也。□□□□林□也，暖泉也，白□□□□头，异峪左□□□□□真/君师，□□□□□□□□塔山，尉迟修武后佛堂也，西至□□古庵也，北至□□□□郑庄王阴司□□□，周府陵园□□时四□也。人曰：荥阳□□□□地有□境也。□□济摆柳古荥阳，百尺高槐遇汉王；万山叠翠颠风岭，索水成波滚滚洋；南坛秋月堂□□，□□□照出霞□；□□四季常常熟，晚钟继有洞林强。故曰□□□也。比□年三□□日，/祖师上帝大会，不但本处烧香人等众多而已，但见四方进香之人浩浩然，而远□邻境□县□□□□然，而□临千骑，人众见而喜悦感激。/周府奉御委官孙礼奉旨总管六陵，看守/庄祖寝园，见而喜曰：有此山无此记也。当时喜舍资财，即令匠作筑石于山，琢磨成碑，属文于上，雕刻字样，以为永远之记也。□有本县槐中保充□司吏齐守宪□恐有等光棍无籍之徒以此挟诈混嚷扰害，以致庙碑难立。具呈/本县，准此等因拟此看得本庙原系古刹，应该修理，究备立碑永记。依蒙/本县县主石公给扬帖文，如有前项光棍无籍之徒以此挟诈混嚷扰害者，许吏□□□□□□等执帖赴县禀告，究治不□□□此后云。

生圆楚侨、楚世忠

大明嘉靖三十三年岁次乙卯（应为甲寅，碑误）孟冬十七日己未吉旦重修

荥阳县槐中保寓鹿村两老 张俭、□江拜□

（二）重造圣像设醮碑记

青石，方跌圆额，残高135厘米，宽59厘米，厚12厘米。万历十三年（1585年）立石，正书。碑文记述吴得臣舍资塑造神像并千里朝圣的事迹，文后有周府官孙礼、附近守陵户、百姓及尼僧题名。录文如下：

重造圣像设醮碑记

荥阳县中……

夫人之一也，而有善恶之异，理同也，而有好恶之殊。是故善者……/人共恶。然行善之门虽多，而铸造塑像尤难，况我……/太上祖师并列圣金容所费甚多，岂易为哉？今吴君得臣……/怂心铸造，不日而完，虽费千金而不辞也。千里朝顶，虽涉……/香数次，每报善功之少，设醮八宫，常愧功行之缺。今公寿也……/朝顶，苦于跋涉，乃于交龙山上/玄帝殿前，议立小碣，索予文以为记。予曰：公之善行，不持此……/素有长者之风，谦以自投，和以处□。常存君子之志，其好……/勉强，而后行资财之捐，由于仗义□□拘迫而后□，虽□……/之善亦如此，必获阴功于后嗣，积因果于将来，岂谬言……

大明万历十三年岁次乙酉仲春吉旦立

周府官：孙礼；

尼僧：文宝；

会人：陈栋、陈思禄、邢宗信、郭伯千、陈守业、陈廷人、陈思忠、邢登、陈天禄、陈保全、陈廷佑、陈思祯、邢好、杨庆、邢有文、蒋天受、杨爱、陈思福、武□相、张梁。

五、槐林村关帝庙

槐林关帝庙又称武安王庙,位于荥阳市东南贾峪镇槐林村东北,地近周庄王墓。现存建筑均为硬山,正殿面阔三间,进深三间,绿琉璃瓦覆顶,保存较好(图一五五)。另有东、西厢房各三间、门楼及倒座三间、瘟神庙、火神庙、龙王庙各一间。据庙内残存碑刻记载,明代周王府曾创修十王殿及广生祠,惜已无存。另外,庙内存有"重修武安王庙记"石碣一方,碣文记述周府管事善人鲁弘才因其妻偶得心恙,医巫弗效,后祷于神灵,徐徐而愈,重修武安王庙的事迹。以上碑刻对研究周府王宗的宗教信仰颇为珍贵。

图一五五　槐林村关帝庙现状

(一)重修武安王庙记

嵌于正殿西壁,青石,宽100厘米,高36厘米,厚度不详。万历三十五年(1607年)立石,正书(图一五六)。录文如下:

　　重修武安王庙记
　　粤云长,汉史之良将也。/勇压万夫,义服百揆,可/谓绝伦而逸群矣。盖剿/灭黄巾,耿耿光照汉史,/劲破蚩尤,径径不负明/时,侃侃无隐吐,宏词之/大辨,井井有条,摅经纶/之远,尤非圣德显著者,/孰能臻于此哉?陵右/周府管事善人鲁君弘才/者,缘室人任氏偶获心/恙,命师巫来见活血之/效,丐巫医已无暝

图一五六 重修武安王庙记拓本

眩之/功，虢之，然无所也。遂谒/武安王庙，往叩其苦焉，蒙/神力默祐，徐徐而愈，信/乎神之格恩不可度思，/矧射思鲁君惓惓感激。/重修庙祠，焕然维新，诚/然壮观者也。落成之后，/镌石锲字，以为万载不/朽之名，是以为记。

周府管事鲁弘才，/母亲秦氏，/室人任氏，男/鲁正居、鲁正位

万历三十五年六月二十二日立

石工：王继香；

住持：郑全和；徒：谢真阳。

（二）天启三年碑碣

嵌于正殿东壁，青石，宽56.5厘米，高31厘米，厚度不详。天启三年（1623年）立石，正书。录文如下：

荥邑迤南，周府金陵旧有关王庙，/殿宇门墙焕然一新。以故地秀神/灵，祈祷有应。然而远迩献供，无钟/鼓为之先声。第钟已有，而鼓未植，/四方观者靡不兴念焉。适有会首/李守志等各保不同，谨输资财，命/工人更换画彩，娓娓萃新。庶先声/大振，神威弥笃。镇/国家一统之盛，保四方康泰之休，是/用为记。

众会信士：李守志、赵一成、路守身、鲁弘才、李云、李守龙、赵□仕、李守枝、李守根、路林山、路守己、张以政、李自刚、尹世增、李跃龙、李东林、赵自然、李丛林、李攀龙、张金、赵一春、孙思敬、李望龙、李冬、龚进才、李自让；

鼓匠：王□□；木匠：郭有宝；画匠：马守第；油匠：冯乾李；住持：谢真阳。

天启三年岁次己未月甲戌日建立

（三）重修十王殿碑记

嵌于东厢房西壁，青石，高 150 厘米，宽 55 厘米，厚度不详。康熙五十七年（1718 年）立石，正书。录文如下：

> 重修十王殿碑记
>
> 十王神明，其司之天子阴府之统帅也，职掌赏罚，鉴别善恶。殆至□而无以复加者矣。其□敢不敬，何以敬之？□立祠塑／像，致吾如在之诚云耳。我邑槐林村／关帝庙旧有十王殿宇，创自有明周府，逮我／国朝何其制而新之者，□□一人至若出己私囊，不惜白金二十两之费，以重金满堂者则赵子小台之功焉，频为继□，今／能金身依然，而庙貌□□著瓦殿矣，幸有赵文振、文会、大福祖孙三人，慨然以至，修为己任。虽不能如小台之独力亦功／然，而广募四方，舍众善□为一善，使庙貌焕然洁新，□人之敬十王殿者，咸得致其如在之诚焉，是亦小台之同志而同行／之功臣也，抑吾闻之修行者不望报然而至矣。如十王殿固已举善人之行事，早登善恶□书矣，后者继三子而起者□／旃。
>
> 邑庠生张琨撰文　庠生赵泰聪、赵景行同书
>
> （善男信女题名略）
>
> 康熙五十七年岁次戊戌孟冬朔日吉旦

（四）重修广生祠碑记

嵌于东厢房西壁，青石，高 150 厘米，宽 55 厘米，厚度不详。康熙五十七年（1718 年）立石，正书。录文如下：

> 重修广生祠碑记
>
> 神之为灵昭昭也，而广生为尤甚，麟趾呈祥，螽斯衍庆于百世。下□不抑其生成之湍恩于忍。今庙貌之需新耶，即如槐林／关爷庙广生祠在其左，亦有明周府所建也。后之重修者屡矣，但□明□□祈，必其茨而当新耳，虽然有新之者，复何人斯固／犹是重修十王殿之祖孙三人也，于□哉。三子一举而成，而功善行绵绵何有加焉？无几也。吾知神所以福之者，当必真耳。／子孙振振兮，绝绝兮，如麟趾螽斯之盛也。夫至若众善人之施财赴力者，其□□□略□，三子等人迹复赘。
>
> 邑庠生张琨撰文　庠生赵辅世书丹
>
> 康熙五十七年孟冬朔三日谷旦

第六章　相关问题研究

从实地调查的情况来看，周藩亲、郡王墓破坏较为严重，地表遗存较少，加之这些王陵又多未发掘，可资研究的资料不多。至于将军、中尉等其他王宗墓葬更是罕见，虽有墓志或文献资料可征，但不具系统性，很难对其墓葬制度总结出一定的规律。本章拟就调查、钻探及有限的发掘资料对周藩亲、郡王墓的几个问题，如墓区制度，神道石像生制度，埋葬制度，玄宫结构的演变规律，亲、郡王墓寝园建筑的用瓦等级以及影响王陵选址的原因等几个相对较为独立的问题做一简单的探讨。

一、墓区制度

明代陵墓制度继承了宋代的陵区制，不仅皇陵如此，而且要求各地藩府王陵也遵用此制①。周藩亲、郡王陵亦有相应的墓区，大体可分为三个区域：即禹州墓区、开封墓区及荥阳、郑州墓区（图一五七）。其中禹州墓区仅葬亲王，不葬郡王；开封墓区多葬郡王，葬亲王一位；荥阳、郑州墓区又可分荥阳、郑州两个亚区：荥阳墓区多葬亲王，另有部分郡王墓，所葬郡王始封王均为亲王近支，如鄢陵王府、原武王府、沈丘王府等；郑州墓区仅葬遂平、南陵二府郡王。

周藩始封王——周定王可能是基于"风水"因素的考虑葬于禹州，周宪王生前要求身后丧事从俭，卒后就近葬于开封近郊，周简王妃徐氏以郡王妃的身份先葬荥阳大周山，周简王死后和徐妃合葬，成为葬入荥阳墓区的第一位亲王。之后，靖、懿、惠、悼、康、庄、敬七王皆随简王归葬荥阳。但要注意的是第八任周恭王及第十二任周端王则葬于禹州。从这里可以看出，在明代早期，亲王墓区似乎并不固定，真正固定下来应该是在明代中期，到了明代后期，荥阳、禹州两个墓区则同时使用。

为了更清楚地考察周藩郡王墓区制度，我们通过检索出土墓志、碑刻及方志等资料，现将周藩葬地明确的郡王、妃、夫人等墓按始封郡王的世系列表如下（表一）：

---

① 刘毅：《明代帝王陵墓制度研究》，第522页，人民出版社，2006年。

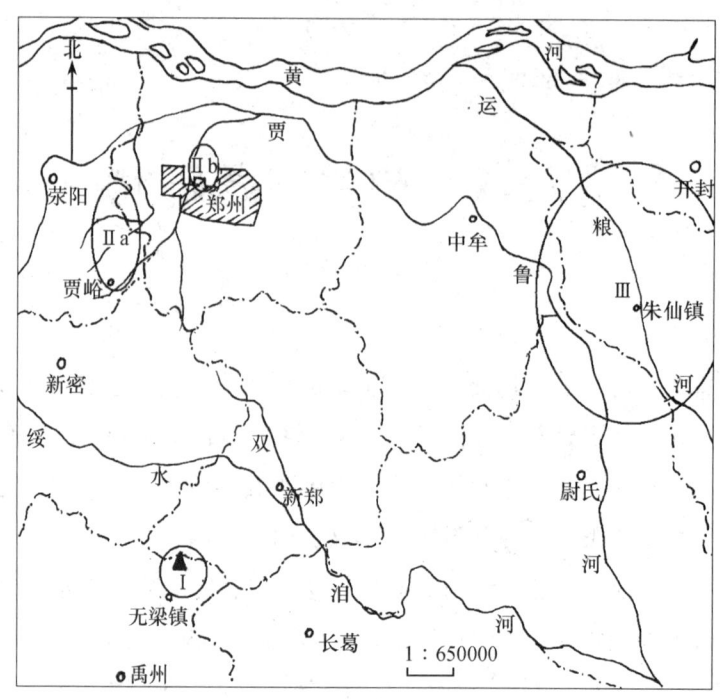

图一五七 周藩亲、郡王墓葬分布示意图

(引自拙文:《明代周藩王陵调查与相关研究》,《中原文物》2011 年第 3 期)

Ⅰ:禹州墓区　Ⅱa、Ⅱb:荥阳墓区、郑州墓区　Ⅲ:开封墓区

表一　周藩郡王、妃、夫人葬地一览表

世系	郡府	墓主	卒年	葬地	始封时间
周定王子	顺阳王府	怀庄王及妃吴氏	永乐十三年 吴氏卒年不详	上蔡	洪武三十五年
	祥符王府	祥符王妃徐氏	永乐十一年	荥阳	洪武三十五年
	永宁王府	靖僖王妃高氏	成化二年	尉氏	洪武三十五年
	汝阳王府	某代汝阳王	不详	开封	洪武三十五年
	镇平王府	端裕王及妃刘氏	王卒于弘治十八年; 刘氏卒于正德十二年	开封	洪武三十五年
	遂平王府	荣靖王	成化四年	郑州	宣德元年
		恭女王夫人李氏	正德十年		
		康穆王及妃游氏	游氏卒于正德十一年; 王卒于嘉靖二十四年		
		宫人马氏	不详		
	封丘王府	温和王及妃赵氏 夫人梁氏	王卒于弘治十五年; 赵氏卒年不详; 梁氏卒于正德十二年	开封	宣德二年
		僖顺王	嘉靖三年		

续表

世系	郡府	墓主	卒年	葬地	始封时间
周定王子	罗山王府	悼惠王及妃张氏	宣德四年	开封	宣德二年
周定王子	内乡王府	某代内乡王	不详	开封	宣德二年
周定王子	胙城王府	端惠王妃梁氏	嘉靖二十二年	开封	宣德二年
周简王子	原武王府	安懿王	成化八年	荥阳	正统六年
周简王子	原武王府	坟上村某代原武王	不详	荥阳	正统六年
周简王子	原武王府	温穆王及妃张氏	王卒于万历三十五年；张氏卒年不详	荥阳	正统六年
周简王子	鄢陵王府	端僖王及妃李氏	王卒于嘉靖十八年；李氏卒于嘉靖三十六年	荥阳	正统六年
周简王子	鄢陵王府	恭昭王长子及夫人麻氏	长子卒于隆庆五年；麻氏卒年不详	荥阳	正统六年
周懿王子	睢阳王府	妃谭氏	成化二年	荥阳	天顺三年
周懿王子	沈丘王府	荣庚王及夫人宋氏	王卒于正德七年；夫人卒于嘉靖十五年	荥阳	成化元年
周惠王子	博平王府	恭裕王	嘉靖四年	开封	弘治二年
周惠王子	浦江王府	安简王及妃葛氏	葛氏卒于嘉靖十二年；王卒于嘉靖二十五年	尉氏	弘治十六年
周悼王子	南陵王府	庄裕王、妃李氏、继妃宗氏、侯妃樊氏	李氏、宗氏卒年不详。樊氏卒于嘉靖三十二年；王卒于隆庆元年	郑州	正德八年

注：1. 周简王妃徐氏、周惠王妃谭氏卒葬之时其夫尚为郡王，故以祥符王妃和睢阳王妃入表。
2. 坟上村原武某郡王墓、鄢陵王府墓区所在地原属荥阳，葬地一栏仍称荥阳。

表一至少可以反映出两个问题：

第一，周藩郡王墓葬的择地范围从早到晚整体呈现出由大变小的趋势，但各府墓区不论怎样选择，除顺阳王远葬上蔡县之外，其余各府墓区均临近开封。封于明初的郡王，如永宁、汝阳、镇平、封丘、内乡、胙城诸王府墓区就近择于开封周围，而遂平王则葬于郑州旧城西北，祥符王府墓区定于荥阳大周山之原，顺阳王则葬于远离开封的上蔡县。以上王府始封郡王皆为周定王之子，其葬地选择的空间范围比较大，这应该和明代初期河南藩封尚为数不多，地广人稀的状况有一定的关系。稍晚的原武王府、鄢陵王府始封王为周简王庶三、庶四子，睢阳王府、沈丘王府始封王为周懿王庶长、庶二子，以上四府始封王与本支亲王世系较近，择葬于荥阳墓区，所受礼遇不同于别府郡王，这应该是有意为之。到了明代中后期，就现有资料来看，除南陵王葬于郑州以外，其他郡王府均择葬于开封和尉氏等地。

第二，郡王葬地的选择是以各府为单位的，各王府聚支而葬的特点比较明显。并且各府郡王墓区之内仅葬本府历代郡王、妃、夫人等，至于本府将军、中尉等其他王宗则另外择地安葬。表中所列郡王墓葬多为一座，其中遂平、封丘、原武以及鄢陵四府墓葬相对较多，其聚支而葬的特点亦较为明显。郑州西北郊海棠寺附近至少葬有遂平荣靖王、恭安王[①]、康穆王及其妃、夫人、宫人等。封丘王府墓区位于开封市西南，至少葬有温和、僖顺二王。原武王府与鄢陵王府墓区相近，位于荥阳东部，从调查资料来看，两府郡王墓位依世次由东向西一字排列，形成规模较大的墓群。

二、神道石像生制度

关于明代亲、郡王墓前的石像生制度，史书无载。《大明会典》记载了成祖长陵的石像生数目，有十八对，同卷又分别记载了洪武元年（1368 年）和洪武二十九年（1396 年）所规定的公侯、职官坟茔前的石像生制度，但唯独不见亲、郡王及其宗室等墓前石像生制度的记载。其他文献如《明史》、《国朝典汇》、《皇明典礼志》、《王国典礼》等亦不见有关记载。

《明史》记载有功臣殁后封王及品官坟前的石像生数目，可资我们参证。"（洪武）五年（1372 年）重定，功臣殁后封王……石人四，文武各二，石虎、羊、马、石望柱各二……一品、二品石人二，文武各一，虎、羊、马、望柱各二。三品四品无石人，五品无石虎，六品以下无。"[②] 洪武二十九年（1396 年）定，公侯墓前石像生制度为："石人二、石马二、石羊二、石虎二、石望柱二。"[③]

数百年以来，周藩亲、郡王墓不断地受到自然和人为的破坏，作为表现身份等级的神道石像生至今已所剩无几，现将实地调查所见和当地居民告知原有神道石像生的种类及数量列表如下（表二）：

---

① 《大明国周府遂平恭安王夫人李氏墓志铭》载：李氏祔葬于其夫遂平恭安王茔园。由志文可知恭安王墓亦在此地。

② 清·张廷玉等：《明史》卷六十，《志第三十六·礼十四》，标点本，第 5 册，第 1487 页，中华书局，1974 年。

③ 明·佚名：《皇明制书》，《稽古定制》卷之九，《碑碣石兽》，《北京图书馆古籍珍本丛刊》，影印明镇江府丹徒县刻本，第 46 册，第 298～230 页，书目文献出版社，1998 年；明·申时行等：《大明会典》卷二○三，《工部·职官坟茔》，影印明万历十五年刊本，第 5 册，第 2733 页，江苏广陵古籍刻印社，1989 年。

表二　周藩亲、郡王墓石像生种类、数量统计表

(引自拙文：《明代周藩王陵调查与相关研究》，《中原文物》2011 年第 3 期)

墓葬＼种类	望柱	虎	羊	马	文官	武将
周悼王墓		2	2	2	2	2
周恭王墓	2	2	2	2	2	2
周敬王墓	2	2	2	2	2	2
周端王墓	2	2	2	2	2	2
南陵庄裕王墓	2		2	2	2	2
沈丘荣戾王墓	2		2	2	2	2
原武□□王墓		2	2	2		

注：周敬王墓神道石刻资料据新近调查资料增补。

从表二来看，周藩亲、郡王墓前石像生的种类和数量大体是：望柱二、虎二、羊二、马二、文官武将各二。其制度应和殁后封王者大体相当，总之是低于皇帝，高于公侯和品官。至于亲、郡王墓石像生的等级，就种类和数量上似无大的差别。

需要指出的是，目前的资料显示，明代早期的周藩亲、郡王墓均未设置神道石像生。

周定王作为周藩始封王，其寝园、玄宫规模庞大，惟不见有神道石刻。第二任周宪王墓因自然破坏等原因，已无遗迹、遗物可寻。第三任周简王墓前也只是发现有守门石狮，当地守坟户故老相传，亦未言及有神道之属。亲王墓前设神道自四任周靖王墓始，当地老农曾在周靖王墓前掘出石马一件，后又被深埋于地下。其后历代周王墓前均设有神道石刻，其中周悼王墓、周庄王墓和周敬王墓还增建有四柱三间石坊。

郡王墓前设置神道石像生目前见有原武某郡王墓、沈丘荣戾王墓和南陵庄裕王墓，但神道之制始于何时，尚不明确。至少可以确定的是薨于永乐十三年（1415 年）的顺阳怀庄王和薨于宣德四年（1429 年）的罗山悼惠王墓前无神道石刻，周简王墓原为郡王妃坟，其墓前亦不设神道石像生。

三、埋葬制度

（一）合葬、主葬和袝葬

明初宗室人口较少，其丧葬费用也较为丰厚，此时的亲、郡王墓玄宫规模较大，墓室数量较多，但是随着宗室人口生齿日繁，其相应的各项费用也随之增多，明政府

面对巨大的经济压力，天顺以后不断颁布政令以减少各王府造坟的开支。"天顺二年（1458 年）奏准，亲王以下依文武大臣例，或王或妃有先故者，并造其圹，后葬者只令所在官司起倩夫匠开圹安葬。继妃则祔葬其旁，同一享堂，不许另造。"① 从出土的墓志资料来看，合葬令颁布以后，周藩亲、郡王和王妃合造墓圹的现象是存在的。有的是王启妃圹合葬，有的则是妃启王圹合葬。如端僖王妃李氏于嘉靖三十七年（1558 年）"启端僖王之圹而合葬"②、周端王于崇祯九年（1636 年）九月"开妃圹合葬"③ 等。

上述王、妃合葬者为主葬，至于夫人，则祔葬于王坟一旁。如沈丘荣戾王夫人宋氏"祔葬于荣戾王之冢旁"④、封丘温和王夫人梁氏穿穴温和王冢旁⑤、周悼王夫人周氏"安葬于悼王墓右第一冢"⑥ 等。

（二）殉葬

明代早期的帝王薨逝之后，凡未生育子女的妃、夫人、宫人等皆需殉葬，死后赐给谥号。殉葬之制始于明太祖朱元璋，以后成祖、仁宗、宣宗均沿用此制。这种残酷的制度直至天顺八年（1464 年）英宗弥留之际才宣布废除，英宗谓"殉葬非古礼，仁者所不忍，众妃不要殉葬"⑦。从出土墓志及文献资料来看，天顺八年以前，周藩亲、郡王墓皆有殉葬的现象。

周定王墓内所葬次妃穆氏和杨氏皆属非正常死亡。如穆氏"盖由王以疾薨，而妃伤悼不已。哭泣过哀，遂与其同列谋自尽以从王。因妃之谋，一时同尽者凡六位"⑧，杨氏也"自尽以从于王"⑨。周宪王卒葬之时也有王妃和夫人殉葬，宪王死后，"妃巩氏以死殉，夫人施氏、欧氏、陈氏、韩氏、张氏、李氏亦同死"⑩。关于此事，《国榷》

---

① 明·申时行等：《大明会典》卷二〇三，《工部·王府坟茔》，影印明万历十五年刊本，第 5 册，第 2731 页，江苏广陵古籍刻印社，1989 年。
② 明·李蓘：《明周藩鄢陵端僖王妃李氏合葬圹志铭》。见陈万卿校注：《嘉靖荥阳县志》下卷，第 180 ~ 182 页，广陵书社，2006 年。
③ 明·傅冠：《皇明谕葬周端王暨元配妃李氏合葬圹志文》。见中国文物研究所、河南省文物研究所编：《新中国出土墓志·河南（一）》下册，第 394 ~ 395 页，文物出版社，1994 年。
④ 明·李濂：《明诰封沈丘荣戾王夫人宋氏墓志铭》。见陈万卿校注：《嘉靖荥阳县志》下卷，第 183 ~ 185 页，广陵书社，2006 年。
⑤ 明·李梦阳：《空同集》卷四十四，《梁夫人墓志铭》，影印文渊阁《四库全书》，第 1262 册，第 399、400 页，台湾商务印书馆，1984 年。
⑥ 调查所得悼王残碑："……里枣林庄/……四十里西邢村/……四十里楚村/……四十里白狮子/……四十里楚村/……十里东邢村/夫人周氏安葬于悼王墓右第一冢"。
⑦ 《明英宗实录》卷三六一，天顺八年正月己巳条，校印本《明实录》第 21 册，第 7172 页。
⑧ 明·佚名：《大明周府故次妃穆氏圹志》。
⑨ 明·佚名：《大明周府故次妃杨氏圹志》。
⑩ 明·何乔远：《名山藏》卷三十六，《分藩记一》，影印明崇祯刊本，第 3 册，第 1997 页，北京大学出版社，1993 年。

载:"上移祥符王有爝书,夫人以下不必从殉,年少者许归其家。议者曰:'上异时止殉之渐也'"①。可见明英宗止殉令的颁布在很大程度上受到周宪王罢止殉葬的影响。周藩亲王卒于天顺八年(1464年)以前的还有简、靖二王,其中周简王墓右下方的墓室不排除是为殉者设置的可能,由于资料缺乏,周靖王墓有无殉葬现象尚不明确。

周藩郡王墓亦有殉葬现象:周定王第十二子罗山王死后无子,其妃张氏自经以从,赐谥贞烈②;周简王第五子河阴王子埭卒后,王妃巩氏自尽以殉,赐谥贞肃③。

四、亲、郡王墓玄宫结构的演变规律

通过对周藩亲、郡王墓玄宫结构进行初步考察,我们发现其玄宫结构从明初到明末有一系列的变化,其中最主要的变化是墓室的数量不断减少,玄宫的结构由繁到简。

周定王墓为十室玄宫,规模宏大,其祔葬墓建筑工艺奇特,尤为奇绝,这在太祖诸子的陵墓中是绝无仅有的。周简王墓和周定王墓相比,其规模明显缩小,这座墓原葬其妃徐氏,徐妃卒葬之时周简王尚未进封亲王,简王薨后入葬该墓,应该说周简王墓是由郡王妃坟升格为亲王墓的,这一变化对周简王墓的玄宫形制颇有影响。周惠王墓为三室玄宫,不过该墓也是由郡王妃坟升格为亲王墓的,此墓于成化二年(1466年)已入葬谭妃,后又葬入周惠王及两位夫人。明政府于天顺二年(1458年)颁布合葬令:"亲王以下依文武大臣例,或王或妃有先故者,并造其圹,后葬者止令所在官司起倩夫匠开圹安葬"④。从当地村民口述资料来看,这三座墓室应属一次建成。由此看来,周惠王墓的三室玄宫当属"并造其圹"之列。

周藩亲王卒于天顺二年(1458年)之后的除周惠王之外,还有惠王之父——周懿王及以后历代周王。从文献记载来看,周懿王墓很可能已经成为单室玄宫了。《明宪宗实录》载:"周世子同镳奏,成化二十年(1484年)九月母妃王氏薨,已蒙遣官营葬,未及发引,而父王继薨,乞移文原遣官员量加工料,如例造坟合葬,上允之。"⑤ 稍后的周悼王墓、周庄王墓以及周敬王墓⑥均为单室玄宫,可见自合葬令颁布之后,周藩亲王墓葬的玄宫结构由早期的多室演变为晚期的单室。

---

① 清·谈迁:《国榷》卷二十四,正统四年五月甲戌,校点本,第2册,第1571页,中华书局,1958年。
② 开封市文物工作队:《开封考古发现与研究》,第209、210页,中州古籍出版社,1998年;《明宣宗实录》卷五十五,宣德四年六月戊戌,校印本《明实录》第11册,第1319页。
③ 《明英宗实录》卷一五四,正统十二年五月丁酉,校印本《明实录》第16册,第3008、3009页。
④ 明·申时行等:《大明会典》卷二〇三,《工部·王府坟茔》,影印明万历十五年刊本,第5册,第2731页,江苏广陵古籍刻印社,1989年。
⑤ 《明宪宗实录》卷二百六十八,成化二十一年秋七月丁丑,校印本《明实录》第27册,第4539页。
⑥ 荥阳市文物保护管理所内部资料。

郡王墓葬与亲王墓葬玄宫结构早晚的演变规律是比较一致的。顺阳怀庄王薨于永乐十三年（1415年），其墓为五室玄宫；罗山悼惠王薨于宣德四年（1429年），其墓为前后双室玄宫；薨于正德元年（1506年）的沈丘荣戾王墓为单室玄宫；原武温穆王薨于万历三十五年（1607年），其墓亦为单室玄宫。就目前资料来看，周藩郡王墓葬玄宫结构亦是由繁到简，墓室数量不断减少，至晚期则以单室为主。

综上所述，就目前资料来看，周藩亲、郡王墓的玄宫制度可根据墓室的繁简粗略分为前后两期，即以天顺二年（1458年）明政府颁布合葬令为界。前期亲、郡王墓葬为多室玄宫，后期则多为单室玄宫。

五、亲、郡王墓寝园建筑的用瓦等级

关于明代亲、郡王墓寝园的等级，从文献记载来看，主要表现在寝园面积和房屋数量两个方面。如"永乐八年（1410年）定：亲王坟茔，享堂七间，广十丈九尺五寸，高二丈九尺，深四丈三尺五寸。中门三间，广四丈五尺八寸，高二丈一尺，深二丈五尺五寸。外门三间，广四丈一尺九寸，高深与中门同。神厨五间，广六丈七尺五寸，高一丈六尺二寸五分，深二丈一尺五寸，神库同。东西厢及宰牲房各三间，广四丈一尺二寸，高深与神厨同。焚帛亭一，方七尺，高一丈一尺。祭器亭一，方八尺，高与焚帛亭同。碑亭一，方二丈一尺，高三丈四尺五寸。周围墙二百九十丈，墙外为奉祠等房十二间。"[①] 正统十三年（1448年）又定："亲王坟茔，地五十亩，房十五间；郡王，地三十亩，房九间。"[②]

由于周藩亲、郡王墓寝园遗址多被农田破坏，目前又没有对其进行考古发掘，虽然部分王陵地表残存有柱础、砖瓦等建筑遗物，但多已移位，对考察其寝园形态是比较困难的。通过实地调查，我们发现目前所见周藩亲、郡王墓的等级不仅反映在文献所记载的寝园面积和房屋数量上，其建筑瓦件也有很大的差别。

周藩亲王墓葬除周宪王墓和葬地未明的周懿王墓未发现建筑瓦件之外，其余诸王墓均有发现。其中周简王墓不仅发现有绿釉琉璃瓦，还发现有灰陶瓦件，周靖王墓则仅发现有泥质灰陶瓦，其余亲王墓则均为绿釉琉璃瓦。郡王墓葬建筑遗物发现不多，目前仅原武某郡王和开封横寨周藩某府郡王墓有少量发现。原武某郡王墓位于郑州市中原区须水镇坟上村北，2009年冬，该村村民开挖地下管道时在原墓冢南约20米处

---

① 明·申时行等：《大明会典》卷二〇三，《工部·王府坟茔》，影印万历十五年刊本，第5册，第2730页，江苏广陵古籍刻印社，1989年。
② 明·申时行等：《大明会典》卷二〇三，《工部·王府坟茔》，影印万历十五年刊本，第5册，第2731页，江苏广陵古籍刻印社，1989年。

发现有建筑遗物，多为青砖和泥质灰陶布纹板瓦，另有少量釉陶琉璃瓦，琉璃瓦件多为筒瓦、勾头、花砖之类，惟不见板瓦。开封横寨墓群被推测为周藩某府郡王墓，地表仅见有泥质灰陶板瓦或筒瓦，不见琉璃瓦件。

通过对比，我们发现周藩亲、郡王墓的建筑用瓦等级大体表现在以下两个方面：

第一，亲王寝园建筑瓦件多为绿釉琉璃瓦，而郡王墓则是泥质灰陶瓦件和琉璃瓦混合使用，甚至尽为灰陶瓦件。周简王墓可能是由郡王妃坟升格为亲王墓的缘故，所以其寝园建筑用瓦出现了琉璃瓦和泥质灰陶瓦混合使用的现象。周靖王墓仅发现有灰陶瓦件而不见琉璃瓦，可能和其无子承嗣、奉祀乏人有一定关系，其寝园建筑的等级也可能较其他王陵有所降杀。

第二，表现在材质和质量上。亲王墓葬所发现的琉璃瓦胎体均为坩土制成，特别是周定王墓、周庄王墓所发现的琉璃瓦件，其胎体细腻程度几乎接近日用瓷器，制造颇为精良，而原武某郡王墓的琉璃瓦均为釉陶，其胎体为一般黏土制成，制作亦相对较为粗糙。

除了周藩王陵之外，位于今宁夏同心县的庆藩王陵也有这种现象。庆藩王陵现存土冢有34座，其中"规模较大的墓葬多有长方形陵园，地面散存琉璃砖瓦；规模小的墓葬周围则散布灰陶砖瓦，而且有琉璃瓦件"[①]。这表明明代的亲、郡王墓的建筑用瓦可能确实存在不同，这应是墓主身份等级的一种象征。关于明代宗室墓葬建筑用瓦的等级制度，文献乏载，调查或发掘资料更不多见。至于这种现象是否在明代各藩府中均有存在，尚无更多资料可证。

六、关于周定王墓、周简王墓的一些问题

周定王墓是目前所见明代规模最大的亲王墓葬，共有十个墓室，由于缺乏资料，各墓室的墓主均不甚清楚，就连周定王的棺位也存在一定的争议，当地部分学者认为，周定王棺位应在定王墓玄宫中室正中，并复原了周定王棺椁以供游人参观。笔者对此则持有不同的看法，周定王墓中室后壁辟有四个后室，居中两个墓室的进深较两侧墓室稍长，并且设有通脊琉璃仿木门楼，与其他墓室相比，其特殊之处显而易见。通过对比已发掘的同类形制墓葬，笔者认为周定王墓玄宫后室居中两个墓室的墓主应该是周定王及其元配王妃冯氏，其余六个墓室应葬着包括次妃穆氏在内一同自尽的殉

---

① 宁夏回族自治区文化厅文管会编印：《文物普查资料汇编》（内部资料）。见刘毅：《明代帝王陵墓制度研究》，第245页引文，人民出版社，2006年。

葬者①。

就目前资料来看，在天顺二年（1458年）合葬令颁布之前，明代宗室实行王与王妃分葬即同茔异穴的埋葬方式应该是当时的主流②。但通过考察同时期以及较晚时期的异姓王侯和宗室墓葬，夫妇同穴隔室合葬的现象亦不乏其例，其中明代开国功臣沐英家族墓可谓典型，此外还有山东德庄王墓等。

沐英墓由甬道、前室、中室和三个后室组成，后室之中室葬沐英、左（东）室葬元配冯氏、右（西）室葬继配耿氏。沐英之子沐晟墓由甬道、前室、中室及两个后室组成，后室之左室葬沐晟，右室葬夫人程氏③。近年发掘的沐英四世孙沐瓒墓形制与沐英墓相同，也是后室之中室葬沐瓒，左室葬正妻贾氏、右室葬侧室刘氏④。沐英八世孙沐朝辅墓仿沐晟墓，左室葬沐朝辅，右室葬其夫人陈氏。沐英十一世孙沐启元墓形制亦同沐晟墓，左室葬沐启元，右室未葬人⑤。云南呈贡所发现的沐氏家族墓葬形制也与上述墓葬大体相同⑥。沐氏家族墓葬夫妇同穴隔室合葬的埋葬方式从明初一直沿袭到明末。山东德庄王墓由墓道、甬道、前室和两个后室组成，后室之左（东）室葬德庄王、右（西）室葬庄王妃刘氏，前室所葬被推测为德庄王庶三子济宁安僖王⑦。

根据上述资料不难看出，沐氏家族墓和德庄王墓均是尊位即中室或左室葬男性，而卑位即两侧墓室或右室葬女性。还应该指出的是，以上这些墓葬均是"上位"即后室葬人，而"下位"即前室不葬人或葬晚辈，这和明代以"左"、"中"、"上"为尊的丧葬习俗是相符的。据此来看，周定王的棺位应该位于玄宫后室居中两个墓室的左位，即北侧墓室，而非在玄宫中室。

周定王祔葬墓齿轮状的形制在国内尚属首例，通过实地考察，笔者认为形成这种墓葬形制的原因和周定王墓周围的地理山势有很大关系。明代墓葬选址讲究山势形局，周定王墓所在的老官山"风水"形势颇佳，主墓依山而建，左右"护砂"环抱，东南

---

① 明·佚名：《大明周藩故次妃穆氏圹志》。志载穆氏"盖由王以疾薨，而妃伤悼不已。哭泣过哀，遂与其同列谋自尽以从王。因妃之谋，一时同尽者凡六位。"
② 刘毅：《明代帝王陵墓制度研究》，第277页，人民出版社，2006年。
③ 南京市文物保管委员会：《南京江宁县明沐晟墓清理简报》，《考古》1960年第9期。
④ 国家文物局主编：《2005中国重要考古发现》，《南京明沐瓒墓地发掘》，第169～172页，文物出版社，2006年。
⑤ 南京市博物馆：《江苏南京市明黔国公沐昌祚、沐睿墓》，《考古》1999年第10期。这两座墓被一度认为是沐英九世孙沐昌祚夫妇和十世孙沐睿之墓。近年有学者对出土墓志进行重新考释之后，认为这两座墓的墓主应该是沐英八世孙沐朝辅及其夫人陈氏、沐英十一世孙沐启元之墓，笔者认同这种观点（详见邵磊：《明黔国公沐昌祚墓辨讹及其相关问题——从沐朝辅妻陈氏墓志的发现谈起》，《东南文化》2011年第1期；力子：《明黔国公沐睿墓辨讹》，《东南文化》2012年第4期）。
⑥ 云南省文物工作队：《云南呈贡王家营明清墓清理报告》，《考古》1965年第4期。
⑦ 济南市文化局文物处、长清县文物管理所：《山东长清县明德王墓群发掘简报》，《考古学集刊》1997年第11辑。

有"朝（案）砂"。周定王墓周围"风水"形势虽属上乘，但山势陡峭，"明堂"之内多沟壑，基本没有平整的土地，对规划寝园建筑有一定影响，以至于寝园建筑偏向一侧，与周定王墓室竟不在同一中轴线上。有明一代，亲王的众多夫人、宫人多依次祔葬于亲王寝园左右，如湖北武昌楚昭王寝园外左右依次祔葬其夫人[①]。但定王墓两侧山势陡峭，地势逼仄且沟壑众多，众夫人于定王寝园左右不宜祔葬，所以在定王墓的右前方之卑位营建多穴祔葬墓可能是不得已而为之。从实地考察情况来看，祔葬墓建在一处小型土阜之上，四周均临深渊，其地亦较为狭隘，即便如此，这在周定王墓区内也是不可多得的上乘之地。在面积较小的地域营造圆形多穴墓室总体要比多个单体墓室节省土地，同时，一次性营建多穴墓室也为日后入葬亡者缩减了卜葬时间，这可能就是祔葬墓形制为圆形的原因。

周简王和其妃徐氏合葬墓的墓圹形制及墓道位置较为特殊，形成这一现象的原因应和周简王入葬时二次开圹有关。据当地老农告知，20世纪70年代挖井时发现周简王墓东侧墓室和西侧墓室上部的填土有明显的打破关系，即东侧墓室的营造时间比西侧墓室稍晚，结合钻探资料，我们初步推测永乐十一年（1413年）九月徐妃入葬时可能仅在墓圹南部设竖井墓道，墓圹西壁南端呈曲尺状并向北与徐妃墓门对直，这便是有力的证据。简王入葬时需在徐妃墓室东部另辟一室，这就需要把徐妃墓圹向东部加宽扩大，钻探时发现墓道西壁与墓圹北壁拐折处位于同一条直线上，这显然是二次开圹时经过测量规划的，同时也证明了斜坡墓道是为入葬周简王而设置的。周简王薨逝于景泰三年（1452年），当时明代皇族宗室尚有殉葬制度，这些殉葬者应当和周简王同时入葬，按照礼制和尊卑秩序，殉葬者应葬在主墓室左右之卑位，周简王墓右下方的墓室不排除是为殉葬者设置的可能，那么为了减少出土量及入葬方便等多方面因素的考虑，在墓圹南部向西开挖1.6米宽的甬道以通祔葬墓室可谓是明智之举。

七、影响王陵选址的原因

（一）"风水"因素

明代各王府卜选葬地主要靠钦天监选派的阴阳生，当人员不足时则以天文生代之。《大明会典》载："若陵寝及各王府安葬选择吉地奏用，其差委官生，各有次第，不许紊乱"[②]。既然各王府的茔地是由中央遣官卜选的，那么影响帝陵择址的一套理论，必

[①] 湖北省文物考古研究所等：《武昌龙泉山明代楚昭王墓发掘简报》，《文物》2003年第2期。
[②] 明·申时行等：《大明会典》卷二二三，《钦天监》，影印明万历十五年刊本，第5册，第2958、2959页，江苏广陵古籍刻印社，1989年。

然要影响各王府墓址的选择。对于明代帝陵选址影响最大的堪舆术是以《葬书》为代表的一套理论。《葬书》主张："夫葬，以左为青龙，右为白虎，前为朱雀，后为玄武。玄武垂头，朱雀翔舞，青龙蜿蜒，白虎驯俯"，① 即要求墓后为玄武山，左、右两侧分别有青龙、白虎两山（砂），是为"护砂"，陵园正前方还要有一山相对，为朱雀山，亦称"朝（案）山（砂）"，这是指墓穴周围的山势而言。除山势形局俱全以外，还要得水，即《葬书》所云："风水之法，得水为上，藏风次之"。整个墓址就处于这样山环水绕的环境内。

周定王墓的周围环境可谓此说的典型例子，该墓位于老官山东麓，山势延绵，背后主峰耸峙，左右"护砂"环抱，左是青龙岭，右为卧虎山，两山东南方向突兀一个圆形山包，正所谓"朝（案）山（砂）"，地形地势正符合"枕山面屏，气聚风藏"的要求。周定王墓南部有周恭王墓和周端王墓，两座墓周围的山体亦呈环抱之形，颇具形势（图一五八；图一五九）。

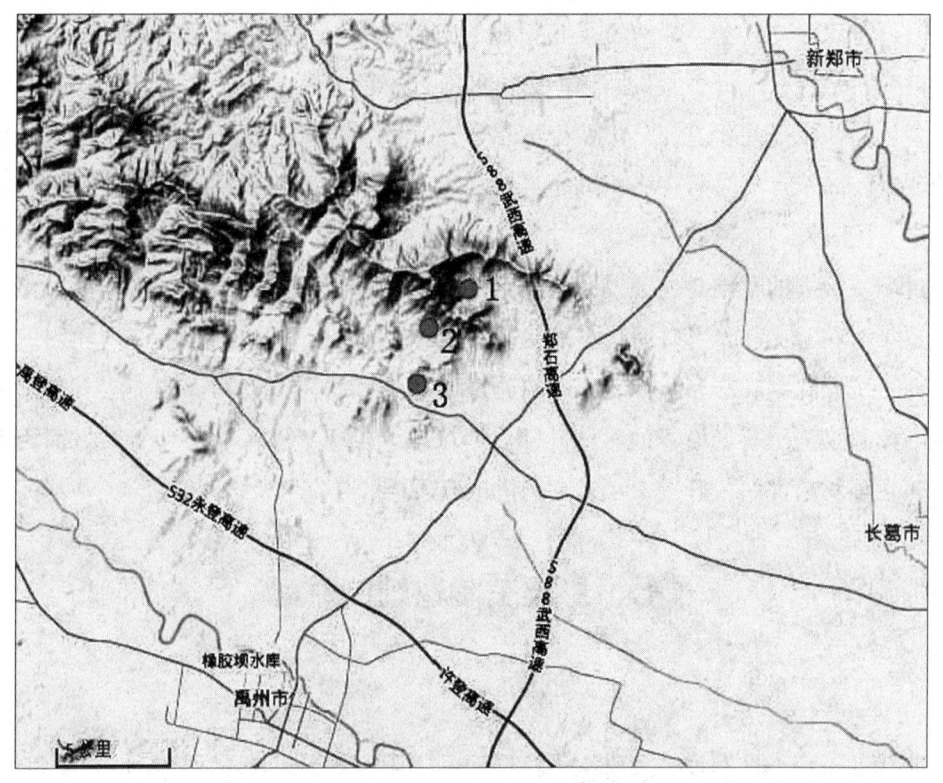

图一五八　禹州墓区周围环境示意图
1. 周定王墓　2. 周端王墓　3. 周恭王墓

---

① （传）晋·郭璞：《葬书·外篇》，影印文渊阁《四库全书》本，第808册，第29页，台湾商务印书馆，1984年。

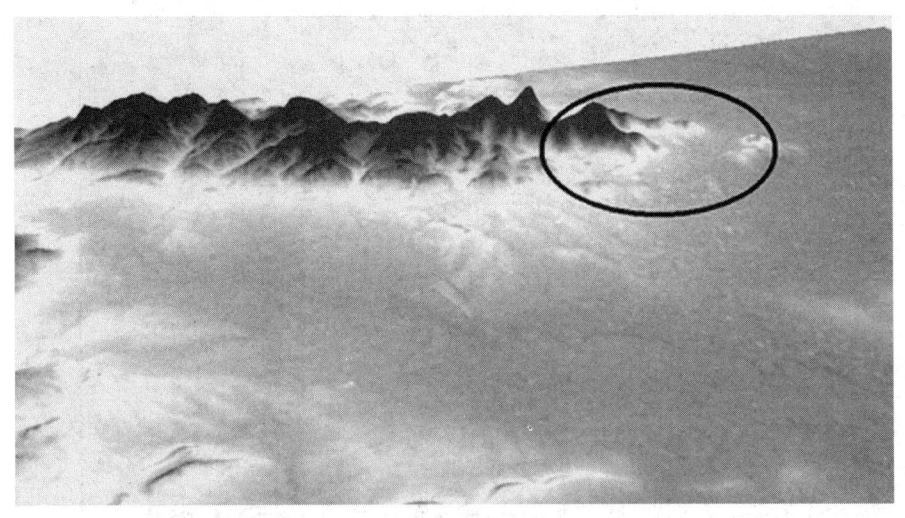

图一五九　禹州墓区地貌三维影像图

荥阳墓区多是浅山丘陵，黄土深厚，地下水位低，作为墓葬选址是不可多得的上乘之地。洞林寺现存嘉靖二十七年（1548年）《周王旨谕碑》赞其"山明水秀，土厚风淳，乃佳城之区也"。亲、郡王墓多位于"临流负山"[①] 或"向林负山"[②] 之处，这些都是《葬书》所主张的风水理论的具体表现（图一六〇）。

开封地区由于屡受黄河侵害，地势平坦，若寻找像禹州、荥阳墓区这样的地理环境实属不易。开封本地居民选择墓地只要不是穿井凿池之地即可[③]，但这些王宗为福荫子孙，极力寻找《葬书》所谓山水砂势齐全之地，如胙城端惠王妃梁氏薨于嘉靖二十二年（1543年），其墓内出土买地券一方，券文载："卜茔于开封府祥符县迁立闹店保皮村地之原，择高原来去朝迎地。正北发龙过脉，子山午向，右弼星为主，震方发脉，□离二水，武曲星、贪狼星、禄存星来潮，水出坤方，子午二八分金，金井夹帝，戊子龙、戊午龙、此水星龙来潮，堪为宅兆。四兽捧穴俱全，东至青龙，西至白虎，南至朱雀，北至玄武。"[④] 由券文可知，梁氏之墓地势大体是东方有高地一区，经北、西北两方延至西方，南方又有高地来朝。水由东、南两方汇入墓前，复由西南方出。北方正中为墓穴，坐子山午向，即正南北方向。由此可见，梁氏墓地的选址完全是在执行《葬书》的一套择墓理论。

---

① 明·李士允：《大明周藩鄢陵端僖王圹志铭》（调查所得）。
② 明·张同德：《明册封周藩原武温穆王圹志铭》。见陈万卿校注：《嘉靖荥阳县志》下卷，第186~189页，广陵书社，2006年。
③ 见清乾隆三十九年《高氏家谱》。按，《高氏家谱》所载族人为周藩永宁王府后裔，明末开封城被农民起义军攻陷之后，这些王宗改为高姓，始免于刃，后迁往今开封市杞县裴村店乡屯庄村居住至今。
④ 明·佚名：《明周府胙城端惠王为故薨逝王妃梁氏立买地券》。见中国文物研究所、河南省文物考古研究所编：《新中国出土墓志（二）》下册，第370页，文物出版社，2002年。

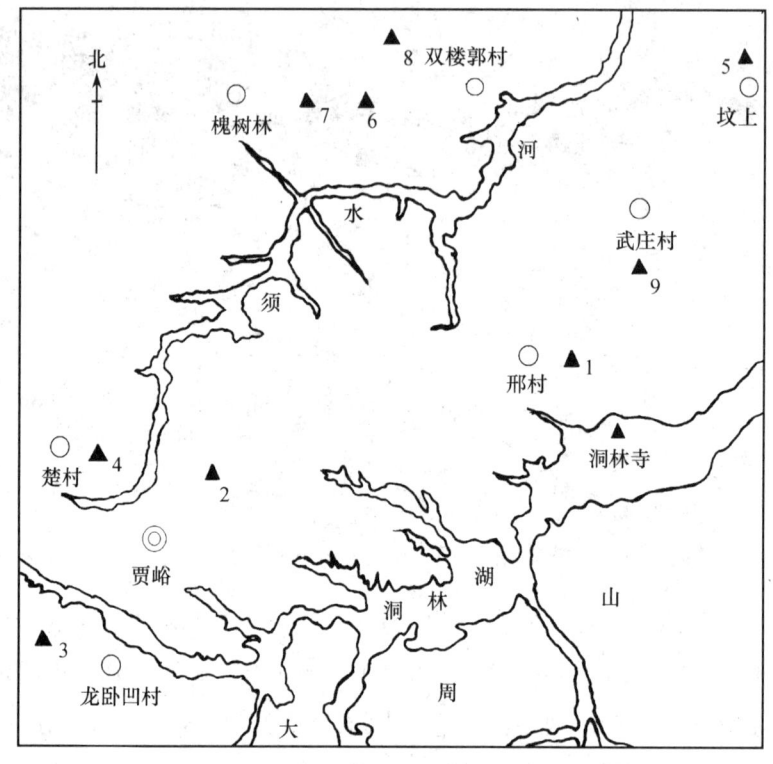

图一六〇　荥阳墓区周围环境示意图

(引自拙文:《明代周藩王陵调查与相关研究》,《中原文物》2011 年第 3 期（略有改动）)

1. 周简王墓　2. 周靖王墓　3. 周懿王墓(存疑)　4. 周惠王墓　5. 周悼王墓　6. 周康王墓
7. 周庄王墓　8. 周敬王墓　9. 沈丘荣戾王墓

另外，通过考察文献得知周府郡王墓葬多依岗而建。李濂《汴京遗迹志》记载开封周围有岗四十余处，但"累经黄河冲淤，存者无几"①，《志》载开封城南二十里有白墓子岗，城东五里有边村岗②，罗山悼惠王和博平恭裕王分别葬于上述岗地。

(二) 墓主个人旨趣

虽然"风水"因素对墓地的择取有很大的影响，但墓主的个人旨趣也影响到葬地的选择。周宪王葬于开封近郊即与其节俭的个性有关。《明史》载："有燉，正统四年薨，无子。帝赐书有爌曰'周王在日，尝奏身后务从俭约，以省民力'"③。《名山藏》

---

① 明·李濂:《汴京遗迹志》卷九，第 132 页，中华书局，1999 年。
② 明·李濂:《汴京遗迹志》卷九，第 131、132 页，中华书局，1999 年。
③ 清·张廷玉等:《明史》卷一百十六，《列传第四·诸王一》，标点本，第 12 册，第 3566 页，中华书局，1974 年。

载：宪王临终前要求"岂丧葬于近地，葬从俭"①。从这里我们可以看出，宪王之所以葬于开封近郊而没有随其父归葬禹州，究其原因，是因为宪王主张节葬，卒后葬于近地"以省民力"。

（三）经济、礼制等综合因素

有明一代，藩府宗室人员的生养婚丧等费用皆由国家财政支出，随着各王府人数不断增多，丧葬费用也不断增加，明政府面临严重的经济压力，于弘治五年（1492年）颁发诏令：亲王、郡王、镇国将军各于始封父祖茔序昭穆葬，郡、县等主于仪宾父祖茔安葬②。

周藩亲王薨于弘治五年（1492年）以后的有惠王、悼王、恭王及以后历代周王，除恭王、端王以外，上述诸王皆葬于荥阳。惠王死葬荥阳的原因是其早逝的王妃谭氏先葬荥阳大周山之原，惠王薨后宜当合葬。继惠王之后，荥阳墓区先后入葬两位世子，即后之追封悼王和康王。而恭王死后则随始封王——周定王葬于禹州，这恐怕在一定程度上就受制于上述朝廷颁布的诏令了。经过实地考察之后，笔者认为周恭王葬于禹州的原因还可能和其子即追封康王先葬荥阳，而恭王卒后在荥阳墓区卜选不到合适的墓位有一定关系。如果单独从"风水"的角度来考虑，禹州墓区要好于荥阳墓区，但禹州墓区处于山地丘陵地带，各王陵周围"风水"形势均较为独立，不宜实行昭穆葬。比较而言，荥阳墓区地处低矮丘陵甚至为阡陌平原，地势相对较为开阔，所以周庄王死后舍弃禹州墓区而又重新归葬荥阳，随其父周康王一东一西葬于一道土岭之上，序昭穆葬制。

需要考虑的是，在地域空间相对较小的地方使用昭穆葬制，显然是不能长久实行的。荥阳墓区中的简、靖、懿、惠、悼诸王墓营建时间较早，分布相对较远且较为独立，"风水"形势也要好于后来墓位比较集中的康、庄、敬三王墓。康、庄二王墓的"风水"形势虽然不如附近几座营建时间较早的亲王墓，但康王、庄王父子二人的墓园以昭穆之序营建在这样一道东西横卧的土岭上也是很难得的。倘若按昭穆葬制安排墓位，通常情况下嗣周王即周敬王卒后应该葬在其祖周康王墓南部，与父祖墓位互呈鱼贯之状，但是康、庄二王墓南部地域较为狭小，并且地势向南又呈渐起之势，这样的地势很大程度上就限制了敬王墓位的选址，所以敬王卒后不得不另择地葬于其祖康王

---

① 明·何乔远：《名山藏》卷三十六，《分藩记一》，影印明崇祯刊本，第 3 册，第 1997 页，北京大学出版社，1993 年。

② 明·申时行等：《大明会典》卷二〇三，《工部·王府坟茔》，影印明万历十五年刊本，第 5 册，第 2731 页，江苏广陵古籍刻印社，1989 年；明·朱勤美：《王国典礼》，《续修四库全书》，影印北京图书馆藏明万历四十三年周府刻、天启增修本，第 824 册，第 446、447 页，上海古籍出版社，1995 年。

墓东北方向。据此观察，当时若要实行昭穆葬制，并寻找上好的墓位，在荥阳墓区吉穴日少的情况下是很难办到的，周端王将卒于万历二十三年（1595年）的王妃又重新归葬禹州墓区荆山之原可能即此原因。

八、墓志的分期研究

墓志又称圹志，源于东汉，晋唐以降，贵族士庶多用之。就目前资料来看，周藩亲王、郡王及将军、中尉、县主等墓葬内随葬墓志是比较普遍的现象，其制式皆是两石相合形，且均置于墓室之内。

周藩所见墓志以出土于亲王、郡王墓者居多。最早见于周简王妃徐氏墓，刻于永乐十一年（1413年）；最晚为周端王墓志，刻于崇祯九年（1636年），其时间段基本囊括了整个明朝。就目前所见墓志资料，我们根据其志盖、志文内容及字体等早晚的演变规律，将亲王、郡王等墓出土墓志分为三个不同的发展阶段（图一六一）：

第一期：可称为简约期。志盖内容皆为单行，正书，多书"……之墓"，少见"……志铭"或"……圹志"。志文简略，内容简单，多涉及墓主姓名、世系、配偶、生卒年月、葬时、葬地及子女情况，不刻撰书人姓名。

第二期：过渡期，志盖文字增多，变为双行或三行，字体从较早阶段的正书变为篆书，多书"……墓"或"……圹志"。志文亦简略，与第一期相仿，同样不刻撰书人姓名。

第三期：繁杂期。志盖文字多为四行，皆为篆书，书"……圹（墓）志铭"。这一时期的志文字数较一、二期明显增多，除原有内容之外，墓主生平实况多在志文中得以反映。更突出的是本期墓志皆刻有志盖、志文撰书人姓名，甚至志文后还镌有石工姓名。

就目前资料看，第一期墓志体例最晚见于罗山悼惠王墓志，时在宣德四年（1429年）；第二期墓志最早见于周惠王妃谭氏墓志，时为成化二年（1466年）。一、二期之间在时间上尚存在不小的缺环，也即简约期墓志的结束时间和过渡期墓志的开始流行时间尚不甚明确。第三期繁杂式墓志则从弘治末年一直延续到明末。

第一期 简约期				
				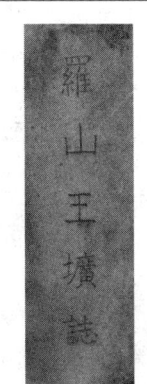
永乐十一年	永乐十三年	永乐十八年（卒年）	永乐十八年（卒年）	宣德四年
第二期 过渡期				

成化二年		弘治十三年		弘治十二年（卒年）
第三期 繁杂期				
	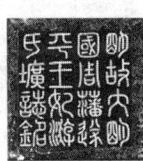				
弘治十六年	正德十一年	嘉靖十六年	嘉靖二十五年	嘉靖二十七年	嘉靖二十七年

嘉靖三十四年	隆庆四年	隆庆五年	隆庆五年（卒年）	万历三十六年	不早于万历三十六年

图一六一　周藩亲王、郡王等墓葬出土墓志（志盖）分期图

（未注明卒年者均为埋葬时间）

附录一　周藩亲、郡王世系表补正

《明史》卷一百记载有周藩亲、郡王世系表，虽然记录较为系统，但仍存在疏漏和错误。鉴于此，笔者不揣浅陋，根据历年出土的墓志、碑刻以及明清官私史料笔记对其世系表进行简单的校订。由于史料繁多，苦于翻检之艰，虽极力检索，但仍难免缺漏。同时又限于学识，对明史研习尚疏，对一些问题的认知程度可能不甚周全，不当之处，敬请诸位方家、学者批评指正。

需要说明的是，为了减少篇幅，本部分内容凡引用文献书目相同者仅在首次出现时注明作者、版本及出版时间等相关内容，之后则仅标明卷别、册别和页码；墓志资料前文已详，引用时则不再赘注原有出处；此外，前文已有的考述，本部分内容只作相应说明，同样不再赘注。

一、亲　王　世　系

周定王橚，太祖第五子①，洪武三年封吴王，十一年改封周王，十四年就藩开封府，洪熙元年薨。

周宪王有燉，定嫡一子，洪熙元年袭封②，正统四年薨，无子。

周简王有爝，定庶四子，洪武三十五年封祥符王③，正统四年进封周王，景泰三年薨，郡封例不袭。

周靖王子垕，简庶一子，景泰六年袭封，七年薨，无子。

周懿王子埅，简庶二子，正统六年封通许王④。天顺元年进封，成化二十一年薨，郡爵不再袭。

---

① 一说第七子，一说高后无子，也即周定王非嫡子。（俱详前文注）
② 详前文注。
③ 《明太宗实录》卷十一，洪武三十五年八月己未，校印本《明实录》第6册，第0178页。
④ 《明英宗实录》卷八三，正统六年九月壬寅，校印本《明实录》第15册，第1660页。

周惠王同镳①，懿庶一子，天顺三年封睢阳王②，成化二十三年袭封，弘治十一年薨。

周悼王安㶇，惠庶二子，成化二十三年封世子，弘治十二年薨③，初谥荣悼，弘治十五年追封为周王，谥曰悼，以子睦㰸袭封。

周恭王睦㰸，悼庶一子，初封镇国将军，弘治十四年袭封，嘉靖十七年薨。

周康王勤熄，恭嫡一子，正德十一年封世子，嘉靖九年薨，初谥悼康，嘉靖十九年追封为周王④，谥曰康，以子朝堈袭封。

周庄王朝堈，康嫡一子，嘉靖十九年袭封⑤，三十年薨。

周敬王在铤，庄嫡一子，嘉靖三十一年袭封⑥，万历十一年薨。

周端王肃溱，号崇易主人⑦，敬嫡一子，隆庆六年封世子。万历十四年袭封，崇祯八年薨⑧。

周□王恭枵，端嫡一子，万历十七年封世子，崇祯十七年四月薨⑨。

周□王绍㷿，恭枵长子，袭封时间不详，弘光元年薨⑩。

周□王伦㸅，绍㷿长子。

---

① 《明史》作"镰"（清·张廷玉等：《明史》卷一百，《表第一·诸王世表一》，标点本，第9册，第2547页，中华书局，1974年），此据《皇明周惠王墓》志文改。

② 《明英宗实录》卷三〇五，天顺三年秋七月戊子，校印本《明实录》第21册，第6436页。

③ 详前文注。

④ 据《先考周康王神道碑》补入。

⑤ 《明世宗实录》嘉靖十八年十二月戊子条载："（册封）周恭王睦㰸世孙朝堈为周王"（《明世宗实录》卷二三二，校印本《明实录》第43册，第4772页），《大明敕撰周庄王圹志》载："嘉靖庚子（十九年）正月二日封为周王"，与《明史》记载相同。形成这种现象的原因是由于颁布册封诏书与行册封典仪之间尚存在一定的时间差，加之二者又在新、旧年之际，所以就出现了《明史》与《明实录》记载时间有异但又相近的现象。通过检索《明实录》，这种现象多出现在嘉靖年间。对于此种情况，我们暂依《明史》所载，《明实录》的相关记载则附于文后，以备读者查阅。

⑥ 《明世宗实录》嘉靖三十年十二月乙亥载："（册封）周王朝堈世子在铤为周王"（《明世宗实录》卷三八〇，校印本《明实录》第46册，第6736页）。

⑦ 据《明册封南陵庄裕王墓碑》补入。

⑧ 《明史》不载薨年，《皇明谕葬周端王暨元配妃李氏合葬圹志文》载："万历十四年五月二十六日册封为周王……王于崇祯八年八月二十四日薨逝，享年七十三岁。"由志文可知，周端王卒于崇祯八年，今据出土墓志补。

⑨ 清·计六奇：《明季南略》卷一，甲申四月五月事·赧皇帝，点校本，第1页，中华书局，2011年。

⑩ 《国榷》弘光元年（清顺治五年）戊子四月己丑条载："晋王□□、周王绍□、德王□□同遇害，是日大风"（清·谈迁：《国榷》卷一〇四，弘光元年附载，点校本，第6册，第6217页，中华书局，1958年）。

二、郡 王 世 系

（一）周定王诸子

1. 汝南

有爌①，定嫡二子，洪武二十八年封②，永乐元年诏居云南大理③，宣德三年以罪削爵，守陵神烈山④，封除。

2. 顺阳

怀庄王有烜，定庶三子，洪武三十五年封⑤，永乐十三年薨，无子，封除。

3. 新安

有熺⑥，定庶五子，洪武三十五年封⑦，宣德三年以罪削爵，守陵神烈山⑧，封除。

---

① 《明太祖实录》作"有勲"或"有燻"（《明太祖实录》卷一三〇，洪武十三年二月丙寅，校印本《明实录》第3册，第2059页；卷二三九，洪武二十八年秋六月戊午，校印本《明实录》第5册，第3482页），《名山藏》载为"有爌"（明·何乔远：《名山藏》卷三十六，《分藩纪一》，影印明崇祯刊本，第3册，第1998页，北京大学出版社，1993年），《弇山堂别集》载为"有勲"（明·王世贞：《弇山堂别集》卷三十四，《郡王·周府》，点校本，第2册，第603页，中华书局，2006年），《国朝典汇》则作"勲"（明·徐学聚：《国朝典汇》卷十三，《宗藩（上）》，影印明天启刊本，第2册，第981页，北京大学出版社，1993年）。周藩"有"字辈取名应附以"火"旁，今仍按《明史》所载。

② 《明史》载：汝南、顺阳、新安、永宁、汝阳、镇平、宜阳等王均为"永乐初封"（《明史》卷一百，第9册，第2548~2553页），《明太宗实录》载为洪武三十五年封（《明太宗实录》卷十一，洪武三十五年八月己未，校印本《明实录》第6册，第0178页）。关于汝南王册封时间，《明太祖实录》又载为：洪武二十八年九月戊午，"册封周王第二子有勲为汝南郡王"（《明太祖实录》卷二四一，校印本《明实录》第5册，第3505页），又，洪武二十八年秋六月戊午条载："册都督盛庸女为周郡王有燻妃"（《明太祖实录》卷二三九，校印本《明实录》第5册，第3482页）。从《明实录》记载的一系列时间来看，汝南王的册封时间不仅前后有异，并有矛盾之处，但汝南王有爌似至迟在洪武二十八年已经册封。今暂记为"洪武二十八年"，姑俟待考。

③ 《明太宗实录》载："命汝南王有勲居云南大理……建文中尝告其父不轨，至是弗容于父，遂有是命"（《明太宗实录》卷十六，永乐元年春正月戊子，校印本《明实录》第6册，第0293页）。

④ 《名山藏》卷三十六，第3册，第1999页。

⑤ 据《故顺阳王之墓》志文。

⑥ 《弇山堂别集》作"有熹"（《弇山堂别集》卷三十四，第2册，第603页），《国朝典汇》亦作"有熹"（《国朝典汇》卷十三，第2册，第981、982页），《名山藏》作"有熺"（《名山藏》卷三十六，第3册，第1999页），《明太祖实录》作"有熹"（《明太祖实录》卷二二三，洪武二十五年十二月乙亥，校印本《明实录》第5册，第3266页），《明太宗实录》则作"有熹"（《明太宗实录》卷十一，洪武三十五年八月己未，校印本《明实录》第6册，第0178页）。

⑦ 《明太宗实录》卷十一，洪武三十五年八月己未，校印本《明实录》第6册，第0178页。

⑧ 《名山藏》卷三十六，第3册，第1999页。

4. 永宁

靖僖王有炌①，定庶六子，洪武三十五年封②，成化二年薨。

安惠王子埸，靖僖庶一子，成化三年袭封，十二年薨。

庄和王同钑，安惠庶一子，成化十四年以镇国将军袭封，弘治九年薨。

荣穆王安法，庄和嫡一子，弘治十三年袭封，嘉靖元年薨。

恭定王睦㮮，荣穆庶一子，嘉靖二年以镇国将军袭封，三年薨。

端顺王勤烛，恭定庶一子，嘉靖五年以镇国将军袭封，十六年薨。

敏懿王③朝堉，端顺庶一子④，嘉靖二十年袭封，四十五年薨。

温简王在镗，敏懿嫡一子，隆庆五年袭封，万历二十六年薨，无子，封除。

5. 汝阳

恭僖王有熼，定庶七子，洪武三十五年封⑤，正统九年薨。

安宪王⑥子塈，恭僖庶一子，正统十一年以镇国将军袭封，成化六年薨。

安和王同铿⑦，安宪嫡一子，成化八年袭封，嘉靖元年薨⑧。

---

① 《明史》载为"有光"（《明史》卷一百，第9册，第2550页），《弇山堂别集》亦载为"有光"（《弇山堂别集》卷三十四，第2册，第604页）。《名山藏》则载为"炌"（《名山藏》卷三十六，第3册，第1999页），《明太祖实录》洪武二十六年秋七月壬午条载："皇第三十九孙有炌生，周王第六子也"（《明太祖实录》卷二二九，校印本《明实录》第5册，第3352页）。周藩"有"字辈取名皆附以"火"旁，似作"有炌"更为合理，今改为"有炌"。按，"光"字之隶体亦作"炌"者。

② 《明太宗实录》卷十一，洪武三十五年八月己未，校印本《明实录》第6册，第0178页。

③ 《弇山堂别集》载为"惠庄"（《弇山堂别集》卷三十四，第2册，第604页）。《明穆宗实录》隆庆二年八月辛丑条载："（赐）周府永宁王朝堉谥惠庄"（《明穆宗实录》卷二三，校印本《明实录》第49册，第0622页），隆庆五年四月戊午条又载："（册封）周府永宁敏懿王朝堉长子在镗为永宁王，夫人张氏为永宁王妃"（《明穆宗实录》卷五六，校印本《明实录》第50册，第1393页）。《明实录》所载前后有异，今暂按《明史》，两说并附于此，待日后资料丰富再行考校。

④ 《明世宗实录》嘉靖五年十月甲戌条载："（册封）永宁恭定王庶第三子勤烛为永宁王，廖氏为永宁王妃"（《明世宗实录》卷六九，校印本《明实录》第40册，第1580页）。附注：关于诸王的嫡庶与齿序问题，我们均以墓志或碑刻资料为准，若无墓志，则暂按《明史》，其余诸说并附。

⑤ 《明太宗实录》卷十一，洪武三十五年八月己未，校印本《明实录》第6册，第0178页。

⑥ 《明史》作"安惠"（《明史》卷一百，第9册，第2551页），《明宪宗实录》成化六年四月乙亥条作"安宪"（《明宪宗实录》卷七八，校印本《明实录》第23册，第1524页），成化八年四月己卯条亦载为"安宪"（《明宪宗实录》卷一○三，校印本《明实录》第24册，第2013页），《弇山堂别集》亦记作"安宪"（《弇山堂别集》卷三十四，第2册，第604页）。今暂据《明宪宗实录》等改为"安宪"。

⑦ 《明史》载为"同鏗"（《明史》卷一百，第9册，第2551页），《明英宗实录》天顺二年三月己酉条载为"同铿"（《明英宗实录》卷二八九，校印本《明实录》第20册，第6185页），《明宪宗实录》成化八年四月己卯条亦载为"同铿"（《明宪宗实录》卷一○三，校印本《明实录》第24册，第2013页），《名山藏》、《弇山堂别集》均作"同铿"（《名山藏》卷三十六，第3册，第2000页；《弇山堂别集》卷三十四，第2册，第604页）。今暂据《明实录》等改为"同铿"。

⑧ 《明史》载为正德十年薨（《明史》卷一百，第9册，第2551页）。《明世宗实录》载为嘉靖元年十二月庚子薨（《明世宗实录》卷二一，校印本《明实录》第38册，第0623页）。考虑到嗣王于嘉靖三年袭封，安和王似应在嘉靖元年薨逝，今暂据《明世宗实录》改。

康肃王安㴸，安和庶一子，嘉靖三年以镇国将军袭封，四年薨。

宣思王睦楧，康肃庶一子，嘉靖七年以镇国将军袭封，十一年薨。

荣定王勤炎①，宣思嫡一子，嘉靖十七年袭封②，四十五年薨。

庄简王朝埻③，荣定嫡一子，隆庆四年袭封，无子，封除。

6. 镇平

恭靖王④有爌，定庶八子，洪武三十五年封⑤，成化七年薨。

荣庄王子墭，恭靖庶一子，成化九年以镇国将军袭封，十八年薨。

端裕王同鍌，荣庄庶一子，成化二十一年以镇国将军袭封，弘治十八年薨。

昭顺王安渋，端裕庶一子，正德六年以镇国将军袭封。十五年薨，无子，封除。以从兄子睦栏奉祀⑥。

7. 宜阳

康简王⑦有炥，定庶九子，洪武三十五年封⑧，成化六年薨，无子，封除。

8. 遂平

悼恭王有颎，定庶十子，宣德元年封⑨，正统元年薨⑩。

荣靖王子墭，悼恭庶一子，正统四年袭封，成化四年薨。

恭安王同镳，荣靖嫡一子，成化七年袭封，弘治元年薨。

---

① 《明史》载为"勤焱"（《明史》卷一百，第9册，第2551页），《明世宗实录》嘉靖十六年十二月己未条载为"勤炎"（《明世宗实录》卷二〇七，校印本《明实录》第43册，第4308页），《名山藏》与《明世宗实录》所载相同（《名山藏》，第3册，第2000页），《弇山堂别集》作"勤烁"（《弇山堂别集》卷三十四，第2册，第604页）。周藩"勤"字辈取名皆附以"火"旁，应为"勤炎"或"勤烁"。

② 《明世宗实录》嘉靖十六年十二月己未条载："（册封）周府汝阳宣思王睦楧嫡第九子勤炎为汝阳王"（《明世宗实录》卷二〇七，校印本《明实录》第43册，第4308页）。

③ 《明穆宗实录》作"朝埻"（《明穆宗实录》卷四四，隆庆四年四月乙丑，校印本《明实录》第50册，第1122页），《名山藏》亦作"朝埻"（《名山藏》卷三十六，第3册，第2000页），《弇山堂别集》则作"朝堆"（《弇山堂别集》卷三十四，第2册，第604页）。

④ 详前文注。

⑤ 《明太宗实录》卷十一，洪武三十五年八月己未，校印本《明实录》第6册，第0178页。

⑥ 《弇山堂别集》卷三十四，第2册，第604页。

⑦ 《弇山堂别集》载为"康懿"（《弇山堂别集》卷三十四，第2册，第604页），《明宪宗实录》成化六年六月戊午条则记为"宪穆"（《明宪宗实录》卷八十，校印本《明实录》第23册，第1560页）。由目前资料可知，宜阳王有炥谥号有"康简"、"康懿"、"宪穆"三说。今并记于此，暂因《明史》。

⑧ 《明太宗实录》卷十一，洪武三十五年八月己未，校印本《明实录》第6册，0178页。

⑨ 《明宣宗实录》载为宣德二年九月癸卯日册封，同日册封的还有封丘、罗山、内乡、胙城等王（《明宣宗实录》卷三一，校印本《明实录》第10册，第0808页）。

⑩ 《明英宗实录》载为正统三年夏四月戊寅薨（《明英宗实录》卷四一，校印本《明实录》第14册，第0810页）。

康穆王①安洛，号南极②，恭安庶一子，弘治四年以镇国将军袭封，嘉靖二十四年薨。

端靖王睦㰒，康穆庶一子，初封镇国将军。嘉靖十二年卒，以子勤𤏳袭封，追封王。

安僖王勤𤏳，端靖庶一子，嘉靖二十七年袭封③，万历十五年薨。

惠懿王朝墦，安僖庶一子，嘉靖三十一年封镇国将军，三十六年卒，以孙肃㳻袭封，追封王。

怀恪王在铁，惠懿庶一子，隆庆元年封长孙，万历十八年卒，以子肃㳻袭封，追封王。

□裕王肃㳻，怀恪庶一子，万历二十二年袭封，薨年不详。

□□王恭权，肃㳻嫡一子，万历三十七年封长子，天启元年袭封。

9. 封丘

康懿王④有熅，定庶十一子，宣德二年封，成化三年薨。

温和王子墊，康懿庶一子，成化五年以镇国将军袭封，弘治十五年薨。

僖顺王同铭，温和庶四子⑤，正德七年以镇国将军袭封，嘉靖三年薨。

端惠王安浞，僖顺嫡二子⑥，嘉靖六年袭封，三十一年薨。

肃安王睦诶，端惠庶一子，嘉靖三十四年以镇国将军袭封，隆庆三年薨。

庄靖王勤炙⑦，肃安庶一子，万历七年袭封，十六年薨，无子，封除。

---

① 《弇山堂别集》载为"康惠"（《弇山堂别集》卷三十四，第2册，第604页），《明遂平康穆王南极妃游氏合葬圹志铭》载为"康穆"。今以出土墓志为是。

② 据《明遂平康穆王南极妃游氏合葬圹志铭》补入。

③ 《明世宗实录》嘉靖二十六年十二月甲戌条载："（册封）周府遂平王安洛长孙勤𤏳为遂平王"（《明世宗实录》卷三三一，校印本《明实录》第45册，第6085页）。

④ 《明宪宗实录》作"康惠"（《明宪宗实录》卷四三，成化三年六月壬子，校印本《明实录》第23册，第0886页），《弇山堂别集》作"康懿"（《弇山堂别集》卷三十四，第2册，第604页），《大明周府封丘温和王之圹志》载为"康懿"，今以出土墓志为是。

⑤ 《明史》载为"庶一子"（《明史》卷一百，第9册，第2554页），《明武宗实录》正德七年闰五月戊子条载："（册封）周府封丘温和王庶第五子同铭为封丘王（《明武宗实录》卷八八，校印本《明实录》第35册，第1889页），《封丘僖顺王墓志铭》载："（温和王）连生四子，僖顺其四也……已长男夭，二三以花生废，而僖顺果王，王讳同铭，母梁夫人也"，今以墓志记载为是。

⑥ 《明史》载为"嫡一子"（《明史》卷一百，第9册，第2554页），《封丘僖顺王墓志铭》载："（僖顺王）妃刘氏，六子三女皆嫡出，长子先卒，次安浞，袭其爵"。又，《明世宗实录》嘉靖六年九月庚子条载："（册封）周府封丘僖顺王同铭嫡第二子安浞为封丘王"（《明世宗实录》卷八十，校印本《明实录》第40册，第1787页）。今改为"嫡二子"。

⑦ 《名山藏》作"勤炙"（《名山藏》卷三十六，第3册，第2001页），《弇山堂别集》作"勤炙"（《弇山堂别集》卷三十四，第2册，第604页）。周藩"勤"字辈取名应有"火"旁，今仍依《明史》所载。

10. 罗山

悼惠王①有煃，定庶十二子，宣德二年封，四年薨，无子，封除。

11. 内乡

恭庄王有烔②，定十三子，宣德二年封，天顺八年薨。

怀靖王子垯，恭庄庶一子，景泰元年封镇国将军，天顺元年卒，以子同锁袭封，追封王。

温穆王同锁，怀靖庶一子，成化元年袭封，弘治十六年薨。

温定王安潼③，温穆嫡一子，弘治七年袭封，嘉靖二十二年薨。

庄顺王睦楖④，温定庶一子，嘉靖二十六年袭封，三十六年薨。

端惠王勤烰，庄顺嫡一子，嘉靖三十八年袭封，万历二十三年薨。

□□王朝䌞⑤，端惠庶一子，万历十六年封长子，二十六年袭封，薨年不详。

□□王在鋆，朝䌞嫡一子，万历二十九年封长子，既而袭封。

12. 胙城

庄简王有矫，定庶十四子，宣德二年封，景泰四年薨。

荣顺王子壖，庄简庶二子，景泰七年以镇国将军袭封⑥，成化十三年薨。

昭僖王同䥖⑦，荣顺庶一子，成化十五年以镇国将军袭封，弘治元年薨。

宣靖王安浏，昭僖嫡一子，弘治四年袭封，嘉靖二年薨。

---

① 详前文注。

② 《弇山堂别集》、《名山藏》均作"有烔"（《弇山堂别集》卷三十四，第2册，第605页；《名山藏》卷三十六，第3册，第2001页），《明宣宗实录》亦载为"有烔"（《明宣宗实录》卷三一，宣德二年九月癸卯，校印本《明实录》第10册，第0808页）。今暂依《明史》。

③ 《弇山堂别集》作"安潼"（《弇山堂别集》卷三十四，第2册，第605页），《名山藏》则作"安潬"（《名山藏》卷三十六，第3册，第2001页）。

④ 《名山藏》作"睦楖"（《名山藏》卷三十六，第3册，第2001页），《明世宗实录》、《弇山堂别集》与《明史》同（《明世宗实录》卷四四七，嘉靖三十六年五月丁丑，校印本《明实录》第47册，第7620页；《弇山堂别集》卷三十四，第2册，第605页）。

⑤ 《名山藏》作"朝䌞"（《名山藏》卷三十六，第3册，2001页）。

⑥ 《明英宗实录》景泰六年五月己未条载："（册封）周府胙城庄简王子子壖为胙城王"，同时册封的还有周王子垕。（《明英宗实录》卷二五三，校印本《明实录》第19册，第5466页）。

⑦ 《明孝宗实录》作"同䥖"（《明孝宗实录》卷十五，弘治元年六月丁巳，校印本《明实录》第28册，第0380、0381页），《弇山堂别集》作"同锨"（《弇山堂别集》卷三十四，第2册，第605页），《名山藏》作"同鎏"（《名山藏》卷三十六，第3册，第2002页）。

恭懿王睦㮮①，宣靖嫡一子，嘉靖五年以镇国将军袭封，十八年薨。

端惠王勤熑，恭懿庶一子，嘉靖二十年袭封，万历八年薨。

□□王朝㘃，端惠庶三子，万历三年封长子，后卒，无子，封除。

13. 固始②

□□王有□，定庶十五子，无子。

（二）周简王诸子

1. 原武

安懿王子埘，简庶三子，正统六年封，成化二年薨③。

康僖王同鏴，安懿庶一子，成化五年袭封，弘治七年薨。

恭顺王安淇，康僖庶一子④，弘治十三年以镇国将军袭封，嘉靖三十七年薨。

庄惠王睦㮮，恭顺嫡一子，嘉靖三十九年袭封，万历七年薨。

端和王勤熥，庄惠嫡一子，嘉靖四十一年封长子，万历十年袭封，十六年薨。

温穆王朝㙺，号凤山⑤，端和庶一子，隆庆三年封长孙，万历十二年改封长子，十九年袭封，三十五年薨。

昭宪王⑥在铎，温穆庶一子，万历十六年封长孙，二十年改封长子，三十八年袭封，薨年不详。

---

① 《明世宗实录》嘉靖五年十月甲戌条载："（册封）胙城宣靖王嫡第三子睦㮮为胙城王，刘氏为胙城王妃"（《明世宗实录》卷六九，校印本《明实录》第40册，第1580页），关于胙城恭懿王名讳，《名山藏》亦作"睦㮮"（《名山藏》卷三十六，第3册，第2002页），《弇山堂别集》则作"睦㮮"（《弇山堂别集》卷三十四，第2册，第605页）。

② 《明宣宗实录》宣德七年冬十月甲申条载："行在礼部奏：'周定王第十六子（疑为"第十五子"之误）薨，年一岁下殇，且未受封。然亲王之子宜有恩数'，上命追封为固始王，祭葬如例，盖特恩云"（《明宣宗实录》卷九六，校印本《明实录》第12册，第2182页），《弇山堂别集》亦载："固始王有□，定第十五子。无子除"（《弇山堂别集》卷三十四，第2册，第605页），《名山藏》载：（周定王）第十五子殇，赠固始王（《名山藏》卷三十六，第3册，第2002页），《国朝典汇》胙城郡王后有固始王（《国朝典汇》卷十三，第2册，第926页）。《大明一统志》载："固始王墓……在府城南朱仙镇"（明·李贤等纂：《大明一统志》卷二十六，影印文渊阁《四库全书》本，第472册，第637、638页，台湾商务印书馆，1984年）。《明嘉靖河南通志》卷八载："固始王，定王子，薨，亡子"。又，同书卷十九载："固始王□墓，在府城西南"（《明嘉靖河南通志》嘉靖三十七年刊本，北京图书馆藏）。以上资料说明，周定王实有十五子，第十五子封为固始王。《明史》缺载，今补。

③ 《明史》载为成化八年薨（《明史》卷一百，第9册，第2558页），《明宪宗实录》载为成化二年薨（《明宪宗实录》卷三三，成化二年八月辛亥，校印本《明实录》第22册，第0663页）。考虑到嗣王同鏴于成化五年袭封，《明史》所载显然有误，今暂据《明宪宗实录》改。

④ 《明孝宗实录》弘治十三年十月丁酉条载："（册封）原武王庶第五子镇国将军安淇为原武王，西城兵马副指挥刘珍次女为原武王妃"（《明孝宗实录》卷一六七，校印本《明实录》第31册，第3034页）。

⑤ 据《明册封周藩原武温穆王圹志铭》补入。

⑥ 《明史》缺载谥号，《明神宗实录》万历四十七年十二月戊午条载："原武王在铎谥曰昭宪"（《明神宗实录》卷五八九，校印本《明实录》第65册，第11285页）。

□□王肃湧，昭宪嫡二子，天启六年袭封①。

2. 鄢陵

安僖王子墌，简庶四子，正统六年封，成化二十一年薨。

靖简王同𨰿，安僖庶一子②，弘治元年以镇国将军袭封，正德十年薨。

端僖王安沅，号养素③，靖简嫡一子，正德十六年袭封，嘉靖十八年薨。

恭昭王睦柯，端僖嫡一子，嘉靖二十一年袭封④，薨年不详⑤。

长子勤烑，恭昭嫡一子，嘉靖七年封长孙，二十一年封长子，隆庆五年卒。

康懿王朝圾，勤烑庶一子，万历二年以辅国将军改封长子，十九年袭封，薨年不详，万历三十年赐谥⑥。

庄和王在䄎，康懿嫡一子，万历二十一年封长子，三十年袭封，薨年不详，万历四十四年赐谥⑦。

□□王肃汭，庄和庶三子，天启元年袭封，清顺治四年卒⑧。

3. 河阴

怀僖王子𡒉，简庶五子，正统六年封，十二年薨。

---

① 《明史》缺载，《明熹宗实录》载昭宪王嫡二子肃湧于天启六年六月壬午袭封（《明熹宗实录》卷七二，校印本《明实录》第70册，第3488页）。今据《明熹宗实录》补。

② 《明孝宗实录》弘治元年九月丙子条载："（册封）周府鄢陵安僖王庶第二子镇国将军同𨰿为鄢陵王，夫人张氏为鄢陵王妃"（《明孝宗实录》卷十八，校印本《明实录》第28册，第0434页），又，《明武宗实录》正德十年五月丙申条载："周府鄢陵王同𨰿薨，王，安僖王第二子，母丁氏，正统丙寅生，初封镇国将军，弘治戊申袭封，至是薨，辍朝一日，赐祭葬如例，谥曰靖简"（《明武宗实录》卷一二五，校印本《明实录》第36册，第2501页）。

③ 据《大明周府鄢陵端僖王圹志铭》补入。

④ 《明世宗实录》嘉靖二十年十二月戊寅条载："（册封）鄢陵端僖王安沅长子睦柯为鄢陵王，夫人刘氏为鄢陵王妃"（《明世宗实录》卷二五六，校印本《明实录》第44册，第5140页）。

⑤ 《明史》载为恭昭王睦柯薨于嘉靖三十六年（《明史》卷一百，第9册，第2558、2559页），由于其子勤烑早卒，万历十九年以孙朝圾袭封王爵。若按《明史》所载，鄢陵王府在嘉靖三十六年至万历十九年30余年内竟无嗣王，显然有悖于常理。《明神宗实录》万历四年十二月己巳条载："（周府）鄢陵王睦柯……先后病故，礼部类请，上辍朝一日，不鸣钟鼓……"（《明神宗实录》卷五七，校印本《明实录》第52册，第1307页）。《弇山堂别集》载："（睦柯）乐善孝友，年七十二时，世宗嘉之，今九十余"（《弇山堂别集》卷三十四，第2册，第605页），同书又载："鄢陵□□王睦柯寿九十"（《弇山堂别集》卷五，《亲王高寿》（附载郡王高寿者），第1册，第79页）。书中未记载谥号，说明《弇山堂别集》成书之时鄢陵王睦柯尚存活在世或者卒后尚未赐给谥号而未及备载。《弇山堂别集》初刻于万历十八年，作者王世贞亦于该年辞世，加之朝圾于万历十九年袭封王爵，又考虑到嗣王袭封应在三年孝满之后，所以我们认为，鄢陵恭昭王睦柯至早薨于万历年间且至晚应薨于万历十七年，而绝非嘉靖三十六年。

⑥ 《明神宗实录》卷三七三，万历三十年六月辛丑，校印本《明实录》第60册，第7001页。

⑦ 《明神宗实录》卷五四九，万历四十四年九月己丑，校印本《明实录》第64册，第10397页。

⑧ 《清世祖实录》卷三〇，顺治四年二月乙未。

康简王同镳①，怀僖嫡一子，天顺元年袭封，弘治十四年薨。
庄定王安沍②，康简庶一子，弘治十六年袭封，嘉靖三十三年薨。
恭肃王睦橘，庄定嫡一子，嘉靖三十六年袭封，隆庆三年薨。
温恪王勤炋，恭肃嫡一子，万历二年袭封，四十五年薨。
□□王朝赵，温恪庶一子，万历二十二年封长子，天启元年袭封。

4. 项城

恭和王子堰，简庶七子，正统元年封，成化十九年薨，无子，封除。

5. 汝南③

悼和王子㧋，简庶八子，天顺元年封，二年薨。无子，封除。

6. 颍川

温僖王子壚，简庶九子，天顺元年封，成化二十一年薨。
荣庄王同镗，温僖庶一子，弘治二年袭封，嘉靖六年薨。
安惠王安㵲，荣庄庶一子，封镇国将军，嘉靖二年卒，以子睦㭘袭封，追封王。
恭顺王睦㭘，安惠庶一子，嘉靖十五年袭封④，万历十四年薨。
怀端王⑤勤烃⑥，恭顺嫡一子，嘉靖三十五年封长子，万历十五年卒。
□□王朝壑，勤烃庶一子，万历二十年袭封，薨。

---

① 《明英宗实录》作"同钏"（《明英宗实录》卷二五八，《废帝郕戾王附录》第七十六，景泰六年九月庚子，校印本《明实录》第19册，第5551页），《明孝宗实录》则作"同镳"（《明孝宗实录》卷一八一，弘治十四年十一月己卯，校印本《明实录》第31册，第3332页），《弇山堂别集》亦作"同镳"（《弇山堂别集》卷三十四，第2册，第605页），《名山藏》作"同镳"（《名山藏》卷三十六，第3册，第2003页），与《明史》同。目前所见河阴康简王之名有"同钏"、"同镳"、"同镳"三种，今暂按《明史》。
② 《名山藏》作"安坵"（《名山藏》卷三十六，第3册，第2003页），《弇山堂别集》作"安沍"（《弇山堂别集》卷三十四，第2册，第605页）。
③ 《明史》作"宜阳"（《明史》卷一百，第9册，第2561页），误。周定王第九子有烰，被封为宜阳王，于成化六年薨逝，无子，封除。周简王庶八子子㧋，于天顺元年封，二者明显矛盾。《明英宗实录》天顺元年九月丙子条载："（册封周靖王）第八弟子㧋为汝南王"（《明英宗实录》卷二八二，校印本《明实录》第20册，第6060页），天顺二年六月庚辰条载：汝南王子㧋薨（《明英宗实录》卷二九二，校印本《明实录》第20册，第6246页），又，《弇山堂别集》载："汝南悼和王子㧋，简庶十子（误，应为八子；该书以第八子作泌阳悼和王，又误），寿十八，无子，除。"（《弇山堂别集》卷三十四，第2册，第606页），同书又载："两汝南王，俱周府，一削爵有燉（误，应为有爋），一子㧋"（《弇山堂别集》卷十六，《国封相同》，第1册，第284页）。据此可知《明史》有误，今改"宜阳"为"汝南"。
④ 《明世宗实录》嘉靖十四年十二月壬寅条载："（册封）颍川王同镗庶长孙睦㭘为颍川王"（《明世宗实录》卷一八二，校印本《明实录》第42册，第3879页）。
⑤ 《明史》缺载谥号，《明神宗实录》万历三十三年二月丙寅条载："追封周府颍川恭顺王长子勤烃为颍川王，谥怀端，勤烃夫人贾氏为颍川王妃"（《明神宗实录》卷四〇六，校印本《明实录》第60册，第7582页）。
⑥ 《名山藏》作"勤椟"（《名山藏》卷三十六，第3册，第2003页）。

□□王在镍,朝壑嫡一子,万历三十九年封长子,既而袭封。

7. 义阳

康靖王子坴,简庶十子,天顺元年封,弘治十二年薨。
荣安王同镰,康靖庶一子,弘治十六年袭封,正德二年薨。
恭端王安泆,荣安庶一子,嘉靖元年袭封,薨年不详。
庄僖王睦楪①,恭端嫡一子②,嘉靖二十五年袭封,万历二十四年薨。
□□王勤瓢,庄僖庶一子③,万历三十七年袭封。

8. 泌阳④

子墪⑤,简王庶十一子,天顺元年封,册封之命未下,先于景泰七年薨⑥,无子,封除。

9. 汝阴

怀懿王子埯⑦,简庶十二子,天顺元年封,成化十一年薨,无子,封除。

10. 临汝

端懿王子塼,简庶十三子,天顺三年封,弘治九年薨。

---

① 《明史》作"睦鍱"(《明史》卷一百,第9册,第2562页),《名山藏》作"睦楪"(《名山藏》卷三十六,第3册,第2003页),《弇山堂别集》亦作"睦楪"(《弇山堂别集》卷三十四,第2册,第606页),《明世宗实录》作"睦𥫣"(《明世宗实录》卷三〇六,嘉靖二十四年十二月己酉,校印本《明实录》第45册,第5780页),《明神宗实录》则作"睦𥫣"(《明神宗实录》卷四〇八,万历三十三年四月辛未,校印本《明实录》第60册,第7619页)。义阳庄僖王祖亦名同镰,祖孙名重字,似不妥。又,周藩"睦"字辈取名皆附以"木"旁,故暂记为"睦楪"。

② 《明世宗实录》嘉靖二十四年十二月己酉条载:"(册封)周府义阳王安泆嫡第四子睦𥫣为义阳王"(《明世宗实录》卷三〇六,校印本《明实录》第45册,第5780页)。

③ 《明神宗实录》万历三十三年四月辛未条载:"(册封周府)义阳王睦𥫣庶二子勤瓢为义阳王"(《明神宗实录》卷四〇八,校印本《明实录》第60册,第7619页)。

④ 《明英宗实录》天顺元年九月丙子条载:"(册封周靖王)第十一弟子墪为泌阳王"(《明英宗实录》卷二八二,校印本《明实录》第20册,第6060页),《弇山堂别集》亦载有泌阳王,然误作周简王第八子子垗(《弇山堂别集》卷三十四,第2册,第605页)。《明史》缺载,今补。

⑤ 《名山藏》作"子墪"(《名山藏》卷三十六,第3册,第2003页),《弇山堂别集》误作"子垗"(《弇山堂别集》卷三十四,第2册,第605页),《明英宗实录》作"子墪"(《明英宗实录》卷二八二,天顺元年九月丙子,校印本《明实录》第20册,第6060页)。今暂《明英宗实录》、《明史》所载。

⑥ 《明英宗实录》景泰七年五月戊戌条载:"周府泌阳王子墪薨,周简王第十一子,母南氏,正统十年生,至是薨,年十二,既薨,而册封之命始下,讣闻……"(《明英宗实录》卷二六六,《废帝郕戾王附录》第八十四,校印本《明实录》第20册,第5662页)。

⑦ 《名山藏》作"子塝"(《名山藏》卷三十六,第3册,第2004页),《明英宗实录》《弇山堂别集》均作"子埯"(《明英宗实录》卷二八二,天顺元年九月丙子,校印本《明实录》第20册,第6060页;《弇山堂别集》卷三十四,第2册,第606页)。

恭康王同衔，端懿庶一子①，弘治十四年袭封，嘉靖二十一年薨。

靖惠王②安𣵀，恭康庶一子，嘉靖三十二年袭封③，薨年不详④。

□□王睦㮫，安𣵀庶三子，万历八年封长子，三十二年袭封。

（三）周懿王诸子

1. 沈丘

荣戾王同铍，懿庶二子，成化元年封，正德七年薨⑤。

靖和王安涪，荣戾庶一子，正德十三年袭封⑥，嘉靖三年薨。

荣定王睦㭎，号雪庵⑦，靖和庶一子，嘉靖六年袭封⑧，二十八年薨。

庄懿王勤熩，荣定嫡一子，嘉靖三十一年袭封⑨，万历十七年薨。

□□王朝㕛，庄懿嫡一子，万历七年封长子，二十年袭封。

□□王在锃，朝㕛嫡一子，万历二十三年封长子，既而袭封。

2. 上洛

庄惠王同鈘，懿庶三子，成化三年封，弘治十二年薨⑩。

荣定王安瀼，庄惠嫡一子，正德三年袭封，嘉靖二十九年薨。

---

① 《明孝宗实录》弘治十二年十二月戊子条载："周府临汝王庶第二子曰同衔"（《明孝宗实录》卷一五七，校印本《明实录》第31册，第2813页）。

② 《明史》缺载谥号，《明神宗实录》万历三十一年十月己丑条载："赐周府临汝王安𣵀谥靖惠"（《明神宗实录》卷三八九，校印本《明实录》第60册，第7320页）。

③ 《明世宗实录》嘉靖三十一年十二月戊辰条载："（册封）临汝恭康王同衔庶长子镇国将军安𣵀为临汝王，夫人刘氏为临汝王妃"（《明世宗实录》卷三九二，校印本《明实录》第46册，第6886页）。

④ 《明史》不载薨年，《明神宗实录》万历三十年七月庚午条载："遣行人周达往掌周府临汝王安𣵀丧葬"（《明神宗实录》卷三七四，校印本《明实录》第60册，第7025页），由此可见，临汝王安𣵀必薨于万历三十年七月庚午之前。

⑤ 详前文注。

⑥ 《明史》载为正德三年袭封（《明史》）卷一百，第9册，第2565页），《明诰封沈丘荣戾王夫人宋氏墓志铭》载："夫人生子二，长安涪，正德戊寅（正德十三年）秋七月三日册封为沈丘王"。今以出土墓志为准。

⑦ 据荥阳洞林寺存嘉靖二十七年《周王旨谕碑》刊沈丘王题诗补入。

⑧ 《明史》载为嘉靖七年袭封（《明史》卷一百，第9册，第2565页），《明世宗实录》嘉靖六年九月庚子条载："（册封）沈丘靖和王安涪庶长子睦㭎为沈丘王，夫人刘氏为沈丘王妃"（《明世宗实录》卷八十，校印本《明实录》第40册，第1787页）。《明诰封沈丘荣戾王夫人宋氏墓志铭》亦载为嘉靖六年袭封。今改为嘉靖六年。

⑨ 《明世宗实录》嘉靖三十年十二月乙亥条载："（册封）沈丘王睦㭎嫡长子勤熩为沈丘王，夫人王氏进封为沈丘王妃"（《明世宗实录》卷三八〇，校印本《明实录》第46册，第6736页）。

⑩ 《明孝宗实录》弘治十六年八月壬戌条载："周府上洛王同鈘薨，王，周懿王庶第三子，母吴氏，景泰七年生，成化三年册封，至是薨，年四十八……谥庄忠"（《明孝宗实录》卷二〇二，校印本《明实录》第32册，第3768页），关于其谥号，《弇山堂别集》载为"庄惠"（《弇山堂别集》卷三十四，第2册，第606页）。谥号和薨年暂依《明史》。

康裕王睦樘，荣定嫡一子，嘉靖三十二年袭封①，四十年薨，长子勤檵，先卒。

恭靖王勤诿②，康裕嫡二子，万历二年以镇国将军袭封③，薨。

□□王朝堐，恭靖嫡一子，万历六年封长子，三十二年袭封。

3. 鲁阳

恭惠王同钯，懿庶四子，成化三年封，嘉靖元年薨。

靖肃王安泳④，恭惠庶一子，嘉靖四年袭封，二十一年薨。

安定王睦柂，靖肃嫡一子，正德十六年封镇国将军，嘉靖十年卒，以子勤灰袭封，追封王。

庄宪王勤灰，安定嫡一子，嘉靖二十一年袭封⑤，万历二十四年薨。

穆怀王朝埃，庄宪嫡一子，嘉靖四十年封长子，万历二十年卒，以子在铱袭封，追封王。

端懿王在铱，穆怀庶一子，万历十六年封长子，二十七年袭封，薨年不详，万历三十九年赐谥⑥。

□□王肃泱⑦，端懿庶一子，万历四十六年袭封。

4. 临湍

荣惠王同钧，懿庶五子，成化七年封，弘治四年薨。

端简王安瀸⑧，荣惠庶一子，弘治十年袭封，正德十五年薨。

---

① 《明世宗实录》嘉靖三十一年十二月戊辰条载："（册封）上洛康裕王安瀼嫡长子睦樘为上洛王，夫人李氏为上洛王妃"（《明世宗实录》卷三九二，校印本《明实录》第46册，第6886页）。

② 《明神宗实录》作"勤铔"（《明神宗实录》卷三七，万历三年四月壬戌，校印本《明实录》第52册，第0872页），《名山藏》作"勤诿"（《名山藏》卷三十六，第3册，第2004页），《弇山堂别集》载为"勤诿"（《弇山堂别集》卷三十四，第2册，第606页）。

③ 《明神宗实录》万历三年四月壬戌条载："（册封）周府上洛康裕王睦樘嫡第三子镇国将军勤铔为上洛王，夫人景氏为上洛王妃"（《明神宗实录》卷三七，校印本《明实录》第52册，第0872页）。

④ 《明史》作"安汖"（《明史》卷一百，第9册，第2566页），《名山藏》作"安汖"（《名山藏》卷三十六，第3册，第2004页），《弇山堂别集》作"安永"（《弇山堂别集》卷三十四，第2册，第606页），《明宪宗实录》作"安泳"（《明宪宗实录》卷二七〇，成化二十一年九月庚申，校印本《明实录》第27册，第4558页），《明世宗实录》先作"安泳"，又作"安汖"（《明世宗实录》卷五六，嘉靖四年十月癸巳，校印本《明实录》第39册，第1357页；卷二九三，嘉靖二十三年十二月庚寅，校印本《明实录》第44册，第5623页）。查《明史》所载周藩"安"字辈取名皆附以"氵"旁，今暂改为"安泳"。

⑤ 《明世宗实录》嘉靖二十三年十二月庚寅条载："（册封）周府鲁阳靖肃王安汖嫡长孙辅国将军勤灰为鲁阳王，夫人王氏为鲁阳王妃"（《明世宗实录》卷二九三，校印本《明实录》第44册，第5623页）。

⑥ 《明神宗实录》卷四八五，万历三十九年七月壬戌，校印本《明实录》第62册，第9149页。

⑦ 《明神宗实录》作"肃泱"（《明神宗实录》卷五六八，万历四十六年四月辛卯，校印本《明实录》第64册，第10679页；卷五七六，万历四十六年十一月乙卯，校印本《明实录》第65册，第10914页）。

⑧ 《弇山堂别集》作"安沈"（《弇山堂别集》卷三十四，第2册，第606页），误与河清端穆王安沈重。

庄毅王①睦㮮，端简庶一子，嘉靖十四年袭封②，二十六年薨。

端靖王勤绺，庄毅嫡一子③，嘉靖三十二年袭封，三十四年薨。一子、二子、三子俱夭卒，四子朝望④系滥妾所生，万历十年降封奉国将军，封除。

5. 堵阳

安僖王同𫓧，懿庶六子，成化十年封，嘉靖二十一年薨⑤。

荣宪王安潩，安僖庶一子，封镇国将军，嘉靖十三年卒，以孙勤炟袭封，追封王。

康裕王睦枱，荣宪庶一子，正德十六年封辅国将军，嘉靖十二年卒，以子勤炟袭封，追封王。

端简王勤炟，康裕庶一子，嘉靖二十七年袭封⑥，万历五年薨。

恭懿王朝壩，端简嫡一子，万历三年封长子，十三年袭封，二十二年薨，三十七年赐谥⑦。

□□王在镶，恭懿庶一子，万历四十年袭封⑧。

6. 河清⑨

昭和王同镥，懿庶七子，成化九年封，弘治七年薨。

端穆王安沈，昭和庶一子，弘治七年袭封，十五年薨，无子。

庄宪王安泗，昭和庶二子，正德六年以镇国将军进封，嘉靖二十五年薨。

荣僖王睦棱，庄宪嫡一子，嘉靖二十八年袭封⑩，三十三年薨。

---

① 《明世宗实录》作"庄懿"（《明世宗实录》卷三九二，嘉靖三十一年十二月戊辰，校印本《明实录》第46册，第6886页），《弇山堂别集》作"庄毅"（《弇山堂别集》卷三十四，第2册，第606页）。

② 《明世宗实录》嘉靖十三年十二月辛丑条载："（册封）周府临湍端简王安瀺庶长男睦㮮为临湍王"（《明世宗实录》卷一七〇，校印本《明实录》第42册，第3710页）。

③ 《明世宗实录》嘉靖三十一年十二月戊辰条载："（册封）周府临湍庄懿王睦㮮嫡第二子镇国将军勤绺为临湍王"（《明世宗实录》卷三九二，校印本《明实录》第46册，第6886页）。

④ 《名山藏》作"朝望"（《名山藏》卷三十六，第3册，第2004页）。

⑤ 《明世宗实录》嘉靖二十三年九月己酉条载："周府堵阳王同𫓧薨，赐祭葬如例"（《明世宗实录》卷二九〇，校印本《明实录》第44册，第5576页）。

⑥ 《明世宗实录》嘉靖二十六年十二月甲戌条载："（册封）堵阳王同𫓧嫡长曾孙勤炟为堵阳王"（《明世宗实录》卷三三一，校印本《明实录》第45册，第6085页）。

⑦ 《明史》载为万历二十二年薨（《明史》卷一百，第9册，第2569页），《明神宗实录》万历三十七年八月壬子条载："赐周府堵阳王朝壩谥恭懿"（《明神宗实录》卷四六一，校印本《明实录》第62册，第8695页）。堵阳恭懿王薨年存疑。

⑧ 《明神宗实录》万历四十七年七月戊子条载："册封周府在镶为堵阳王，选谷氏为堵阳王妃"（《明神宗实录》卷五八四，校印本《明实录》第65册，第11137页）。

⑨ 《名山藏》作"清河"（《名山藏》卷三十六，第3册，第2005页），误。

⑩ 《明世宗实录》嘉靖二十七年十二月庚午条载："（册封）周府河清庄宪王安泗长子睦棱为河清王"（《明世宗实录》卷三四三，校印本《明实录》第45册，第6230页）。

勤爃，荣僖嫡一子，嘉靖三十六年袭封，以冒伯父封，例除①。

7. 新会

恭简王②同锵，懿庶八子，成化二十三年封③，嘉靖二年薨。

康惠王安渤，恭简嫡一子，嘉靖八年袭封，四十二年薨。

睦㮊④，康惠庶一子，嘉靖三十九年以镇国将军改封长子，隆庆二年袭封。万历十二年以罪削为庶人，发高墙，封除。

（四）周惠王诸子

1. 义宁

昭安王安㳖，惠庶四子，弘治二年封，十二年革爵，正德二年复爵，嘉靖十年薨。

荣懿王⑤睦㰀，昭安嫡一子，嘉靖五年袭封⑥，十五年薨。

恭简王勤熯⑦，荣懿子，嘉靖十八年袭封，万历十六年薨。

庄恪王⑧朝墡，恭简嫡一子，嘉靖三十六年封长子，隆庆三年卒，以子在铓袭封，追封王。

□□王在铓，朝墡庶一子，万历五年封长孙，二十二年袭封。

2. 平乐

安泛，惠庶五子，弘治二年封。十三年以罪废为庶人，送凤阳守陵，封除。

---

① 《名山藏》卷三十六，第 3 册，第 2005 页。

② 《弇山堂别集》作"恭简"，亦作"昭穆"（《弇山堂别集》卷三十四，第 2 册，第 607 页）。

③ 《明孝宗实录》弘治二年九月壬戌条载："（册封）周王弟同锵为新会王"（《明孝宗实录》卷三十，校印本《明实录》第 28 册，第 0669 页）。

④ 《明穆宗实录》作"睦棲"（《明穆宗实录》卷十九，隆庆二年四月丙午，校印本《明实录》第 49 册，第 0538 页），《弇山堂别集》、《名山藏》均作"睦㮊"（《弇山堂别集》卷三十四，第 2 册，第 607 页；《名山藏》卷三十六，第 3 册，第 2006 页）。

⑤ 《明世宗实录》作"荣宪"（《明世宗实录》卷二一九，嘉靖十七年十二月癸亥，校印本《明实录》第 43 册，第 4524 页）。

⑥ 《明世宗实录》嘉靖六年九月庚子条载："（册封）义宁昭安王安㳖嫡长子睦㰀为义宁王，夫人王氏为义宁王妃"（《明世宗实录》卷八十，校印本《明实录》第 40 册，第 1787 页）。

⑦ 《明史》作"勤爃"（《明史》卷一百，第 9 册，第 2572 页），《名山藏》作"勤熯"（《名山藏》卷三十六，第 3 册，第 2007 页），《弇山堂别集》亦作"勤熯"（《弇山堂别集》卷三十四，第 2 册，第 607 页）。《明世宗实录》亦载为"勤熯"（《明世宗实录》卷二一九，嘉靖十七年十二月癸亥，校印本《明实录》第 43 册，第 4524 页）。周藩"勤"字辈取名皆附以"火"旁，宜作"勤熯"。

⑧ 《明史》缺载谥号，《明神宗实录》万历四十七年七月庚寅条载："诏赐周府义宁王长子朝墡追封为义宁王，谥曰庄恪"（《明神宗实录》卷五八四，校印本《明实录》第 65 册，第 11146 页）。

3. 崇善

恭顺王安㵟，惠庶六子，弘治二年封，正德十一年薨。

端懿王①睦楬，恭顺庶一子，嘉靖元年袭封，本年薨。

勤㸅，端懿嫡一子，嘉靖六年封长子，十年卒。

□□王朝埧，勤㸅庶一子，嘉靖二十年袭封②，二十八年薨，无子，封除。

4. 海阳

康隐王安㴋③，惠庶七子，弘治二年封，正德七年薨。

端康王睦㫬，康隐庶三子，嘉靖二年袭封，二十六年薨。

庄恪王勤浺，端康庶一子，嘉靖三十五年袭封，万历二十三年薨。

恭懿王④朝陛，庄恪嫡一子，隆庆六年封长子，万历二十四年袭封，三十九年薨。

□□王在镇⑤，朝陛庶一子，万历三十八年以镇国将军改封长子，四十四年袭封⑥。

5. 早卒子

安沈，庶七子，未封，卒⑦。

6. 早卒子

安泙，庶八子，未封，卒⑧。

---

① 《弇山堂别集》作"端宪"（《弇山堂别集》卷三十四，第 2 册，第 607 页），《明世宗实录》亦作"端宪"（《明世宗实录》卷二四四，嘉靖十九年十二月壬午，校印本《明实录》第 44 册，第 4915、4916 页）。今暂依《明史》。

② 《明世宗实录》嘉靖十九年十二月壬午条载："（册封）崇善端宪王睦楬孙朝埧为崇善王"（《明世宗实录》卷二四四，校印本《明实录》第 44 册，第 4915 页）。

③ 《名山藏》载："镇国将军安㴋，追封海阳王"（《名山藏》卷三十六，第 3 册，第 2008 页）。

④ 《明史》缺载谥号，《明神宗实录》万历四十一年三月丁卯条载："赐周府海阳王朝升谥恭懿"（《明神宗实录》卷五○六，校印本《明实录》第 63 册，第 9606 页）。

⑤ 《明神宗实录》作"在镇"（《明神宗实录》卷五三七，万历四十三年九月庚辰，校印本《明实录》第 64 册，第 10180 页）。

⑥ 《明神宗实录》万历四十三年九月庚辰条载："赐周府海阳王长子在镇承袭王爵"（《明神宗实录》卷五三七，校印本《明实录》第 64 册，第 10180 页）。

⑦ 《名山藏》卷三十六，第 3 册，第 2008 页。河清端穆王亦名安沈，今暂依《名山藏》所载，记为"安沈"，姑俟待考。其齿序疑为周惠王庶八子。

⑧ 《名山藏》卷三十六，第 3 册，第 2009 页。其齿序疑为周惠王庶九子。

7. 定安①

怀简王安㵎，惠庶十子，弘治二年封，四年薨，无子，封除。

8. 曲江

恭和王安㵪，惠庶十一子，弘治二年封，正德十二年薨。
荣定王睦㮮②，恭和庶一子，正德十六年袭封③，嘉靖十七年薨。
端靖王勤爡，荣定嫡一子，嘉靖二十一年袭封④，万历六年薨⑤。
□□王朝㙫，端靖庶一子，万历三十八年袭封。

9. 早卒子

安㴤，惠庶十二子，镇国将军，未王，卒⑥。

10. 博平

恭裕王安㵘，自称思诚子，又号述古道人⑦，惠庶十三子，弘治二年封，嘉靖四年薨⑧。
温简王睦柯，恭裕庶一子，嘉靖五年袭封⑨，万历三年薨。

---

① 《明史》作"安定"（《明史》卷一百，第9册，第2575页），《明孝宗实录》亦作"安定"（《明孝宗实录》卷五六，弘治四年十月壬子，校印本《明实录》第29册，第1082页）。《名山藏》、《弇山堂别集》俱作"定安"（《名山藏》卷三十六，第3册，第2009页；《弇山堂别集》卷三十四，第2册，第607页），《皇明周惠王墓》志文作"定安"。今据墓志改。

② 《弇山堂别集》作"睦榕"（《弇山堂别集》卷三十四，第2册，第607页），《明世宗实录》作"睦㮮"（《明世宗实录》卷三一，嘉靖二年九月甲申，校印本《明实录》第39册，第0822页；卷二五六，嘉靖二十年十二月戊寅，校印本《明实录》第44册，第5140页），《名山藏》作"睦㮮"（《名山藏》卷三十六，第3册，第2009页），与《明史》同。

③ 《明世宗实录》嘉靖二年九月甲申条载："（册封）曲江恭和王安㵪庶长子镇国将军睦㮮为曲江王，西城兵马副指挥陈顺女陈氏为曲江王妃"（《明世宗实录》卷三一，校印本《明实录》第39册，第0822页）。

④ 《明世宗实录》嘉靖二十年十二月戊寅条载："（册封）周府曲江荣定王睦㮮第三子勤爡为曲江王"（《明世宗实录》卷二五六，校印本《明实录》第44册，第5140页）。

⑤ 《明神宗实录》万历三十六年六月乙卯条载："赐周府曲江王勤爡谥端靖"（《明神宗实录》卷四四七，校印本《明实录》第61册，第8477页）。《明史》所载薨逝时间与《明神宗实录》所载赐谥时间之间过于长久，加之嗣王朝㙫于万历三十八年袭封，"万历六年"抑或是"万历三十六年"之误载，暂存疑。

⑥ 《名山藏》卷三十六，第3册，第2009页。

⑦ 据《博平恭裕王墓志铭》志文补入。

⑧ 《明史》载为嘉靖三年薨逝（《明史》卷一百，第9册，第2577页），《博平恭裕王墓志铭》载为："嘉靖四年六月十六日薨"。今据墓志改。

⑨ 《明世宗实录》嘉靖六年九月庚子条载："（册封）博平恭裕王安㵘第三子镇国将军睦柯为博平王，夫人都氏为博平王妃"（《明世宗实录》卷八十，校印本《明实录》第40册，第1787、1788页）。关于博平温简王睦柯的齿序，《博平恭裕王墓志铭》载："王有四男子，妃邓氏，兵马钺女，无出。宫人戴氏，生长镇国曰睦柯，娶都夫人"，墓志所载与《明史》同。

端顺王勤烆，温简嫡一子，嘉靖十八年封长子，万历九年袭封，十一年薨。

荣和王朝基，端顺庶一子，隆庆元年封长孙，万历十五年袭封，薨年不详，万历三十三年赐谥①。

□□王在铜②，荣和嫡一子，万历十八年封长子，三十四年袭封，薨年不详。

□□王肃冹，在铜嫡一子，万历三十六年封长子，既而袭封。

11. 早卒子

安浰③，惠庶十四子，镇国将军，未王，卒④。

12. 聊城

怀和王安澝⑤，惠庶十五子⑥，弘治二年封，六年薨⑦，无子，封除。

13. 汾西

靖安王安漕，惠庶十六子，弘治二年封，嘉靖二年薨。

端惠王睦㮮，靖安庶一子，嘉靖七年袭封，二十八年薨⑧。

康懿王⑨勤熰，端惠嫡一子，嘉靖三十二年袭封⑩，三十五年薨。

荣靖王朝𤊀，康懿嫡一子，嘉靖三十九年袭封，隆庆六年薨，无子，封除。

---

① 《明神宗实录》万历三十三年二月丙寅条载："赐周府博平王朝基谥荣和"（《明神宗实录》卷四〇六，校印本《明实录》第 60 册，第 7581、7582 页）。

② 《名山藏》作"在铜"（《名山藏》卷三十六，第 3 册，第 2010 页）。

③ 《明宪宗实录》作"安浰"（《明宪宗实录》卷二二六，成化十八年夏四月庚子，校印本《明实录》第 26 册，第 3871 页）。

④ 《名山藏》卷三十六，第 3 册，第 2010 页。

⑤ 《明史》作"安澝"（《明史》卷一百，第 9 册，第 2578 页），《名山藏》亦作"安澝"（《名山藏》卷三十六，第 3 册，第 2010 页）。《弇山堂别集》作"安澝"（《弇山堂别集》卷三十四，第 2 册，第 607 页），《皇明周惠王墓》志文载为"安澝"。今据墓志改。

⑥ 《明史》作"嫡十五子"（《明史》卷一百，第 9 册，第 2578 页），误。周惠王妃谭氏早卒无子，故无嫡子。《明孝宗实录》载为庶十五子（《明孝宗实录》卷九一，弘治七年八月乙亥，校印本《明实录》第 30 册，第 1677 页）。今改为"庶十五子"。

⑦ 《明孝宗实录》弘治七年八月乙亥条载："周府聊城王安澝薨，王，周王庶第十五子，母妃高氏，成化十二年生，先封镇国将军，弘治二年封聊城王，至是薨，年二十……谥曰怀和"（《明孝宗实录》卷九一，校印本《明实录》第 30 册，第 1677 页）。

⑧ 《明世宗实录》载为嘉靖二十九年薨（《明世宗实录》卷三五九，嘉靖二十九年四月乙卯，校印本《明实录》第 45 册，第 6432 页）。

⑨ 《明世宗实录》作"康僖"（《明世宗实录》卷四三五，嘉靖三十五年五月丁卯，校印本《明实录》第 47 册，第 7493 页），《弇山堂别集》作"康懿"（《弇山堂别集》卷三十四，第 2 册，第 607 页），与《明史》同。

⑩ 《明世宗实录》嘉靖三十一年十二月戊辰条载："（册封）汾西端惠王睦㮮嫡长子勤熰为汾西王，夫人于氏为汾西王妃"（《明世宗实录》卷三九二，校印本《明实录》第 46 册，第 6886 页）。

14. 鲁山①

康和王安溧，惠庶十七子，弘治三年封，嘉靖三年薨。

荣安王睦㮮，康和庶一子，嘉靖七年袭封，三十七年薨。

康宪王勤炳②，荣安嫡一子③，嘉靖四十年袭封，四十三年薨，无子，封除。

15. 信陵

懿简王安㳚④，惠庶十八子，弘治五年封，正德十年薨。

庄安王睦㮵，懿简嫡一子，正德十六年袭封，嘉靖二十四年薨。

端和王勤熄，庄安庶一子，嘉靖二十九年袭封，本年薨，无子，封除。

16. 邵陵

恭顺王安润，惠庶十九子，弘治十年封，嘉靖十一年薨。

□□王睦柠，恭顺庶一子，嘉靖二十一年袭封⑤，万历十六年薨。

□□王勤荣⑥，睦柠庶一子，嘉靖三十五年封镇国将军，万历十六年薨。

□□王朝塍，勤荣庶一子，万历二十七年袭封。

□□王在钹，朝塍嫡一子，袭封，崇祯十六年为李自成所掠。

17. 莱阳

荣康王安潏，惠庶二十子，弘治十年封，嘉靖十三年薨。

端定王睦㭎，荣康嫡一子，嘉靖十九年袭封⑦，二十九年薨。

庄懿王勤煨，端定嫡一子，嘉靖三十七年袭封，万历二十年薨。

---

① 《明史》作"鲁阳"（《明史》卷一百，第9册，第2579页），《名山藏》、《弇山堂别集》均作"鲁山"（《名山藏》卷三十六，第3册，第2010页；《弇山堂别集》卷三十四，第2册，第607页），《皇明周惠王墓》志文亦作"鲁山"。今据墓志改。

② 《弇山堂别集》作"勤炅"（《弇山堂别集》卷三十四，第2册，第607页），《名山藏》作"勤炳"（《名山藏》卷三十六，第3册，第2010页）。

③ 《明史》仅载为荣安一子，不载嫡庶，《明世宗实录》嘉靖四十年十月丁丑条载："（册封）周府鲁山王睦㮮嫡长子勤炳为鲁山王。"（《明世宗实录》卷五〇二，校印本《明实录》第48册，第8306页）今暂补为"嫡一子"。

④ 《名山藏》、《弇山堂别集》均作"安㳚"（《名山藏》卷三十六，第3册，第2010页；《弇山堂别集》卷三十四，第2册，第608页），《皇明周惠王墓》志文作"安㳚"，与《明史》同。

⑤ 《明世宗实录》嘉靖二十年十二月戊寅条载："（册封）邵陵恭顺王安润庶长子镇国将军睦柠为邵陵王，夫人（王）蔡氏为邵陵王妃"（《明世宗实录》卷二五六，校印本《明实录》第44册，第5140页）。

⑥ 《名山藏》作"勤煠"（《名山藏》卷三十六，第3册，第2011页）。

⑦ 《明世宗实录》嘉靖十八年十二月戊子条载："（册封）莱阳王安潏长子睦㭎为莱阳王"（《明世宗实录》卷二三二，校印本《明实录》第43册，第4772页）。

□□王朝骦，庄懿嫡一子，万历十四年封长子，二十三年袭封，天启三年薨。

□□王在鄋，朝骦嫡一子，万历三十年封长子，既而袭封。

18. 东会

庄懿王①安㵞②，惠庶二十一子，弘治十年封，嘉靖五年薨。

庄惠王睦柊，庄懿庶一子，嘉靖八年袭封，万历五年薨。

简靖王③勤煢，庄惠嫡一子，嘉靖二十一年封长子，三十八年卒，追封王。

□□王朝堡，勤煢庶一子，万历四年封长孙，十七年袭封，天启六年薨。

□□王在锸，朝堡庶一子，万历二十一年封长子，既而袭封，薨。

□□王肃罙，在锸庶一子，万历四十年封长孙，既而袭封，清顺治四年卒④。

19. 富阳

昭穆王⑤安濯，惠庶二十二子，弘治十六年封，嘉靖二年薨。

端僖王睦桴，昭穆嫡一子，嘉靖八年袭封⑥，十七年薨。

勤煋，端僖嫡一子，嘉靖二十二年袭封⑦，万历元年以罪废为庶人，发高墙，封除。

20. 会稽

康敬王安潹，惠庶二十三子，弘治十六年封，薨。

宣懿王睦杉，康敬嫡一子，嘉靖二十五年袭封⑧，三十四年薨。

恭裕王勤遬，宣懿嫡一子，嘉靖四十一年袭封，隆庆六年薨。

---

① 《明世宗实录》作"庄僖"（《明世宗实录》卷一〇六，嘉靖八年十月戊辰，校印本《明实录》第41册，第2503页），《弇山堂别集》亦作"庄僖"（《弇山堂别集》卷三十四，第2册，第608页）。今暂依《明史》。

② 《明史》作"安瀉"（《明史》卷一百，第9册，第2582页），《皇明周惠王墓志》作"安㵞"。今据出土墓志改。

③ 《明史》缺载谥号，《明神宗实录》万历四十七年七月庚寅条载："勤煢追封为东会王，谥曰简靖"（《明神宗实录》卷五八四，校印本《明实录》第65册，第11146、11147页）。

④ 《清世祖实录》卷三〇，顺治四年二月乙未。《清世祖实录》原载为伪周王肃罙、周王世子恭㭿。刘毅先生认为此系误写，应是东会王肃罙和东会王长子恭㭿（刘毅：《〈明史·诸王传〉补正》，《南开学报》1997年第2期）。

⑤ 《明世宗实录》作"安穆"（《明世宗实录》卷六九，嘉靖五年十月甲戌，校印本《明实录》第40册，第1580页），《弇山堂别集》亦作"安穆"（《弇山堂别集》卷三十四，第2册，第608页）。今暂依《明史》。

⑥ 《明世宗实录》嘉靖五年十月甲戌条载："（册封）富阳安穆王嫡长子睦桴为富阳王"（《明世宗实录》卷六九，校印本《明实录》第40册，1580页）。

⑦ 《明世宗实录》嘉靖二十一年十二月庚子条载："（册封）富阳端僖王睦桴嫡第二子勤煋为富阳王"（《明世宗实录》卷二六九，校印本《明实录》第44册，第5310、5311页）。

⑧ 《明世宗实录》嘉靖二十四年十二月己酉条载："（册封）会稽王安潹长子睦杉为会稽王，夫人尹氏为会稽王妃"（《明世宗实录》卷三〇六，校印本《明实录》第45册，第5780页）。

□□王朝雛，恭裕一子，万历中袭封，薨，无子，封除。

21. 浦江

怀隐王安泾①，惠庶二十四子②，弘治十六年封，嘉靖六年薨。

安简王睦楒，别号立庵③，怀隐嫡二子，嘉靖十二年袭封④，二十五年薨。

康惠王勤熄⑤，安简庶一子，嘉靖三十年袭封，薨年不详。

□□王朝郢，康惠嫡一子，万历十年封长子，十九年袭封，薨年不详。

□□王在敍，朝郢嫡一子，万历四十二年封长子，既而袭封。

22. 丽水

恭顺王⑥安汾，惠庶二十五子，弘治四年封，正德十五年薨，无子，封除。

（五）周悼王诸子

1. 早卒子

睦柏，悼第二子，镇国将军，未王，卒⑦。

2. 早卒子

睦楝⑧，悼第三子，镇国将军，未王，卒⑨。

---

① 《名山藏》作"安涇"（《名山藏》卷三十六，第3册，第2012页），《明孝宗实录》作"安泾"（《明孝宗实录》卷一七六，弘治十四年七月丙寅，校印本《明实录》第31册，第3227页），《弇山堂别集》亦作"安泾"（《弇山堂别集》卷三十四，第2册，第608页）。

② 《明周府浦江安简王配妃葛氏合葬志铭》作惠王第二十二子，《皇明周惠王墓》志文载第二十二子名安濯，非安泾。今仍按《明史》。

③ 据《明周府浦江安简王配妃葛氏合葬志铭》志文补。

④ 《明世宗实录》嘉靖十一年十二月壬午条载："（册封）周府浦江怀隐王安泾嫡二子镇国将军睦楒为浦江王"（《明世宗实录》卷一四五，校印本《明实录》第42册，第3371页），关于安简王睦楒的齿序，《明史》载为怀隐嫡一子（《明史》卷一百，第9册，第2584、2585页），《明周府浦江安简王配妃葛氏合葬志铭》载为怀隐王次子，"长兄睦梁未娶先卒"。今据出土墓志改为嫡二子。

⑤ 《明史》作"勤燧"（《明史》卷一百，第9册，第2584页），《明周府浦江安简王配妃葛氏合葬志铭》作"勤熄"。今据出土墓志改。

⑥ 《明武宗实录》作"靖恭"（《明武宗实录》卷一八二，正德十五年正月乙卯，校印本《明实录》第37册，第3528页），《弇山堂别集》作"恭顺"（《弇山堂别集》卷三十四，第2册，第608页），与《明史》同。

⑦ 《名山藏》卷三十六，第3册，第2012页。

⑧ 《明孝宗实录》作"睦楝"（《明孝宗实录》卷一二八，弘治十年八月壬申，校印本《明实录》第30册，第2268页），《名山藏》作"睦楝"（《名山藏》卷三十六，第3册，第2012页）。今暂据《明孝宗实录》记为"睦楝"。

⑨ 《名山藏》卷三十六，第3册，第2012页。

3. 应城

恭穆王睦桎，悼庶四子，正德六年封，嘉靖三十九年薨。

端康王勤爍，恭穆嫡一子，嘉靖四十一年袭封，薨年不详。

温惠王朝均，端康嫡一子，隆庆五年以长孙改封长子，万历十七年袭封，十八年薨。

□□王在锭，温惠庶一子，万历四年封长孙，二十一年袭封，薨年不详。

□□王肃㵹，在锭庶一子，万历二十二年封长子，既而袭封。

4. 益阳

康定王睦楮，悼庶五子，正德六年封，嘉靖二十五年薨。

恭宪王勤煜①，康定庶一子，嘉靖十一年封镇国将军，寻卒。以子朝墰袭封，嘉靖二十八年追封为益阳王②。

端裕王朝墰，恭宪嫡一子，嘉靖二十八年袭封③，四十一年薨，无子，封除。

5. 奉新

荣宪王睦榴④，悼庶六子，正德六年封，嘉靖十五年薨。

恭僖王勤烕，荣宪庶一子，嘉靖十八年袭封⑤，万历四年薨。

庄靖王朝埏，恭僖庶一子，嘉靖四十一年封长子，万历二十二年袭封，二十九年薨。

□□王在𨭕，庄靖庶一子，万历三十二年袭封⑥，四十四年薨。

□□王肃滋，天启四年册封⑦。

---

① 《名山藏》、《弇山堂别集》均作"勤煜"（《名山藏》卷三十六，第3册，第2012页；《弇山堂别集》卷三十四，第2册，第608页）。

② 《明世宗实录》嘉靖二十八年十月甲辰条载："追封周府镇国将军勤煜为益阳王，勤煜，益阳王朝墰父也"（《明世宗实录》卷三五三，校印本《明实录》第45册，第6369页）。

③ 《明世宗实录》嘉靖二十七年十二月庚午条载："（册封）益阳康定王睦楮庶长男已故镇国将军勤煜嫡第三男朝墰为益阳王"（《明世宗实录》卷三四三，校印本《明实录》第45册，第6230页）。

④ 《名山藏》作"睦榴"（《名山藏》卷三十六，第3册，第2013页），《弇山堂别集》作"睦榴"（《弇山堂别集》卷三十四，第2册，第608页），《明武宗实录》亦作"睦榴"（《明武宗实录》卷七五，正德六年五月戊辰，校印本《明实录》第35册，第1654页），与《明史》同。

⑤ 《明世宗实录》嘉靖十七年十二月癸亥条载："（册封）周府奉新荣宪王睦榴庶长男镇国将军勤烕为奉新王，夫人王氏为奉新王妃"（《明世宗实录》卷二一九，校印本《明实录》第43册，第4524页）。

⑥ 《明神宗实录》万历三十三年四月辛未条载："册封周府奉新王朝埏庶一子在𨭕为奉新王"（《明神宗实录》卷四〇八，校印本《明实录》第60册，第7619页）。

⑦ 《明熹宗实录（梁本）》天启四年正月戊子条载："（册）周府奉新王肃滋"（《明熹宗实录（梁本）》卷四十三，校印本《明实录》第68册，第2397页）。《明史》缺载，今补。

6. 早卒子

睦㭿，悼庶七子①。

7. 早卒子

睦㯭，悼庶八子②。

8. 南陵

庄裕王睦㮲，字梅甫，号云楼③，悼庶九子，正德八年封，隆庆元年薨，无子，封除。

（六）周恭王诸子

1. 京山

温惠王勤炫，恭嫡三子，正德十二年封④，嘉靖四十五年薨⑤。

安肃王朝壁，温惠庶一子，嘉靖十六年封镇国将军，三十九年卒，以子在铢袭封，追封王。

昭宪王在铢⑥，安肃庶一子，隆庆六年袭封，万历三十五年薨。

□□王肃沛，昭宪嫡二子，万历十年封长子，三十八年袭封，薨年不详。

□□王恭㮲，肃沛庶一子，万历二十八年封长孙，既而袭封。

2. 华亭

荣安王勤㷶，恭庶四子，正德十四年封⑦，嘉靖三十一年薨。

---

① 《名山藏》卷三十六，第3册，第2013页。
② 《名山藏》卷三十六，第3册，第2013页。
③ 据《明册封南陵庄裕王墓碑》补。周悼王墓残存南陵王撰书残碑载："每自憾早失/……□生辰忌日，徒切悲恸/……应时祭扫，乃构楼于第侧，以像望云思亲之意，故号曰云楼然"。
④ 《明世宗实录》正德十六年八月乙酉条载："（册封）周王睦㮮嫡三子勤炫为京山王"（《明世宗实录》卷五，校印本《明实录》第38册，第0217页）。
⑤ 《明穆宗实录》载为隆庆元年四月己丑薨（《明穆宗实录》卷七，校印本《明实录》第49册，第0195页）。
⑥ 《明史》作"在㭿"（《明史》卷一百，第9册，第2589页），《明穆宗实录》作"在铢"（《明穆宗实录》卷六九，隆庆六年四月壬午，校印本《明实录》第50册，1671、1672页），《名山藏》、《弇山堂别集》均作"在铢"（《名山藏》卷三十六，第3册，第2014页；《弇山堂别集》卷三十四，第2册，第609页）。周藩"在"字辈取名皆附以"金"旁，故以"在铢"为是。
⑦ 《明世宗实录》嘉靖元年十月乙酉条载："（册封）周王庶第四子勤㷶为华亭王"（《明世宗实录》卷十九，校印本《明实录》第38册，第0563页）。

恭穆王①朝垣，荣安嫡一子，嘉靖三十四年袭封②，万历二十四年薨。

□□王在锴，朝垣庶一子，万历十二年封长子，二十七年袭封，天启六年薨。

□□王肃溥，在锴庶一子，万历三十年封长子，四十年卒。

3. 宝坻

端顺王勤炬，恭庶五子，正德十四年封③，万历元年薨。

□□王朝坮，端顺嫡一子，万历二十七年封长子，卒。

□□王在钤，朝坮庶一子，隆庆四年封长孙，卒。

4. 汤溪

荣宪王勤𤥢，恭嫡六子，嘉靖二年封④，三十年薨。

简靖王朝型，荣宪嫡一子，嘉靖三十六年袭封，万历二十三年薨。

恭安王在釜，简靖嫡一子，万历十年封长子，二十六年袭封，三十五年薨。

□□王肃济，恭安庶一子，万历三十八年袭封，四十二年薨。

5. 瑞金

荣简王勤焕，恭嫡七子，嘉靖二年封⑤，三十二年薨。

温靖王朝墡⑥，荣简嫡一子，嘉靖三十五年袭封，隆庆三年薨。

端惠王在钠，温靖嫡一子，万历元年袭封，二十九年薨。

□□王肃漆，端惠庶一子，万历三十一年袭封⑦。

---

① 《明史》缺载谥号，《明神宗实录》万历二十六年四月己巳条载："（赐）华亭王朝垣谥恭穆"（《明神宗实录》卷三二一，校印本《明实录》第58册，第5970页）。

② 《明世宗实录》嘉靖三十四年四月戊子条载："（册封）周府华亭王勤爀嫡长子朝垣为华亭王，夫人王氏为华亭王妃"（《明世宗实录》卷四二一，校印本《明实录》第46册，第7304页）。

③ 《明世宗实录》嘉靖元年十月乙酉条载："（册封周王）庶第五子勤炬为宝坻王"（《明世宗实录》卷十九，校印本《明实录》第38册，第0563页）。

④ 《明史》载为嘉靖二十年封（《明史》卷一百，第9册，第2592页），《明世宗实录》嘉靖二年九月甲申条载："（册封）周王睦㮮嫡第六子勤𤥢为汤溪王"（《明世宗实录》卷三一，校印本《明实录》第39册，第0822页），同日册封的还有海阳王睦㮨等。从《明史》、《明实录》记载华亭、宝坻、瑞金等王的册封时间皆在正、嘉之际，汤溪王勤𤥢系周恭王嫡六子，齿序与上述诸王相近，其册封时间也应该接近，《明史》多"十"字，今据《明世宗实录》改为"嘉靖二年"。

⑤ 《明世宗实录》嘉靖五年十月甲戌条载："（册封）周王嫡第七子勤焕为瑞金王"（《明世宗实录》卷六九，校印本《明实录》第40册，第1580页）。

⑥ 《名山藏》作"朝墡"（《名山藏》卷三十六，第3册，第2014页），《弇山堂别集》作"朝墡"（《弇山堂别集》卷三十四，第2册，第609页）。

⑦ 《明神宗实录》万历三十一年五月壬戌条载："（册封）瑞金端惠王在钠庶第一子肃漆为瑞金王"（《明神宗实录》卷三八四，校印本《明实录》第60册，第7225页）。

6. 商城

荣简王勤炻，恭庶八子①，嘉靖三年封②，四十四年薨。

康靖王朝埨③，荣简庶一子，隆庆三年袭封，万历九年薨。

□□王在钋，康靖嫡一子，万历二年封长子，九年袭封，三十二年薨，无子，封除。

7. 早卒子

勤烇，恭第九子，未封，卒④。

8. 临安

□□王勤烷，恭嫡十子，嘉靖六年封⑤，七年薨，年十二岁⑥，无子，封除。

9. 柘城

端惠王勤㷊⑦，恭嫡十一子，嘉靖九年封⑧，万历十三年薨。

昭定王朝埳，端惠嫡一子，嘉靖三十年封长子，万历十六年袭封，二十年薨⑨。

---

① 《明史》载为庶九子（《明史》卷一百，第9册，第2593页），《明世宗实录》载为第八子（《明世宗实录》卷六九，嘉靖五年十月甲戌，校印本《明实录》第40册，1580页），《弇山堂别集》亦载为第八子（《弇山堂别集》卷三十四，第2册，第609页），《名山藏》于商城王之后载有勤烇（《名山藏》卷三十六，第2014页），由其排列顺序来看，勤烇当为周恭王第九子（嫡庶不明）。由此可知，商城王勤炻应为周恭王第八子，非第九子。

② 《明世宗实录》嘉靖五年十月甲戌条载："（册封周王）庶第八子勤炻为商城王"（《明世宗实录》卷六九，校印本《明实录》第40册，第1580页）。

③ 《明穆宗实录》作"朝埛"（《明穆宗实录》卷三一，隆庆三年四月庚子，校印本《明实录》第49册，第0820页），《弇山堂别集》作"朝埨"（《弇山堂别集》卷三十四，第2册，第609页），《名山藏》亦作"朝埨"（《名山藏》卷三十六，第2014页）。今暂依《明史》。

④ 《名山藏》卷三十六，第2014页。

⑤ 《明世宗实录》嘉靖七年十月戊辰条载："（册封）周王嫡十子勤烷为临安王"（《明世宗实录》卷九三，校印本《明实录》第40册，第2165页）。

⑥ 《弇山堂别集》卷三十四，第2册，第609页。

⑦ 《明世宗实录》作"勤㷊"（《明世宗实录》卷一三二，嘉靖十年十一月乙亥，校印本《明实录》第41册，第3140页），《名山藏》亦作"勤㷊"（《名山藏》卷三十六，第2014页），《弇山堂别集》则作"勤㷊"（《弇山堂别集》卷三十四，第2册，第609页），与《明史》同。

⑧ 《明世宗实录》嘉靖十年十一月乙亥条载："（册封）周王睦㮮嫡十一子勤㷊为柘城王"（《明世宗实录》卷一三二，校印本《明实录》第41册，第3140页）。

⑨ 万历三十年六月辛丑赐谥（《明神宗实录》卷三七三，校印本《明实录》第60册，第7001页），又，《明神宗实录》万历二十八年六月戊寅条载："遣行人程嘉宾掌行周府柘城王朝埳丧仪"（《明神宗实录》卷三四八，校印本《明实录》第59册，第6495页）。由此可见，《明史》所载柘城昭定王朝埳的薨逝时间疑似有误。

荣和王①在镏，昭定庶一子，隆庆五年封长孙，未袭，卒。

□□王肃濠，在镏庶一子，万历二十二年封长孙，三十一年袭封，崇祯五年薨。

10. 修武

康简王勤炡②，恭庶十二子，嘉靖九年封③，三十七年薨。

庄恪王朝珊，康简庶一子，嘉靖四十年袭封，万历二十六年薨④。

在铜，庄恪庶一子，万历二十一年封长子，二十九年卒。

□□王肃潆，在铜庶一子，万历四十年袭封。

11. 安吉

庄宪王勤燉⑤，恭庶十三子，嘉靖十三年封⑥，万历十七年薨。

荣顺王朝堤，庄宪庶一子，万历二年以镇国将军改封长子，二十二年袭封，二十九年薨⑦。

康和王在鏧，荣顺庶一子⑧，万历十七年封长孙，三十三年袭封。

□□王肃泉，康和嫡一子，天启六年册封⑨。

---

① 《明史》缺载谥号，《明神宗实录》万历三十二年闰九月壬午条载："追封周府柘城端惠王长孙在（《明神宗实录》作'翊'，误）镏为柘城王，谥荣和"（《明神宗实录》卷四〇一，校印本《明实录》第60册，第7512页）。

② 《名山藏》、《弇山堂别集》均作"勤炡"（《名山藏》卷三十六，第3册，第2014页；《弇山堂别集》卷三十四，第2册，第609页），《明世宗实录》作"勤烻"（《明世宗实录》卷一三二，嘉靖十年十一月乙亥，校印本《明实录》第41册，第3140页）。《明史》所载"勤炡"与汤溪荣宪王名重，汤溪荣宪王为恭王嫡六子，得名应先于修武康简王，故修武康简王名存疑。

③ 《明世宗实录》嘉靖十年十一月乙亥条载："（册封周王睦㮮）庶第十二子勤炡为修武王"（《明世宗实录》卷一三二，校印本《明实录》第41册，第3140页）。

④ 万历三十八年十月癸未赐谥（《明神宗实录》卷四七六，校印本《明实录》第62册，第8984页）。

⑤ 《弇山堂别集》、《名山藏》均作"勤燉"（《弇山堂别集》卷三十四，第2册，第609页；《名山藏》卷三十六，第2015页），《明世宗实录》则作"勤燉"（《明世宗实录》卷一五七，嘉靖十二年十二月丁丑，校印本《明实录》第42册，第3529页）。

⑥ 《明世宗实录》嘉靖十二年十二月丁丑条载："（册封）周王睦㮮庶第十三子勤燉为安吉王"（《明世宗实录》卷一五七，校印本《明实录》第42册，第3529页）。

⑦ 《明史》缺载卒年，《明神宗实录》载：万历三十年十一月辛酉，周府安吉王朝堤于二十九年十一月二十六日薨逝，遣官往掌丧葬。（《明神宗实录》卷三七八，校印本《明实录》第60册，第7122页）。

⑧ 《明神宗实录》万历三十三年四月辛未条载："（册封）安吉王朝堤嫡一子长孙在鏧为安吉王"（《明神宗实录》卷四〇八，校印本《明实录》第60册，第7619页）。

⑨ 《明史》不载安吉王肃泉，《明熹宗实录》天启六年六月壬午条载："（册封）安吉康和王在鏧嫡一子肃泉袭封安吉王"（《明熹宗实录》卷七二，校印本《明实录》第70册，第3488页）。

12. 汝宁

端恪王勤然①，恭嫡十四子，嘉靖十四年封，隆庆二年薨。

荣简王朝埭，端恪庶一子，隆庆六年袭封，万历二十二年薨。

□□王在唸，荣简嫡一子，万历二十二年封长子，二十五年袭封，三十五年薨。

13. 彰德

康懿王勤𤊹，恭庶十五子，嘉靖二十一年封，万历二十二年薨②。

荣昭王③朝㙔，康懿嫡一子，隆庆九年封长子，万历二十七年袭封，三十一年薨。

（七）周康王诸子

1. 顺庆

庄惠王朝垍，康庶二子，嘉靖二十年封④，万历二十二年薨。

荣简王在锌，庄惠庶一子，万历二十二年封长子，二十五年袭封，薨年不详。

□□王肃㴐，荣简嫡一子，万历中封长子，天启元年袭封。

2. 保宁

恭简王朝堵，康庶三子，嘉靖二十年封⑤，三十九年薨。

端和王在锻⑥，恭简庶一子⑦，嘉靖四十一年袭封，万历二十年薨。

□□王肃㵄，端和嫡一子，万历二十四年袭封，薨年不详。

---

① 《明世宗实录》作"勤然"（《明世宗实录》卷一八二，嘉靖十四年十二月壬寅，校印本《明实录》第42册，第3879页），《弇山堂别集》亦作"勤然"（《弇山堂别集》卷三十四，第2册，第609页），《名山藏》则作"勤燅"（《名山藏》卷三十六，第2015页）。

② 万历二十六年四月己巳赐谥（《明神宗实录》卷三二一，校印本《明实录》第58册，第5920页）。

③ 《明史》缺载谥号，《明神宗实录》万历三十三年二月丙寅条载："（赐）彰德王朝㙔谥荣昭"（《明神宗实录》卷四〇六，校印本《明实录》第60册，第7582页）。

④ 《明世宗实录》嘉靖十九年十二月壬午条载："（册封）周康王勤熄庶二子朝垍为顺庆王"（《明世宗实录》卷二四四，校印本《明实录》第44册，第4915页）。

⑤ 《明世宗实录》嘉靖十九年十二月壬午条载："（册封周康王勤熄）庶三子朝堵为保宁王"（《明世宗实录》卷二四四，校印本《明实录》第44册，第4915页）。

⑥ 《名山藏》作"在锻"（《名山藏》卷三十六，第3册，第2015页），《明世宗实录》亦作"在锻"，关于其齿序则记载为"保宁王朝堵庶第二子"（《明世宗实录》卷五一四，嘉靖四十一年十月丙子，校印本《明实录》第48册，第8450页），《弇山堂别集》作"在锻"（《弇山堂别集》卷三十四，第2册，第609页），与《明史》同。

⑦ 《明世宗实录》嘉靖四十一年十月丙子条载："（册封）保宁王朝堵庶第二子在锻为保宁王"（《明世宗实录》卷五一四，校印本《明实录》第48册，第8450页）。

□□王恭榆①，肃溁庶一子，袭封，薨年不详。
□□王绍炕，恭榆嫡一子，袭封，崇祯十六年为李自成所掠。

3. 早卒子

未名，康庶四子，早卒②。

4. 早卒子

朝堚，康嫡五子③，未封，卒。

（八）周庄王诸子

1. 仪封

恭端王在銮，庄庶二子④，嘉靖三十年封⑤，万历四年薨。
庄简王肃溢，恭端嫡一子，万历二年封长子，九年袭封，二十四年薨。
□□王恭枥，庄简嫡一子，万历三十二年袭封，天启六年以窝盗分赃发高墙⑥。

2. 安昌

恭惠王在𨧱，庄嫡三子，嘉靖三十六年封，万历二十五年薨。
□□王肃渣，恭惠□□子，万历二十二年封长子，二十八年袭封。

3. 遂宁

康僖王在钰，庄庶四子，嘉靖三十七年封，万历二十一年薨，长子肃瀧，二十四年颁册，未受命卒。
□□王肃湑⑦，康僖嫡二子，万历二十八年以兄肃瀧未受册，与未封郡爵者同，乃以镇国将军袭封。

---

① 《明史》不载名讳，《明熹宗实录》天启六年六月壬午条载："保宁王恭榆选到祥符县民陈自道长女陈氏封为保宁王妃"（《明熹宗实录》卷七二，校印本《明实录》第70册，第3488页）。
② 据《先考周康王神道碑》补入。
③ 《先考周康王神道碑》；《名山藏》卷三十六，第3册，第2015页。
④ 《明史》载为"庶一子"（《明史》卷一百，第9册，第2600页），《明世宗实录》载为周庄王庶第二子（《明世宗实录》卷三六八，嘉靖二十九年十二月癸未，校印本《明实录》第46册，第6590页），《大明敕撰周庄王圹志》亦载为庶二子。今改为庶二子。
⑤ 《明世宗实录》嘉靖二十九年十二月癸未条载："（册封）周王朝堈庶第二子在銮为仪封王"（《明世宗实录》卷三六八，校印本《明实录》第46册，第6590页）。
⑥ 《明熹宗实录》卷七五，天启六年八月癸丑，校印本《明实录》第70册，第3633页。
⑦ 《名山藏》作"肃瀿"（《名山藏》卷三十六，第3册，第2016页）。

（九）周敬王诸子

周敬王有二子，长即端王肃溱，次失讳，缺①。

（十）周端王诸子

1. 洧川

庄裕王②恭榨，端庶四子，万历二十七年封③，三十五年薨，无子，封除。

2. 宁乡④

□□王恭橞，端庶九子，万历四十七年封⑤。

3. 安乡⑥

□□王恭榗，齿序不详。

4. 其余诸子

恭榴，齿序不详。其余八子均早卒⑦。

---

① 《名山藏》卷三十六，第3册，第2016页。
② 《明神宗实录》万历三十六年十月庚午条载："赐周府洧川王恭榨谥庄裕"（《明神宗实录》卷四五一，校印本《明实录》第62册，第8532页）。
③ 《明神宗实录》万历三十四年五月己丑条载："封周府博平王在铆、洧川王恭榨"（《明神宗实录》卷四二一，校印本《明实录》第61册，第7974页）。
④ 《明史》作"宁阳"（《明史》卷一百，第9册，第2604页），或"宁乡"（《明史》卷一百十六，第12册，第3568页），《皇明谕葬周端王暨元配妃李氏合葬墓圹志文》作"宁乡"。今据墓志改。
⑤ 《明神宗实录》万历四十六年十一月乙卯条载："册封周府宁乡王恭橞"（《明神宗实录》卷五七六，校印本《明实录》第65册，第10914页）。
⑥ 《皇明谕葬周端王暨元配妃李氏合葬墓圹志文》载有"安乡王"，《明史》缺，今补。
⑦ 《皇明谕葬周端王暨元配妃李氏合葬墓圹志文》记载周端王有子十三人，除恭枵、恭榨、恭橞、恭榗外受封之外，尚有恭榴未封，其余八子皆早卒。另，《明史》记载，崇祯十五年九月李自成军决河灌城之时，周王恭枵从后山登城楼，率后妃及诸王露栖雨中数日，其中有永寿、仁和二王，抑或其一即为恭榴（《明史》卷一百十六，第12册，第3568页）。

附录二 明代周藩王陵建筑琉璃的成分分析及相关问题[*]

孙 凯[1]　崔剑锋[2]　崔天兴[1]　金海旺[3]　张志伟[4]

1. 郑州大学历史学院考古系，郑州　450001
2. 北京大学考古文博学院科技考古实验室，北京　100871
3. 中山大学社会学与人类学学院，广州　510275
4. 禹州市文物管理处，禹州　461670

摘　要：采用ED-XRF无损分析方法对明代周藩王陵建筑琉璃瓦件30个样本进行胎釉成分分析。分析结果表明，琉璃构件制胎所用的黏土原料都是北方常见的沉积高岭土，釉料为低温铅釉。通过使用社会统计学软件SPSS对胎体主成分进行PCA分析，结果表明这些琉璃瓦件产于同地的可能性比较大，而其胎体成分的差别可能并不是产地的差别，更加可能的是烧造窑厂之间的差别。此外，分析结果还为个别王陵墓主的厘定提供了新的依据。

关键字：明代；周藩王陵；建筑琉璃；ED-XRF无损分析

明代周藩王陵是明太祖第五子朱橚及其后裔的陵墓，主要分布在今河南禹州、开封、郑州、荥阳等地。据《明史》记载，周藩共传袭十一世十三王，其世系如下：

周定王→周宪王

　　周简王→周靖王

　　　　周懿王→周惠王→周悼王（追封）→周恭王→周康王（追封）→周庄王→周敬王→周端王→末代王（恭枵）

据史料记载，明代藩王陵墓皆建有规模宏大的寝园建筑。多年来的调查和考古资料显示，这些王陵寝园建筑皆以绿釉琉璃瓦覆顶。在对周藩王陵进行实地调查时，往

---

[*] 本文得到国家社会科学基金资助项目（项目编号：112700531095、10CKG003）的资助。

往能在各王陵的寝园基址发现绿釉琉璃瓦残片。其瓦件类型有板瓦、筒瓦、勾头、滴水瓦、脊筒、压当条、直檐砖、博脊瓦、正当沟、垂兽等。本文拟就对调查所得琉璃瓦件进行胎釉成分分析,并对其相关问题进行讨论。

一、样品概况

共分析各王陵墓建筑琉璃构件30件,分属八位亲王和一位王妃,涉及禹州、郑州、荥阳三地。样品概况参见表一。所有的琉璃釉色均为绿色。

表一 分析样品概况

编号	样本名称	采集地点	墓主	分析项目
1	博脊瓦	禹州市无梁镇王家村	周定王	胎釉 ED - XRF 成分分析
2	斗 拱	禹州市无梁镇王家村	周定王	胎釉 ED - XRF 成分分析
3	瓦 当	禹州市无梁镇王家村	周定王	胎釉 ED - XRF 成分分析
4	滴 水	禹州市无梁镇王家村	周定王	胎釉 ED - XRF 成分分析
5	椁	禹州市无梁镇王家村	周定王妃	胎釉 ED - XRF 成分分析
6	滴 水	荥阳市贾峪镇小寨村	周简王	胎釉 ED - XRF 成分分析
7	板 瓦	荥阳市贾峪镇小寨村	周简王	胎釉 ED - XRF 成分分析
8	板 瓦	荥阳市贾峪镇小寨村	周简王	胎釉 ED - XRF 成分分析
9	垂 兽	荥阳市贾峪镇双楼郭村	周懿王?	胎釉 ED - XRF 成分分析
10	滴 水	荥阳市贾峪镇双楼郭村	周懿王?	胎釉 ED - XRF 成分分析
11	板 瓦	荥阳市贾峪镇双楼郭村	周懿王?	胎釉 ED - XRF 成分分析
12	瓦 当	荥阳市贾峪镇双楼郭村	周懿王?	胎釉 ED - XRF 成分分析
15	筒 瓦	郑州市二七区马寨镇坟上村	周悼王	胎釉 ED - XRF 成分分析
14	筒 瓦	郑州市二七区马寨镇坟上村	周悼王	胎釉 ED - XRF 成分分析
16	板 瓦	郑州市二七区马寨镇坟上村	周悼王	胎釉 ED - XRF 成分分析
13	筒 瓦	郑州市二七区马寨镇坟上村	周悼王	胎釉 ED - XRF 成分分析
17	筒 瓦	荥阳市贾峪镇双楼郭村	周康王	胎釉 ED - XRF 成分分析
18	板 瓦	荥阳市贾峪镇双楼郭村	周康王	胎釉 ED - XRF 成分分析
19	板 瓦	荥阳市贾峪镇双楼郭村	周康王	胎釉 ED - XRF 成分分析
20	板 瓦	荥阳市贾峪镇双楼郭村	周康王	胎釉 ED - XRF 成分分析
21	筒 瓦	禹州市无梁镇北	周恭王	胎釉 ED - XRF 成分分析
22	筒 瓦	禹州市无梁镇北	周恭王	胎釉 ED - XRF 成分分析
23	筒 瓦	禹州市无梁镇北	周恭王	胎釉 ED - XRF 成分分析
24	板 瓦	荥阳市贾峪镇槐林村	周庄王	胎釉 ED - XRF 成分分析
25	板 瓦	荥阳市贾峪镇槐林村	周庄王	胎釉 ED - XRF 成分分析
26	板 瓦	荥阳市贾峪镇槐林村	周庄王	胎釉 ED - XRF 成分分析

续表

编号	样本名称	采集地点	墓主	分析项目
27	筒瓦	禹州市无梁镇（西）观上村	周端王	胎釉 ED-XRF 成分分析
28	板瓦	禹州市无梁镇（西）观上村	周端王	胎釉 ED-XRF 成分分析
29	博脊瓦	禹州市无梁镇（西）观上村	周端王	胎釉 ED-XRF 成分分析
30	直檐砖	禹州市无梁镇（西）观上村	周端王	胎釉 ED-XRF 成分分析

注：荥阳双楼郭村明墓墓主存疑，以往研究成果认为是周懿王墓，本表暂因之（表二、表三同），姑俟待考。

二、分析方法

采用 ED-XRF 无损分析，仪器型号为日本堀场制作所（Horiba Inc.）生产的 XGT-7000 型 X 荧光显微镜。

分析条件：X 入射线光斑直径：1.2mm；X 射线管管电压：30kV；X 射线管管电流：0.029mA；数据采集时间：150s。解谱方法为单标样基本参数法。分析胎体时，标准样品选用经过烧结的国家土壤标准 GSS4；分析釉层是，标准样品使用的是美国康宁博物馆的玻璃标准 Corning-D。

三、分析结果

1. 胎体

胎体成分分析结果参见表二。

表二 胎体成分分析结果

样品及编号	墓主	Na_2O	MgO	Al_2O_3	SiO_2	K_2O	CaO	TiO_2	Fe_2O_3
01-博脊瓦	周定王	0.53	1.18	38.80	52.75	1.09	1.21	1.72	2.63
02-斗拱	周定王	0.55	1.26	37.23	52.62	1.50	2.87	1.70	2.22
03-瓦当	周定王	0.60	1.08	37.55	54.98	1.13	0.94	1.63	2.08
04-滴水	周定王	0.53	1.01	38.48	50.66	1.60	3.62	1.65	2.43
05-椁	周定王妃	0.55	1.59	37.94	52.19	1.50	2.46	1.57	2.18
06-滴水	周简王	0.56	0.74	38.01	54.72	1.52	1.44	1.36	1.63
07-板瓦	周简王	0.62	1.22	33.87	57.38	1.75	2.00	1.26	1.87
08-板瓦	周简王	1.55	1.88	31.77	53.20	1.88	6.13	1.29	2.27
09-垂兽	周懿王？	0.85	0.74	22.70	70.54	1.77	0.99	0.57	1.82
10-滴水	周懿王？	0.83	1.20	24.30	67.71	1.89	1.26	0.62	2.17

续表

样品及编号	墓主	Na$_2$O	MgO	Al$_2$O$_3$	SiO$_2$	K$_2$O	CaO	TiO$_2$	Fe$_2$O$_3$
11-板瓦	周懿王?	0.85	0.91	23.87	69.90	1.70	0.81	0.60	1.36
12-瓦当	周懿王?	0.85	0.45	23.25	70.66	1.70	0.91	0.60	1.55
13-筒瓦	周悼王	0.89	0.73	31.96	59.76	1.00	2.09	1.20	2.37
14-筒瓦	周悼王	0.83	1.67	20.81	58.83	2.00	10.83	0.78	4.23
15-筒瓦	周悼王	0.61	1.10	25.48	64.01	1.28	3.67	0.77	2.75
16-板瓦	周悼王	1.43	1.35	28.45	60.31	1.59	2.46	0.88	3.47
17-筒瓦	周康王	0.30	1.41	36.01	52.72	1.04	0.88	1.74	6.18
18-板瓦	周康王	0.82	1.15	24.47	67.90	2.09	0.90	0.69	1.96
19-板瓦	周康王	0.40	0.61	39.11	53.23	1.24	0.85	1.70	2.90
20-板瓦	周康王	0.99	0.68	38.45	54.74	1.07	0.71	1.64	1.73
21-筒瓦	周恭王	0.58	1.15	28.69	58.86	1.42	5.13	0.85	3.12
22-筒瓦	周恭王	0.57	0.66	30.27	62.34	1.19	0.97	0.83	3.13
23-筒瓦	周恭王	0.46	0.65	37.81	54.61	0.82	1.10	1.82	2.65
24-板瓦	周庄王	0.67	0.73	22.00	70.68	1.78	1.70	0.57	1.86
25-板瓦	周庄王	0.97	0.66	24.45	68.74	1.78	0.90	0.64	1.85
26-板瓦	周庄王	1.45	0.97	24.85	67.67	1.84	0.83	0.75	1.64
27-筒瓦	周端王	0.99	0.78	28.97	63.03	2.83	1.06	0.83	1.51
28-板瓦	周端王	0.62	0.76	24.82	66.89	2.63	0.94	0.53	2.81
29-博脊瓦	周端王	0.62	1.07	24.81	66.49	1.87	1.42	0.45	3.27
30-直檐砖	周端王	1.59	0.90	28.58	60.65	3.24	3.12	0.85	1.08

从成分分析结果可以看到，所有样品胎体最主要的成分特点都是高铝低硅，因此制作这些琉璃构件所胎的原料应该都是我国北方制作瓷器或者釉陶常用的沉积高岭土（高铝黏土）。

2. 釉

釉层的分析结果参见表三。

表三　釉层分析结果

样品及编号	墓主	Al$_2$O$_3$	SiO$_2$	K$_2$O	CaO	TiO$_2$	Fe$_2$O$_3$	CuO	PbO
01-博脊瓦	周定王	4.68	33.36	0.38	1.50	0.16	1.10	2.91	55.53
02-斗拱	周定王	4.27	33.33	0.06	1.77	0.15	1.07	2.22	56.26
03-瓦当	周定王	3.59	33.22	0.06	0.89	0.22	0.81	2.77	57.49
04-滴水	周定王	3.59	38.34	0.00	1.16	0.09	0.67	2.74	52.59
05-椁	周定王妃	4.50	29.30	0.63	4.87	0.07	1.74	2.22	56.21

续表

样品及编号	墓主	Al_2O_3	SiO_2	K_2O	CaO	TiO_2	Fe_2O_3	CuO	PbO
06-滴水	周简王	6.11	31.91	1.75	4.23	0.17	1.56	1.80	51.59
07-板瓦	周简王	3.45	35.28	0.06	0.82	0.07	0.58	2.96	56.41
08-板瓦	周简王	6.82	42.10	1.66	2.68	0.31	1.22	1.22	43.16
09-垂兽	周懿王?	3.76	35.17	0.06	2.02	0.11	0.95	3.37	54.27
10-滴水	周懿王?	5.30	38.36	1.35	3.02	0.12	0.87	3.09	45.28
11-板瓦	周懿王?	3.93	38.68	0.76	1.54	0.08	0.56	3.30	50.32
12-瓦当	周懿王?	7.01	39.70	1.64	3.75	0.21	1.14	2.52	43.18
13-筒瓦	周悼王	5.10	33.36	0.06	3.70	0.19	1.02	2.36	53.86
14-筒瓦	周悼王	6.31	44.25	0.90	3.03	0.25	0.78	1.81	41.80
15-筒瓦	周悼王	5.57	35.61	0.06	2.81	0.17	0.96	2.86	51.89
16-板瓦	周悼王	6.81	30.80	0.35	9.37	0.22	1.10	1.83	48.31
17-筒瓦	周康王	8.00	31.40	1.12	1.60	0.25	1.23	2.82	52.81
18-板瓦	周康王	5.65	35.32	0.35	1.92	0.16	1.05	4.89	49.88
19-板瓦	周康王	4.69	33.79	0.53	1.25	0.25	0.70	2.35	55.61
20-板瓦	周康王	4.92	48.13	0.65	1.63	0.24	0.90	1.79	40.38
21-筒瓦	周恭王	7.14	31.45	1.96	3.14	0.14	1.50	1.72	51.73
22-筒瓦	周恭王	7.62	43.65	1.20	3.02	0.23	1.58	1.38	40.50
23-筒瓦	周恭王	5.81	31.38	0.41	1.28	0.11	0.70	2.78	56.68
24-板瓦	周庄王	5.46	38.71	0.81	3.47	0.19	1.85	3.54	44.65
25-板瓦	周庄王	6.42	37.76	1.11	3.88	0.21	1.34	3.42	42.40
26-板瓦	周庄王	4.25	32.95	0.05	1.66	0.12	0.75	4.76	54.62
27-筒瓦	周端王	3.26	34.42	0.40	3.49	0.12	0.95	2.90	53.63
28-板瓦	周端王	4.05	31.71	0.72	2.63	0.03	0.80	3.59	55.61
29-博脊瓦	周端王	2.92	34.63	0.64	2.13	0.13	1.18	3.87	53.66
30-直檐砖	周端王	5.48	41.72	2.13	5.11	0.20	1.70	3.76	37.76

从分析结果看，琉璃瓦的釉是低温铅釉，这种低温铅釉至迟从唐代就是我国高等级建筑琉璃构件表面釉层的最主要种类，到目前为止，研究者仅在辽代龙泉务窑发现过硼铅釉的琉璃器物。其余从唐代至现代都是采用铅釉做琉璃瓦的釉层原料。

四、分析结果讨论

1. 胎体

从胎体的分析结果来看，制胎所用的黏土原料都是北方常见的沉积高岭土，俗称

"坩子土"或"白坩土",这也是通常的琉璃构件常用的原料。同时分析结果还表明明代周藩王陵建筑琉璃构件胎体至少有两种原料。这两种原料最大的差别是 Al_2O_3 的含量。一种 Al_2O_3 的含量超过 30%,一种则介于 20%~25% 之间。

使用社会统计学软件 SPSS 对胎的成分进行了 PCA 分析,并使用第一主成分和第二主成分作图,参见图一。

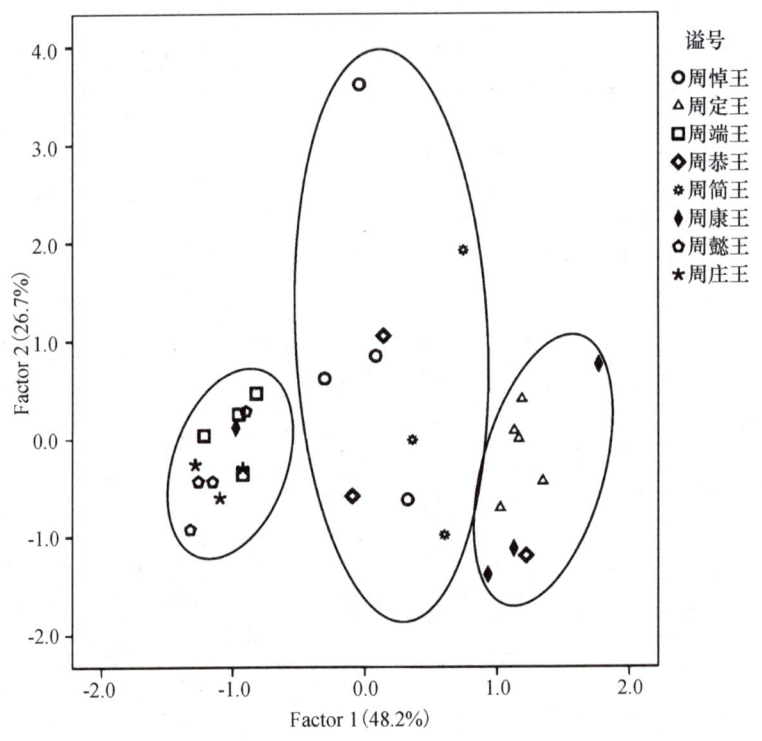

图一　胎体主成分分析结果散点图

从图中可以看到,除了周恭王和周康王各有一个样品特殊外,各个王陵琉璃构件的胎体主成分都各自聚在一起,按照第一主成分的正负值划分,三十件样品大致可以分为两组,第一组包括周端王墓、周懿王(?)墓和周庄王墓的琉璃构件,另外还有一件周康王墓的样品。第二组可以分为两个亚组,其中周定王墓的所有样品和周康王墓的 3 件样品较为紧密的聚集在一起。而周悼王墓、周简王墓以及周恭王墓的则相对分散。因此这三十件样品也可以分为三组。

图二和图三分别是样品的 Al_2O_3 - TiO_2 含量和 K_2O - TiO_2 含量散点图。

图二和图三的散点分布结果和多元统计的结果类似,每个王陵的建筑琉璃构件的分布范围更加分散。

由于分析的是主量元素,因此分组情况可能代表了制作工艺或是原料产地的差异。无论如何,由多元统计分析可以划分的两个大组,其琉璃构件可能都是一个原料产地

附录二　明代周藩王陵建筑琉璃的成分分析及相关问题　　225

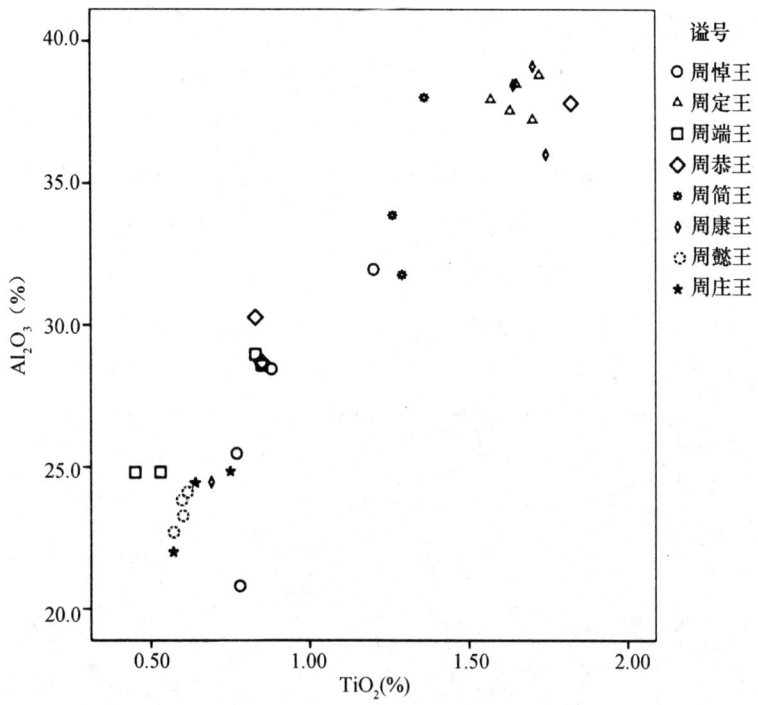

图二　胎体 $Al_2O_3 - TiO_2$ 含量散点图（按照藩王谥号划分）

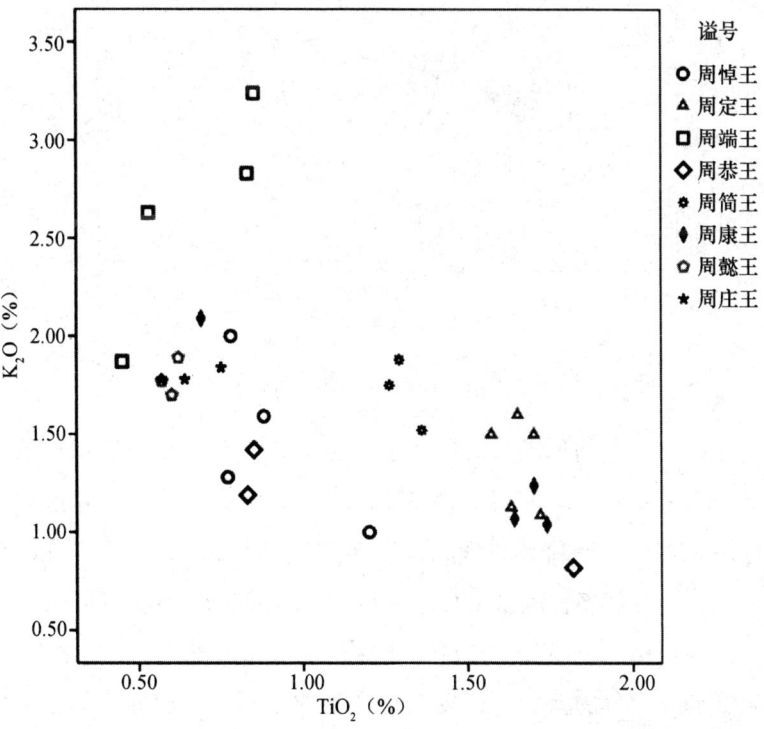

图三　胎体 $K_2O - TiO_2$ 含量散点图（按照藩王谥号划分）

或者是烧造窑厂烧制的，特别是周端王墓、周懿王（？）墓和周庄王墓的琉璃构件，可能都是由同一个专门为周王府烧制琉璃产品的窑厂烧制。周定王墓琉璃构件可能是由另一个专门为烧制琉璃的窑厂制作。周康王墓的琉璃构件则可能是由以上琉璃窑厂共同烧造的。而周悼王墓和周简王墓的情况又不同，其中周简王墓琉璃构件的成分相对比较集中，而周悼王墓琉璃构件的成分则非常分散，这说明可能来自不同窑厂，或者是同一窑厂采用了不同产地的原料来烧制。

为了明确同一地区周藩王陵琉璃瓦原料的来源差别，我们按照采集地点分类，绘制了统计散点图，参见图四。

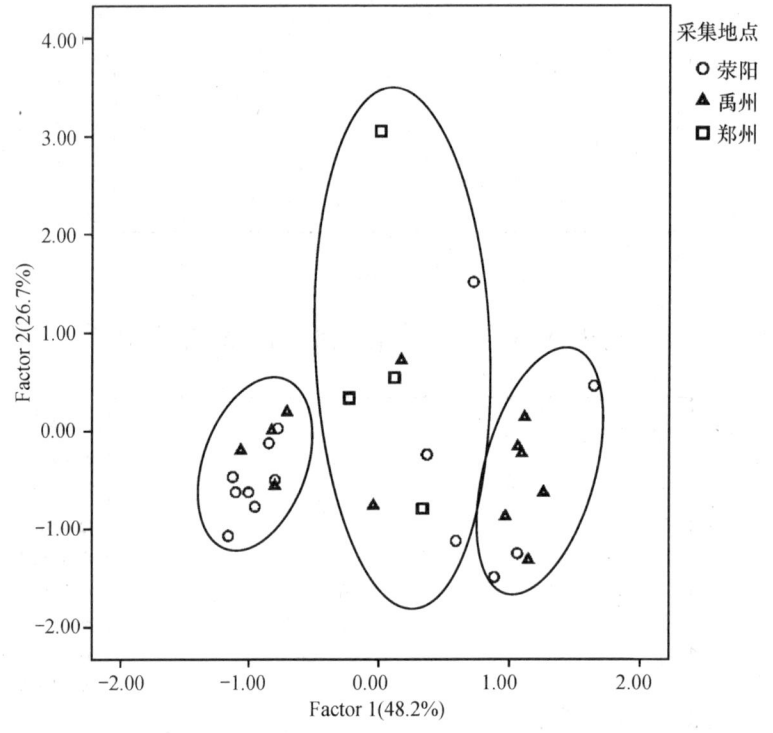

图四　胎体主成分分析结果散点图（按照采集地点绘制）

从图四可以看出，不同地点采集的琉璃瓦分散在三个组中，即虽然藩王墓建在不同的地方，但是一些不同地点的藩王墓使用的琉璃瓦还是一个窑厂烧造的，而不存在哪里建造王陵就在哪里烧造琉璃的情况。如周定王和周康王，一个葬在禹州，一个葬在荥阳，但两座王陵的琉璃瓦应该来自同一窑厂。周端王、周庄王和周懿王（？）的情况也是如此。这表明藩王府琉璃瓦的烧造应该是有官府控制的专业化生产的。同时，又说明了琉璃瓦胎体成分的差别可能并不是产地的差别，更加可能的是窑厂之间的差别。即这些琉璃瓦很有可能都是一个地方烧造的，仅仅是同一地区不同窑厂生产工艺的差别造成了琉璃瓦成分之间的差异。由于我国古代著名的瓷窑或陶窑其实指的是一个窑区，如禹州钧窑就包括了神垕、禹州市区、闵庄等地理面积很大的一个地区，而即使神垕钧窑也包括八卦洞、刘家门等数个窑厂，这样即使是同一窑区定烧，也可能由于不同窑厂的工艺不同而导致成分的不一致。这也可以合理解释如周康王、周恭王等王陵出土的琉璃瓦会出现在不同组的情况，可能是由于王陵建筑的规模较大，琉璃瓦需求量大，因此在不同窑厂同时定烧。

2. 釉

釉的分析结果表明，其配方已经相对稳定，SiO_2 的含量稳定在35%，PbO 的含量则稳定在50%左右。到了明代，琉璃釉的烧制技术已经十分成熟。从釉层分析结果中的 Al_2O_3 和 SiO_2 的比值看，大部分琉璃瓦配釉时应都加入了石英类的物料。

由于釉是绿釉，因此釉层中都含有较高的 CuO，含量都超过1.5%，使得釉色呈现鲜绿色。

五、相关问题讨论

1. 关于个别王陵墓主的厘定

在以往的研究过程中，因缺乏具体的文字资料，笔者对周藩个别王陵墓主的厘定可能存在一定的问题。就目前的资料来看，周懿王墓和周敬王墓是需要重新审视的。荥阳贾峪镇双楼郭村西北地明墓过去认为是周懿王墓，而今看来，该墓不排除是周敬王墓的可能。通过对其寝园建筑的琉璃瓦件进行成分分析，发现该墓琉璃瓦件和周庄王墓、周端王墓同类瓦件的成分极为相似，并且聚合程度也相当紧密，较其他王陵建筑琉璃有所不同。这三处王陵琉璃瓦产自同窑的可能性是比较大的，其烧造时间抑或比较接近，从侧面反映出这些王陵的寝园建筑在营造时间上也应该较为接近。史载：周懿王薨于成化二十一年（1485年）；周庄王薨于嘉靖三十年（1551年）；周敬王薨于万历十一年（1583年）；周端王虽薨于崇祯八年（1635年），但其妃李氏先于端王薨逝于万历二十三年（1595年），李妃卒后葬于禹州并营建寝园。不难看出，周庄王、周敬王、端王妃李氏的薨逝时间较为接近，其相应的寝园建筑在营建时间上也相差无几。另外，通过再次进行实地调查并结合当地老农告知周敬王寝园石坊大体位置等资料。笔者更倾向认为原定周懿王墓应为周敬王墓。准此，以往的部分研究结论[①]则需要重新认识。对于以上这些粗浅的认识是否正确，有待以后的考古发掘资料来证实。

---

① 孙凯：《明代周藩王陵调查与相关研究》，《中原文物》2011年第3期。

2. 关于产地问题

通过对比分析，我们仅可对这些分属不同时代和地区的周藩王陵建筑瓦件的成分作出分析，至于其具体产地尚不得而知。不过，关于其产地问题，通过对文献资料的梳理，亦可发现一些端倪。

首先是禹州，宋元时期禹州是我国北方重要的产瓷基地，自元、明以降仍是方兴未艾。其中，神垕瓷器还被周王府使用。《如梦录》载："南薰门外吊桥下……往南路西，有周王碗店，乃神后（垕）磁器碗盏……"① 至于禹州窑户是否为周王府烧造琉璃，尚无确切文字记载。

不少明代藩王都有自己的琉璃窑厂，用来烧制王府、王陵的建筑构件。如同样封于明初的秦藩就有其固定的琉璃厂，以供秦王府营造之用。清乾隆三十年《同官县志》载："在县东南三十里立地镇，镇出白土可为磁器，明初敕造琉璃厂以供秦王府盖造之用……"② 又，该志载有"重修立地坡琉璃厂敕赐崇仁寺下院宝山禅林碑记"，明嘉靖十七年（1538年）八月立石，文载："邑东南隅，名立地坡者，乃圣祖开天之后，分封诸藩，特赐秦国，以为专造琉璃厂地也。……正统、景泰、天顺、成化间，皆尝经理督造。迨嘉靖甲申、乙未之岁，秦宫室及承运等殿，复动工重建，而琉璃之费无穷……天子俞允，事下陕西抚按三司、府卫州县，乃定夫役工价于备属，一准工部所题……"③ 同官指的是陕西的铜川，即著名的耀州窑所在。禹州与铜川（同官）均为产瓷盛地，有烧造琉璃的条件和基础，更为重要的是原料丰富。另外，周藩诸王陵分布于郑州、荥阳，甚至禹州本地，交通运输较为便利。由此推测，周藩王陵建筑琉璃构件产自禹州的可能性是极大的。

其次是开封地区，明代亲、郡王府宅多用琉璃，周藩亦不例外。《如梦录》载，周王府"碧瓦朱门"，开封城内的郡王门第亦是"琉璃殿宇"。据史料记载，周府郡王共开府七十有余，琉璃用量之大，可以想象。同书《关厢纪》载："关南一带，俱是烧砖瓦窑，做砖瓦、兽头、鸱尾、勾檐、滴水、狮子、巴砖、琉璃等货，东至阳正门止。"④ 另外，结合山东兖州发现鲁王府琉璃窑厂⑤、山西太原东郊孟家井晋王府琉璃窑⑥、南

---

① 清·佚名：《如梦录》，《关厢纪第七》，孔宪易校注本，第73页，中州古籍出版社，1984年。
② 清·袁文观纂修：《同官县志》卷一，《舆地志》，《中国方志丛书》（华北地方·240），影印清乾隆三十年抄本，第57页，台北成文出版社有限公司，1969年。
③ 清·袁文观纂修：《同官县志》卷九，《艺文志》，《中国方志丛书》（华北地方·240），影印清乾隆三十年抄本，第413页，台北成文出版社有限公司，1969年。
④ 同①。
⑤ 王斌：《山东兖州发现明代琉璃厂遗址》，《中国文物报》2009年7月1日第002版。
⑥ 孟耀虎：《孟家井窑烧造的建筑琉璃》，《文物世界》2004年第3期。

京中华门外聚宝山琉璃官窑①、丹江口市习家店镇青塘村发现了专为修建武当山而开辟的琉璃瓦烧造窑场②以及陕西发现专为西岳庙烧制琉璃的窑址③等相关资料。这些琉璃窑址与服务对象之间均采用就近原则。开封南郊有烧造琉璃的窑址，可能是供应周王府在开封营造和修缮之用，与此同时，开封琉璃窑也有可能供应王陵建筑的修造，但要说明的是，《如梦录》所载仅是明末开封城的状况，开封南郊琉璃窑址是否在终明一代始终存在，尚不得而知。

禹州和开封相比较而言，禹州为周藩王陵烧造琉璃瓦件的可能性是最大的，不论是烧造基础，还是与王陵之间的距离及交通便利程度来看，都占有绝对优势。但是具体情况的判别，可能需要对禹州及开封等地明代窑址进行考古调查后再与藩王陵的样品进行对比分析才可以知道。

（在采集标本过程中得到了李宗卷、赵邦彦等先生的大力帮助，谨表谢忱！）

---

① 南京博物院：《明代南京聚宝山琉璃窑》，《文物》1960 年第 2 期。
② 陈智忠：《明代武当山古建筑琉璃瓦件窑址初探》，《郧阳师范高等专科学校学报》2009 年第 2 期。
③ 陕西省考古研究所、西岳庙文物管理处：《西岳庙一号琉璃瓦窑址发掘简报》，《考古与文物》2005 年第 6 期。

附录三 明代亲王墓葬寝园建筑复原图
——以正统十三年定制为例

关于明代亲王墓葬寝园的建制，明政府于永乐八年（1410年）和正统十三年（1448年）先后两次对其作出规定[①]。永乐八年（1410年）关于亲王寝园建制的记载非常详细，具体内容已详于前文，兹不赘述。正统十三年（1448年）仅规定亲王坟茔有地五十亩、房十五间。至于十五间房屋的具体怎样分配，明代史料并未对其作出详细的说明。刘毅先生对现存资料进行研究之后，推测正统王陵房十五间的分配应该是：享殿五间、中门三间、左右配殿各三间、神厨或神库一间[②]，笔者对此表示赞同。为了使读者更加直观地认识正统十三年（1448年）所规定的王陵形制，我们一方面参考现存有寝园建筑基址的王陵，如河南新乡潞简王墓、禹州徽庄王墓、湖北武昌楚藩王陵、广西桂林靖江王陵的建筑形制，另一方面依据明代建筑式样对正统十三年（1448年）以后的亲王墓葬寝园建筑进行复原。现将复原图列附如下，以供读者参考，其中不妥之处，敬请方家斧正。

需要说明的是，附图顺序依照寝园建筑的先后顺序进行排列，其中图一为寝园门复原图立面，图二为中门复原图立面，图三为配殿复原图立面，图四为享殿复原图立面。

[①] 明·申时行等：《大明会典》卷二〇三，《工部·王府坟茔》，影印明万历十五年刊本，第5册，第2730、2731页，江苏广陵古籍刻印社，1989年。

[②] 刘毅：《明代帝王陵墓制度研究》，第271、272页，人民出版社，2006年。

附录三 明代亲王墓葬寝园建筑复原图

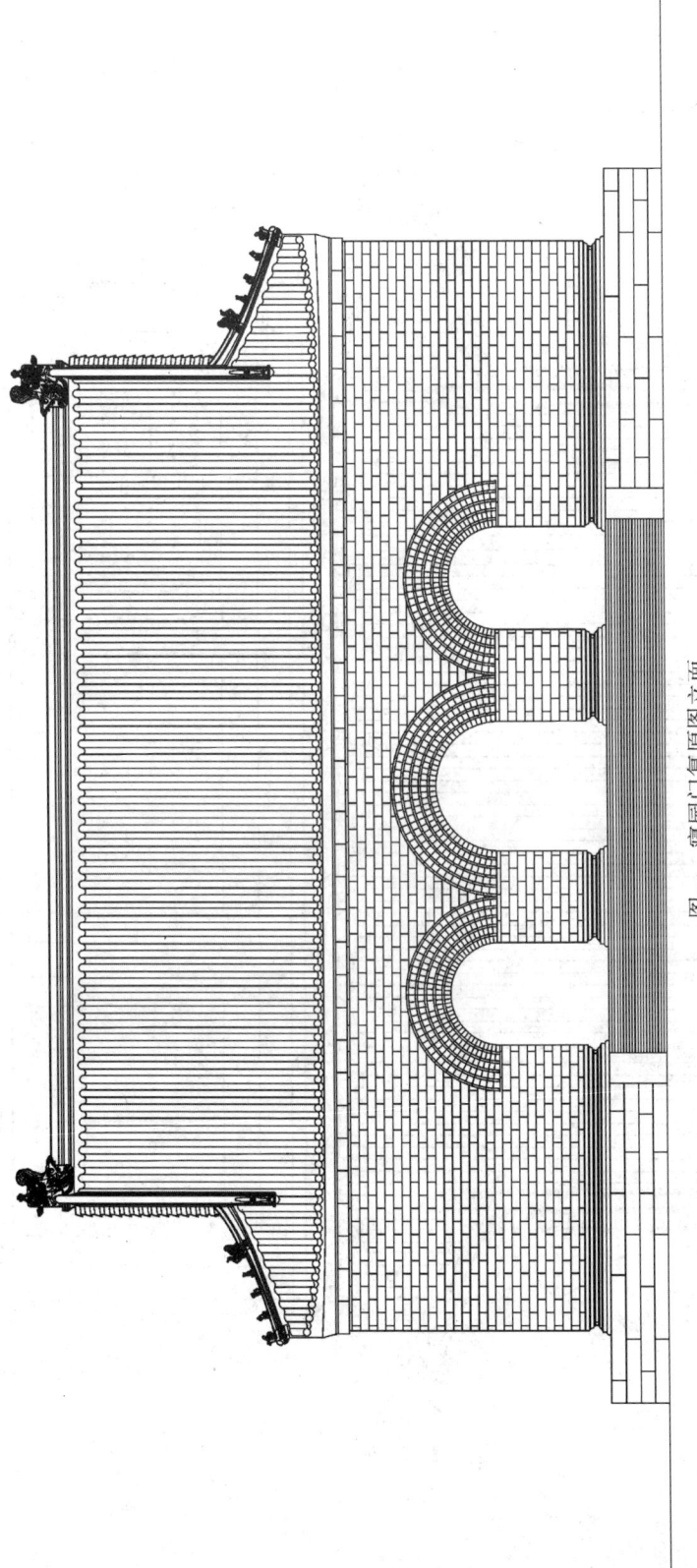

图一 寝园门复原图立面

232　明代周藩王陵调查与研究

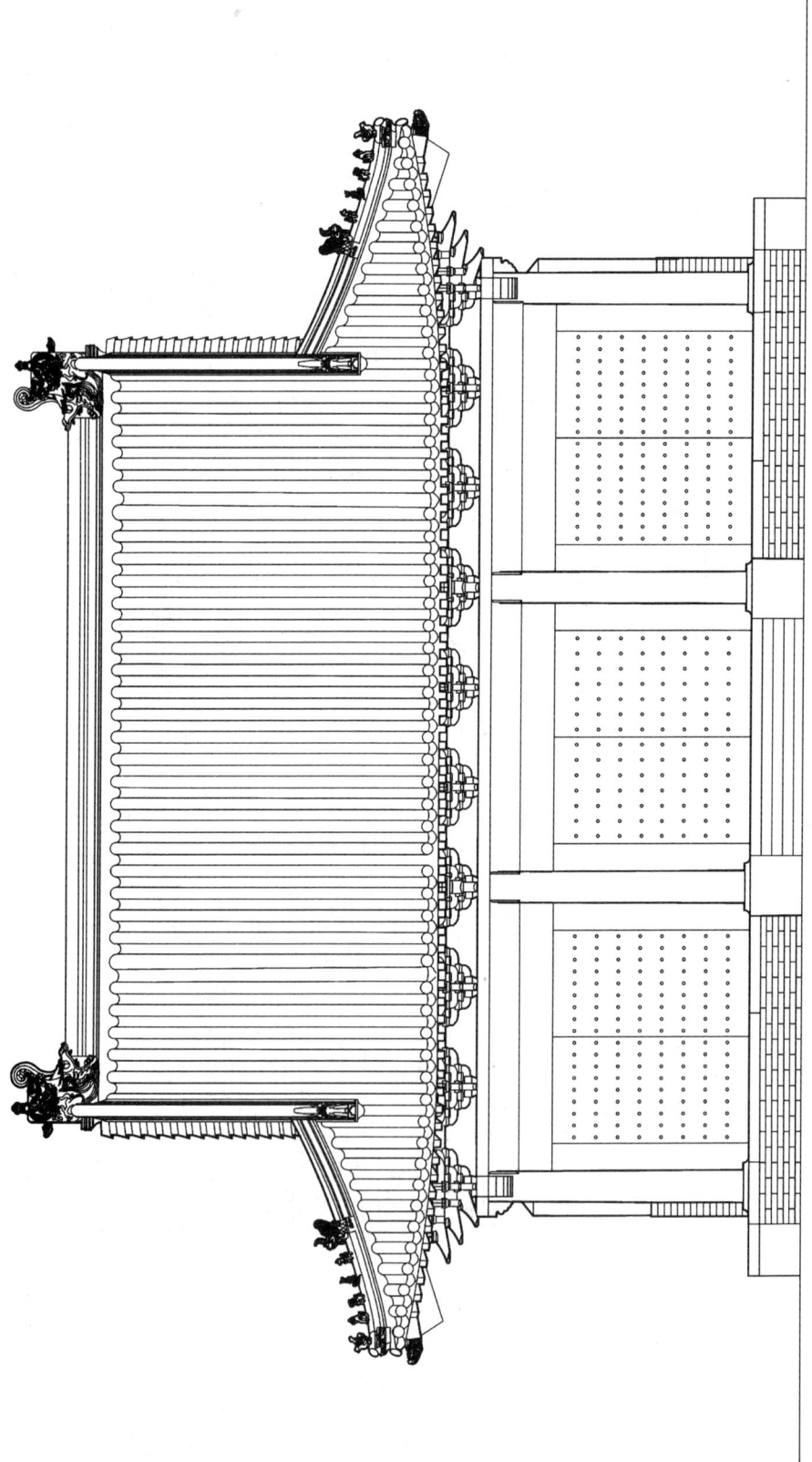

图二　中门复原图立面

附录三 明代亲王墓葬寝园建筑复原图

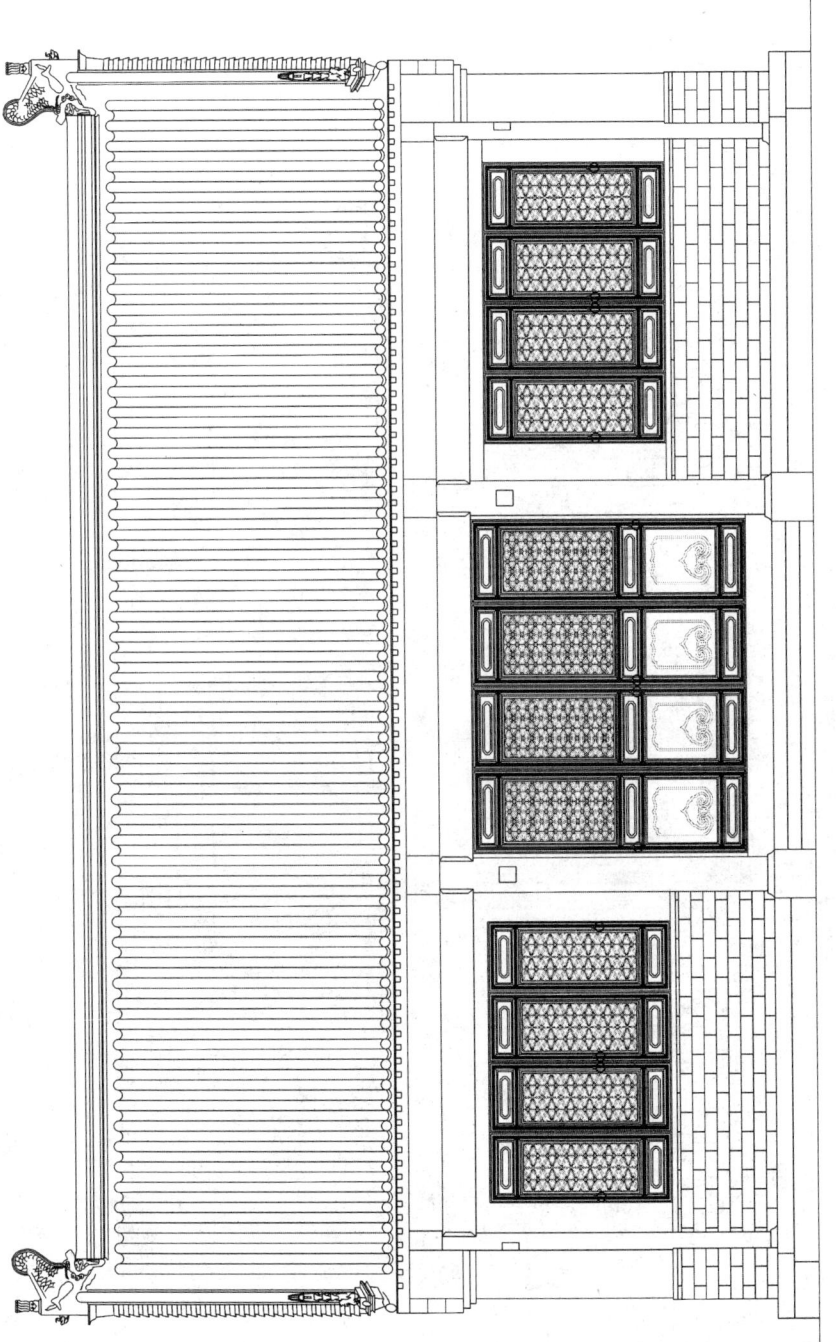

图三 配殿复原图立面

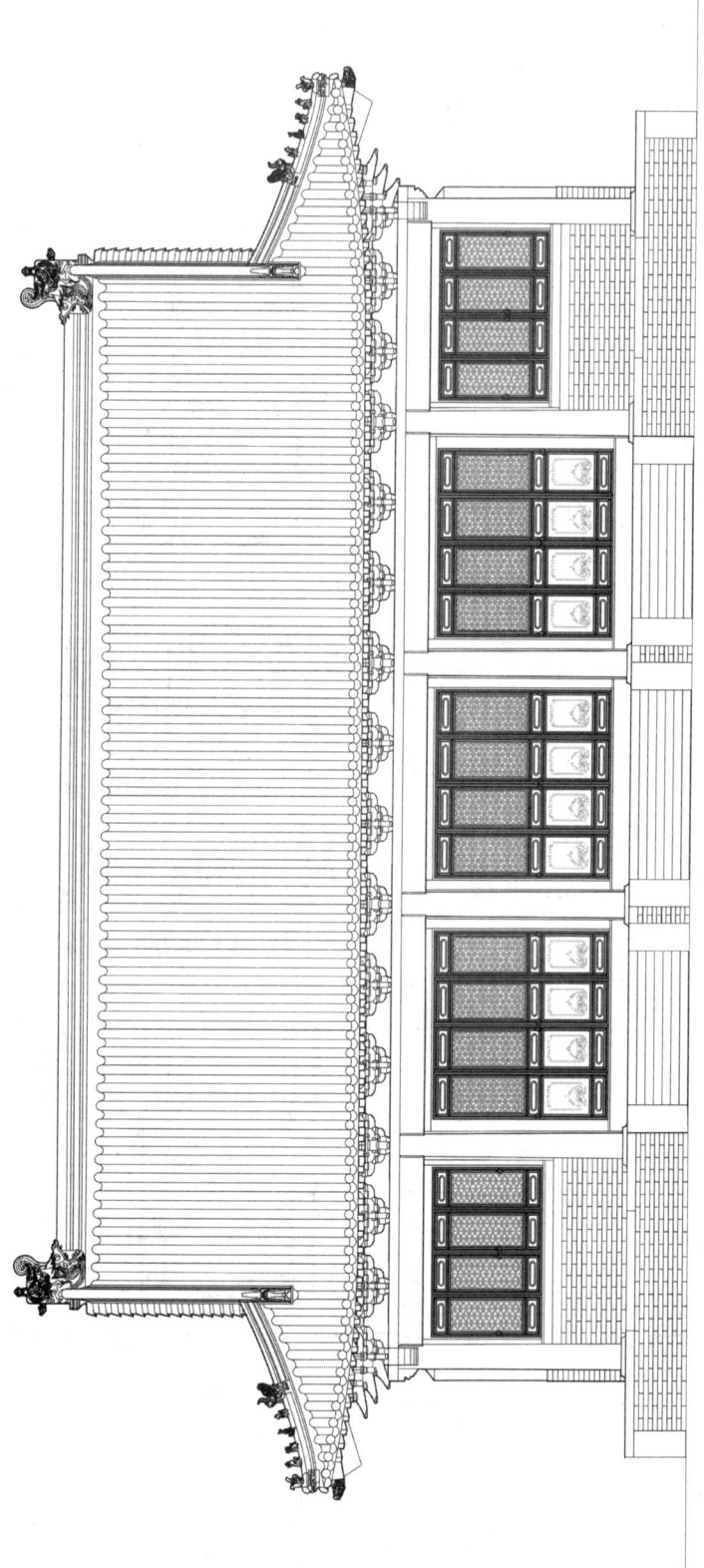

图四 享殿复原图立面

Abstract

System of enfeoffment was implemented among royal families in Ming Dynasty. The first emperor of Ming Dynasty, ZhuYuanzhang, enfeoffed his fifth son, Zhu Su in Kaifeng and honored his as the King of Zhou. According to historical records, there are thirteen kings and this title of lords last over eleven generations. During more than seventies years, Kaifeng was the most populous and most prosperous feudal estates among those of other clans in Ming Dynasty.

The lords and other royal family members were buried nearby their feudal estates after death. According to documents and archeological surveys, the tombs of the family members were found at Yuzhou, Kaifeng, Zhengzhou, and Xingyang, etc. Comparing with the imperial cemeteries, these tombs were lower in rank. By Qing Dynasty, as nobody took responsibility for protecting these tombs, they were robbed seriously. The new strategies of the PRC led to destruction to these tombs especially during the " Great Leap Forward" period and 1960s and the original appearances of these cemeteries disappeared and there were no relics on the ground. In addition, the documents recording on these tombs were not explicit. The related materials on the tombs were lost gradually. Although recent archeological surveys and partial excavations have provided some data, there was no profound research in academic field because of lacking systematic data. In order to protect and study these tombs better, we have conducted a rather thorough and systematic survey on the royal tombs which scattered in different places, aiming to preliminarily study on the tomb groups.

The book falls into six chapters with 3 appendices.

The first three chapters introduce thesituation of the current protection and relics of the royal families' tombs with a large number of diagrams, rubbings and photos. Meanwhile, in order to provide thorough data, we collected the related inscriptions, which have been published and recorded in other documents.

In chapter four, there are surveys on the grave keepers living surrounding the tombs which includes some related stone inscriptions and materials of different family clans.

In chapter five, there are examinations of the related temples around the royal tombs. Besides, the contents of some stone inscription, which involves the religion of the royal families, the tomb-keeping officials, and the grave keepers, were included in the chapter.

The chapter six is thepreliminary study on the funeral rules of the royal families, such as tomb zone rules, different tomb ranks, palace patterns, and tomb location choice.

The research shows that there are three tomb zones: Yuzhou zone, Kaifeng zone, and Zhengzhou-Xingyang zone. In the early Ming Dynasty, the tomb zones of royal families were not fixed; in the middle Ming Dynasty, they became fixed; in the late Ming Dynasty, Xingyang zone and Yuzhou zone were used at the same time. The range of tomb location choice tended to become smaller with the time passing by. No matter how the tomb zones were chosen, they were not far away from Kaifeng except the tomb of Shunyang lord in Shangcai County. In addition, the tomb location of princes was based on their families, so all the members from the same clans were buried in the same location.

The system for stone figures in front of lord and prince tombs are similar to that of the royal members who were honored lords after death. As to the rank of stone figures for lords and princes, there are no large differences in types and numbers. Interestingly, there were no stone figures for lord tombs and prince tombs in the early Ming Dynasty.

At present, couples of princes adopted the joint burial system-using the same grave and different chamber or the same grave and the same chamber. Other spouses of the princes were buried beside the royal tombs. In addition, the phenomenon of the burying alive with the dead existed until 1464.

The palace patterns for lord and prince tombs were varying from the early to the late Ming Dynasty. Most obviously, the number of coffin chambersdecreased; the palace pattern were simplified gradually. The tomb structure could be divided into two periods, with the boundary of 1458 when Ming Government announced the law of joint burial. In the former period, the lord and prince tombs consisted of many chambers, whereas in the latter period, it decreased to single chamber.

The building tiles were different among the royal tombs. The hierarchy of the tiles was reflected by the following aspects. Firstly, green glazed tiles were used for the tombs of lords; whereas the mixture of grey and glazed ceramic tiles, even sometimes only grey ones were used for the tombs of princes. Secondly, there were differences in the quality of the building materials. The bodies of glazed tiles for lord tombs were crucible soil with fine craft, while the glazed tiles for prince tombs were glazed pottery, which was made of common clay.

The factors which influenced the location choice of royal cemeteries were various; the most important one is geomantic theory together with the individual preference of the tomb owners, economic elements, and the norm of etiquettes.

What's more, the unearthed epitaphs from these tombs are the important signs for chronological order of the tombs. According to the evolutionary law of epitaph contents and fonts, the tombs can be divided into three periods as follows: the simple period, the transitional period, and complex period.

Three appendices are attached to the book. Appendixone is about the addendum and the remediation to the royal family lineage. The appendix two includes the component analysis on the glazed ceramic building structures and some explorations on related problems. The appendix three has the restored maps of the royal cemeteries, which were drawn according to the related rules of the royal family cemeteries in Ming Dynasty in 1448.

The royal funeral rules in Ming Dynasty are the important references for the research of the imperial burial system. At present, there are few investigations and researches on the lord funerals of Ming Dynasty. In particular, there is no work concerning with the research about the funeral system of the single clan based on the field works. This book is the most thorough and most systematic work on the tombs of the clan of Zhou. Meanwhile it is also the first work which contains the most complete investigation on the lord tombs of the clan of Zhou, which is representative of lord tombs of Ming Dynasty in Henan province.

后　　记

本书是我数年来对明代周藩王陵实地调查的基本成果，现由中州古籍出版社梓行，实在是我莫大的荣幸。

光阴荏苒，不觉之中，对周藩王陵的调查我已用了近7年时间，其中悲喜难于言表。对周藩王陵的关注完全是个人兴趣和客观因素使然，诸多周藩亲王、郡王墓葬就位于我的家乡荥阳境内，年幼之时常听老人谈及周围的"王坟"，当时虽不知这些"王坟"所葬是何许人，但对其已经产生了浓厚的兴趣，加之我对田野考古情有独钟，搞清这些墓主的身份遂成为我多年的夙愿。

文献中关于周藩王陵的相关记载非常有限，其中不乏有错误之处。鉴于此，我在大学课业之余，开始对荥阳境内的周藩王陵进行实地考察，并依据调查成果对现有资料进行补正。调查之初，我对明代藩王墓葬的相关知识还比较欠缺。2006年冬，我拜读了南开大学刘毅先生所著的《明代帝王陵墓制度研究》一书，这部关于明代帝王陵墓制度总结性的专著对我起到很大的指导作用，而后的研究亦多得益于此书。时与刘先生素昧平生，但对先生之高深学术造诣已是仰慕有加。2009年冬，我有幸与刘先生在郑相见，先生对我所作的调查非常感兴趣，并从不同方面给我提出了宝贵的意见和具体的研究指导方法。之后数年，我又根据相关文献的记载到开封、尉氏、禹州、上蔡等地进行实地考察，逐步搞清了周藩亲王、郡王及其他宗室成员墓葬所在的位置，并根据调查材料初撰小文，先期发表。

考古是一门常做常新的学科，新发现的资料之于以往研究成果的作用，可简单用"补正"一词概括。对于周藩王陵的调查研究亦是如此。2012年初春，我和李宗卷先生在荥阳贾峪斜坟村发现了"皇明敕修周靖王茔"石碑一通，几番访寻，最终确定了周靖王墓的具体位置，这一发现颠覆了清代以来大多数关于周靖王墓所处位置的文献记载及研究成果。与此同时，我与北京大学考古文博学院崔剑锋先生合作的关于周藩王陵建筑琉璃的成分分析结果也出来了，通过对分析结果进行审定并重新到实地进行走访之后，我更加倾向于认为荥阳当地部分学者所认定的周懿王墓应该是周敬王墓。凡此种种，我觉得有必要撰文对之前的研究结论及相应问题进行补正和说明，后因多方面的原因而未如愿,令人欣慰的是基本观点现已收录到本书中了。

完成这样一部以基础材料为主要内容的著述,非我一人之力所能办到,在调查和研究过程中得到了南开大学刘毅先生,河南省文物考古研究所孙新民先生、楚小龙先生、曹艳朋师兄,郑州市文物考古研究院刘彦峰先生、汪松枝先生,荥阳市文物保护管理所刘岐山先生、陈国乾先生、马柏林先生,荥阳学者张明申先生、陈万卿先生,禹州市文物管理处教之忠先生、张志伟先生、教凤麟先生,禹州市周定王陵景区管理处赵天水先生,开封市文物工作队刘春迎先生、王三营先生、葛奇锋先生,开封县文物保护管理所陈文斐先生,驻马店市文物考古研究所齐雪义先生,上蔡县文物保护管理所张陆林先生和张冲先生,郑州市古荥镇汉代冶铁遗址保护管理所张振明先生,许昌市博物馆陈文利老师,北京大学考古文博学院崔剑锋老师,郑州大学历史学院王琳老师、崔天兴老师,科学出版社张亚娜女士、王健女士,河南省古代建筑保护研究所孙锦以及金海旺、张建等众多师友的大力帮助和支持。另外,本人在各地调查过程中还得到了当地群众、众多同好者以及尊长的热情帮助,他们是李宗卷、赵邦彦、孙廷杰、孙金湘、朱留法、朱留彦、孙治安、孙双福、高广启、卞中玉等。李宗卷、赵邦彦二位先生虽已年近古稀,却不论严寒酷暑,多次相伴进行实地考察。我的外祖父和祖父都已近耄耋,除相随勘查之外,平素亦多方搜集相关资料,外祖父还教授本人堪舆学的相关知识,调查和研究过程中的许多方面即得益于此。值此书出版之际,谨志于兹,以表谢忱!

本书所有遗物、遗迹线图由河南省文物考古研究所鲁红卫先生绘制,附录中寝园建筑复原图由郑州市管城回族区文物局郑晓旭绘制,线图排版由孙贺制作。中州古籍出版社的梁郁女士为本书的出版付出了辛勤的劳动,不论图文均认真审校,指摘谬误,使本书增色不少。郑州大学外语学院张英女士翻译了英文提要,好友李博、刘亚玲、张静、王富国、李昆仑、曹向珂、燕飞、周润山、李志鹏、付小贝等亦参与了部分文字的录入和校订工作,在此一并致谢!

在此书即将付梓之际,我更应感谢父母一直对我的理解和支持,以及我的研究生导师靳松安先生对我的关心,靳先生虽然主攻方向为新石器时代考古,但先生严谨的治学态度和端方的品行一直是我学习的楷模。郑州大学历史学院考古专业的诸位老师教授我基本的考古学理论与方法,在此向父母及恩师表示衷心的感谢!

本书的出版经费由郑州天方集团朱广华先生全额资助,郑州大学历史学院陈朝云教授、朱氏宗亲会朱国平先生亦为本书能早日梨枣提供诸多便利,北京大学考古文博学院李伯谦教授亲为本书题写书名,南开大学历史学院刘毅教授亦拨冗赐序,在此谨向诸位先生深表谢意!

最后需要说明的是，本书所收集的已发表材料截至 2013 年之前，调查过程中采集的文物标本均存放于河南省文物考古研究所，书中的拓片和照片除特殊说明者之外，其余均由本人拓制、拍摄。

孙　凯

2012 年 12 月 25 日

彩版一

周简王墓瓷盘

彩版二

1.周定王墓滴水瓦

2.周简王墓滴水瓦

3.周敬王墓垂兽

琉璃构件